大雅叢刊

臺灣經濟策論

邢慕寰 著 ／ 三民書局 印行

國立中央圖書館出版品預行編目資料

臺灣經濟策論／邢慕寰著.--初版.--
臺北市：三民：民82
　　　面；　　　公分.--（大雅叢刊）
ISBN 957-14-1976-1（精裝）
ISBN 957-14-1977-X（平裝）

1.經濟政策─臺灣

552.2832　　　　　　　　　82000889

© 臺灣經濟策論

著　　者　邢慕寰
發行人　劉振強
著作財產權人　三民書局股份有限公司
印刷所　三民書局股份有限公司
　　　地址／臺北市重慶南路一段六十一號
　　　郵撥／〇〇〇九九九八一─五號

初　版　中華民國八十二年三月

編　號　S 55022①

基本定價　　政分

臺灣經濟策論

編號　S 55022 ①

三民書局

ISBN 957-14-1976-1（精裝）

本集中各篇或各組討論之前均增補「重刊弁言」，簡述撰寫時之特殊背景與動機。

代　序
——我的經濟政策理念形成的過程與反省

　　1937年7月7日，日本終於完全暴露鯨吞中國的野心，開始發動全面性的對華侵略，那時我剛讀完高中二年級。依照慣例，同學們在高中二、三年級之間，就開始考慮畢業後將報考那些大學和選擇那些科系；我無意間受坊間流行書刊的影響，決定將來修習經濟學。

　　入大學後，雖漸發現經濟學並非如當初所想像的學科，但亦不願轉系。然而不久即受思想問題之困擾。那時同班同學雖僅有十八人（畢業時僅有十三人），而政治派系紛陳，且有一位教授公開宣揚馬克思主義（雖然他否認是共產黨徒）。我對政治活動毫無興趣，但對中國經濟將來應該走什麼路線卻頗關心。照我當時的膚淺了解（可能在無形中受了一點左派影響），以當時中國所具備的社會經濟條件，似不宜走西方的資本主義路線，因而比較傾向於某種形式的計劃經濟。在修完大學三年級的暑假中，我開始構想四年級修業期滿時必須繳交的畢業論文。那時我們深信中日戰爭不久即將結束，而且中國必勝；但是戰後經濟重建與發展所需財源的籌措，卻是一件很困難的事。那時中國自然要仰賴外援，但是我們自己也應該盡最大的努力。於是我參閱有關的文獻，首先想到的就是蘇俄經濟建設的經驗。我讀了幾本關於蘇俄在這一方面的書籍（英文著作）之後，驚駭的發現，蘇俄主要是以高壓手段強制派稅，以籌措經濟建設所需用的資金。但是由於民間經濟

誘因幾乎全被扼殺，而中央計劃當局對經由強制派稅而籌集的資金又不知如何有效利用，以致全國經濟狀況逐年退化。其間所發生的許多悲慘故事，令人不忍卒讀。鑒於事態的嚴重，列寧終於被迫於1930年有限度的恢復資本主義——這就是所謂「新經濟政策」。這個發現，頓使像我這樣一個學識基礎淺薄而又無堅定政治信仰的大學生恍如大夢初醒，從此再也不談什麼計劃經濟了。

1942年大學畢業後，我應徵入前資源委員會經濟研究室（後改為所）工作。那時資委會主任委員為翁文灝先生，副主任委員為錢昌照先生。他們二人的分工合作，似乎有一定的默契。翁先生主要關心政務，而錢先生則主要關心政策——尤其是對下屬的思想指引。錢先生曾在英國倫敦大學研究政治經濟，深受費邊學派的影響，主張以漸進方式在民主政治體制內實現社會主義的理想。所以在每次週會中，他不斷對同人灌輸三民主義中的民生主義在基本上等同費邊主義的理念，並強調國營事業的社會使命（那時全國工礦電等重要事業大部分已歸資委會管轄）。浸淫既久，我個人也漸漸覺得在資本主義與共產主義之間，結合民主政治的架構與社會主義的理想倒不失為比較合乎國情的另一選擇。

然而這個信念也並沒有維持太長的時間。領導英國人民擊敗德意納粹軸心的保守黨，在戰爭結束後不久即為承襲費邊主義的工黨所取代。工黨政府除迅即立法使涉及全民利益的大企業轉移為國營外，「由搖籃到墳墓」的福利國家計劃亦陸續付諸實施。那時英國國力尚未完全恢復，以前殖民地的喪失更削弱其經濟基礎；而現在國營化企業經營效率的低落和福利國家政策的浪費又時有所聞，更使英國經濟一蹶不振。以英國民智之高，守法精神之強，工黨施政方針猶不能有效施展，以福國利民。若欲行之於教育落後、法制不修之偌大中國，似乎

有些過分浮誇，不切實際。而由英國企業國營化的經驗，也使我開始懷疑政府干涉企業經營方針是否明智。

這個懷疑，在我於1945—46年度到芝加哥大學進修期間才獲廓清。在這一方面，對我影響最大的有三位大師，即奈特（Frank Knight）、維納爾（Jacob Viner）和海耶克（Freideric Hayek）。奈特講授經濟思想史，維納爾講授經濟理論和國際貿易政策。我由這兩位大師所得到的政策啓示，是任何干涉政策（除對壟斷市場行爲和法律禁止的經濟活動施行者外），必然影響經濟效率；資本主義雖有缺點，但是它的活潑創造力，使它至今還沒有可被取代的經濟制度。在某種意義上，對我影響更直接的是海耶克敎授。他在1946年春季才到芝加哥大學任敎，而且只開了一門課——應該說是專題討論（seminar），主題是美國企業壟斷個案分析。參加者約僅十人，幾乎全部都是敎授（我現在只記得貨幣學敎授Lloyd Mints及農業經濟學副敎授William Nicholls）、講師、以及正在寫博士論文的研究生。我抱著好奇的心理前往旁聽了幾次，只能大略體會海耶克開這個課的目的，似乎是藉此探索美國獨佔和寡佔企業的營運對美國經濟制度的影響。以後我雖然沒有再去聽講，倒是趁這個機會讀了海耶克的兩本名著——即1935年出版的《集體經濟計劃》（他任主編）和1944年出版的《到奴隸之路》。前一本書我在出國前曾經粗略讀過，但是大部分不甚了了。這一次重讀，才深切領悟集體經濟計劃在理性上根本不可能實行的道理。更重要的是，爲著實行集體經濟計劃而要求人民所做的犧牲，絕對不可能實現社會主義者浪漫的憧憬——即超越資本主義制度的表現；實際上，他們的犧牲所換來的，只是更落後與更貧窮。後一本書——《到奴隸之路》——主要是警告西方資本主義國家，不要動輒尋找藉口，干涉私人經濟部門，以免不自覺的陷入計劃經濟的泥沼，而走向奴隸之

路。(在海耶克的心目中，集體經濟計劃完全剝奪了人民選擇的自由，人民的地位實際上等於奴隸。)這本書雖然有些誇張，以致引起強烈批評。但是如果把它作爲對第二次世界大戰以後某些新興國家的預警，則其適切性似毋庸置疑。

另外在政策層面意外對我發生重大影響的一位大師，是顧志耐教授 (Simon Kuznets)。1946年10月後的半年間，我有幸追隨他在紐約國民經濟研究所學習國民所得與國民會計。他之所以對我如此垂青，完全是因爲那年暑假他受聘到南京資源委員會擔任了三個月經濟顧問，而我正是由資委會派到美國進修經濟的學生。記得有一天他帶來一本厚厚的卷夾，其中包含他在南京期間關於中國國民所得估計的討論、被邀出席多次學術座談會的講話、以及演講稿等(我彷彿記得1947年回國後在資委會經濟研究所也曾見過這個檔卷)。我赫然發現，演講稿中竟有一篇是用顧不尋常的語氣對資委會總部全體同人發表的 (主持人正是錢昌照先生)。在講稿中，他特別強調全國生產資源的調配，應由市場力量決定。因爲只有這樣才能充分發揮其利用效率，從而促成最大可能的經濟發展(以上是現在可能記憶的大意)。這一段話之所以特別值得注意，是因爲它與奈特、維納爾、海耶克的語氣幾乎相同，而不像是出自顧志耐本人之口 (雖然他的著作中也強調國際分工的利益對經濟發展的重要)。依我猜想 (我從來不便問他)，在1946年暑假他擔任資委會經濟顧問的期間，正是資委會發展的顛峯 (它的實力，因爲接收東北前由日人經營的許多大型企業而迅速膨脹)，那時錢昌照先生已經高升主任委員，他的聲望如日正中天，很可能他已經開始經營類似英國工黨的經濟政策；但是顧志耐卻擔心這個可能的發展對尚未起步的中國經濟將會產生不利的影響，在不便直接進言的情況下，他才決定利用這個機會向資委會全體高級及中級人員不露痕跡的宣揚

他認爲正確的經濟政策理念。他特別強調市場機能，正是要與可能即將籠罩全國的企業國營化政策作一對照。由此亦可看出，雖然他的治學方法不容許他提出未經事實確證的假設，他對市場機能調配生產資源的效率還是深信不疑。這個故事，更加深我對自由經濟政策理念的信心。

1948下半年，大陸政局逆轉，次年初我即奉調來臺。那時臺灣已宣佈進入「非常狀態」，一切施政決策，自不能以常情論。然而當局並非只作暫時打算，而決心建設臺灣爲「復興基地」；故凡施政決策，均兼含長遠之計。我對當時政府實施的經濟政策十分關心，每見其手段與目的自相矛盾之處，輒欲一吐爲快。自幸機緣巧合，自1950年起我即先後被當時幾位經濟領導人延見，參與臺灣經濟政策的討論。由於我所抱持的自由經濟政策理念與他們所習用的管制經濟理念很難溝通，往往大費唇舌而意有未達，乃綜合多次關於各項重要問題的爭辯，於1954年撰成我的第一篇以結合理論與實際的方式有系統的陳述自由經濟政策的專論——〈經濟較量與經濟政策〉，亦即本選集的首篇。

回顧過去四十年來我所撰寫的關於經濟政策的文字，我不得不承認我真是一個老頑固。雖然我向政府所作的建言，除在1950年代後期對政府外貿改革的方向可能稍有影響以外，可以說一直未受重視，但是我對自由經濟信念竟然沒有絲毫改變。所幸自由經濟理念現在已經主導全世界的大潮流；前蘇聯和東歐共產集團的崩潰，以及由此分裂與重組的新國家、和現存的少數共產主義國家也都一致朝著自由經濟的方向開放改革，在在顯示自由經濟理念現在已無國界之分，甚至亦無政治信仰之別。因此我自信過去四十年來沒有走錯大方向。

我最感遺憾的，倒是政府在1960年代初期完成第一階段自由化政策以後，卻在缺乏宏觀與前瞻的「務實主義」導向之下迷失了方向。

假如當時繼初步外貿改革之後，政府立即逐步（注意「逐步」不是躁進）撤除1950年代遺留下來的一切反自由化的政策措施，必能得到甫於外貿管制解放出來而獲厚利的外銷產業的諒解與支持，臺灣產業的國際競爭能力必能因自由化政策的指引而逐步提升，到1980年代初期臺灣很可能已經加入工業國家的行列。那時美國強施的自由化、國際化的壓力，對國內產業根本不會起什麼作用，而對其投資意願自然也沒有什麼不利的影響。然而，這個大好時機，卻輕易的被放棄了，以致國內產業在1980年代上期終於逃不過美國強施的自由化、國際化的壓力，而備感艱辛。

也許有人認為，這個期間外匯存底劇速增加也是一項重大成就。殊不知這項成就正是歸因於政府自1960年代初期以後對國內產業刻意保護與扶持(包括臺幣價值長期低估)，而後者正是國內產業不能適時培養競爭能力的基本原因。至於外匯存底劇增的事實，則正好成為美國迫使臺幣大幅升值的藉口，其所招致的惡報，我們已深切體會。尤有進者，政府因政策錯誤付出如此高昂的代價而換得的龐大外匯存底，竟不知靈活運用，及時以其中之一部分按照「以量制價」決定的利率貸予陷於困境的國內產業，使之向西方工業國家購置新式機器設備及轉移技術，以補強其體質，及提升其競爭能力，結果臺灣又一次失去成為經濟大國的機會。至於外匯存底劇速累積而使貨幣供給劇速增加，以致引發的高昂社會成本，更令人萬分扼腕。

在檢討1960年代初期以來政府所採行的經濟政策之後，我很遺憾不得不作如下的評斷：在經濟方面凡是政府平時不該管的，政府卻管了；而在危急非常之秋，政府應該做的，卻沒有行動。尤其是，政府完全忽略1950年代後期以至1960年代初期第一次經濟自由化成功的經驗，以致原本光明燦爛的臺灣經濟發展前途，竟被導向至現今維持中

低度發展尚難預卜的境地。無論這個政策誤導的過失究應由誰負責，結果都是同樣可悲。

寫到這裏，我幾乎想臨時取消這本選集的出版計畫。因爲我的政策理念未能說服政府官員或竟被完全忽略，也是代表失敗，而失敗並不光榮。最後我之所以決定仍照原定計畫出版，唯一的目的是希望後人從1960年代初期到1990年代初期的「臺灣經濟經驗」得到一點教訓，將來不要再犯同樣的錯誤。

邢慕寰　寫於1993年 2月

編輯解說

除〔附錄〕中兩篇喩諷性（借題發揮）的文字以外，本選集包括關於臺灣經濟政策的討論二十一篇（其中一篇實際上是有關的記述文字）。在大體上，這些討論均按時間先後編列。惟爲醒目計，又將所有討論約略分爲四組。

稍一瀏覽，即可看出本集中的討論在時間分配上極不均勻；尤其是1960年代初期以至1980年前後，本集中竟留了一個將近二十年的大空白。這是因爲，自1962年10月起，我受中央研究院王雪艇（世杰）院長之邀，爲該院籌設經濟研究所籌備處，數年後該處即正式改爲經濟研究所，至1973年我被香港中文大學邀聘前往任教時才結束這一項額外任務。在這十年之間，我時常勸告同事，經濟學家雖不應把自己關在象牙之塔裡面，但在治學紮根期間，確不宜在普通報刊上亂寫時論，以求成名。爲表示以身作則，我親向同事們承諾我自己也儘可能不寫時論方面的文字。故在此期間，我的時論發表紀錄實際爲零。

坦白的説，我對中央研究院經研所同事們許下這個諾言，多半也是因爲我覺得1950年代阻礙臺灣經濟發展的重要問題及其解決方法，在本集第一篇討論中都已有所交代；而在50年代後期以至60年代初期外貿改革的成功，更使我期待尹仲容先生逝世後的經濟接班人繼續走向自由開放的道路（包括逐步降低我在第一篇專論中未特別強調的關稅壁壘），使臺灣經濟漸進於脫胎換骨，而步入發展國家之林。但事實證明，我的期待太天眞了。作爲一個自始即參與臺灣經濟發展政策討

論的經濟學人，我因預期錯誤而未多盡言責深感愧疚。

所幸1974至78年間，中央研究院經濟方面諸院士趁每隔兩年參加院士會議之便，接受政府邀請研討臺灣經濟問題，並向政府提出建議（請參閱蔣碩傑著《臺灣經濟發展的啓示》附錄〈中央研究院諸院士的共同建議〉，經濟與生活出版事業股份有限公司1985年4月出版）。我追隨諸院士之後，亦略有所贊述。在此期間，我雖未單獨發表政策性的文字，但覺已盡本分，差堪告慰。

以上是關於1960年代初期以至1980年前後將近二十年間本集出現一片空白的理由。以後十年之間，我忽然忙了起來。雖然老病交侵，我還是撐著寫了一本以自由經濟觀念與政策爲主題的《通俗經濟講話》（三民書局1986年8月出版）；除此以外，幾乎每年我都有政策討論發表，尤其在1980年代中期以後的六、七年間，我寫的政策討論有時每年竟超過兩篇乃至三篇。這並不是我病中無聊，要藉撰文來打發時間；而是因爲我確認這個期間是臺灣經濟發展的最重要關鍵，其所遭遇問題的嚴重程度決不下於1950年代，故不已於言。

我雖然不是「惜墨如金」的人，但是每寫一篇討論必有其不得不寫的理由。爲便於讀者了解本集中每一篇或每一組討論撰寫的背景與動機，我特別在每一篇文首或每一組的開端加上一段長短不一的「重刊弁言」，希望這些「弁言」不是「贅言」。

本集所收入的政策討論及喻諷性的文字雖然不多，但因我一向對自己的寫作沒有刻意保存，所以蒐集起來還是相當費事。在這一方面，我要特別感謝黃國樞先生。如果沒有他耐心尋覓，本集中有些文字可能沒有出現的機會。

此外，我要趁這個機會感謝刊載本集所收二十三篇文字的刊物和報紙。除因我的原稿標題和子標題經過重大改變及爲本集各文之間承

接呼應之外，各篇文字很少再加修改；其因上述理由酌加修改之處，尚祈刊載原文的刊物及報紙各位編輯多多原諒。

　　三民書局提供本集出版的機會，至爲可感。該局曾於1986年出版作者撰寫之《通俗經濟講話》，其「附錄」中有三篇文字——即〈經濟較量與經濟政策〉、〈自由經濟政策下的農業政策〉及〈自由經濟導向的進口關稅政策〉，現因顧及作者政策理念之完整而不得不再度納入本集，此中所涉及之版權問題，作者曾深感困惑，承該局劉董事長振強先生諒解，特此鄭重致謝。

臺灣經濟策論

目　次

I

臺灣經濟發展
初期政策檢討

經濟較量與經濟政策

重刊弁言

　　1949年初，我由南京奉調來臺時，臺灣已進入危急存亡之非常狀態。是時臺灣百業蕭條，失業普遍，物資缺乏，價格飛騰。所幸政府當局處變不驚，發憤圖強；深知臺灣地小人稠，非發展經濟不足以濟事功。乃積極採取步驟，以期振興農業，發展工業（尤以民營企業為發展重心）。但為達成此一目標，必須維持物價穩定，此即為當時政府所遵行「在安定中求發展」之最高原則。在此最高原則之下，政府所採取之主要政策手段，一為管制（包括物價管制、金融管制、貿易管制、外匯管制、農作限制、設廠限制等），二為保護與扶持（包括高關稅、低利率、低匯率等）。因政策手段與目的相互矛盾，以致困難叢生。惟是時當政諸公望治殷切，延言納諫。在此一特殊背景之下，我乃得以一介書生與當時最重要之三位經濟決策人論當時臺灣經濟之事。最早接觸者，為時任財政部次長張麗門（茲闓）先生。張先生為資源委員會前輩，雖素不相識，聞我已來臺，急忙延見，倍感親切。張先生對當時急如燃眉之通貨膨脹問題十分憂慮，但在討論運用利率及匯率作為對策時似無清晰立場，我亦不便與之爭論，僅在關鍵處略抒己見，彼狀甚洽然。旋即介紹我與時任財政部長嚴靜波（家淦）先生晤談。

嚴先生極其務實，談及通貨膨脹時，力言平衡預算之重要。使我印象最深刻者，爲嚴先生對農業生產亦甚關心，而對涉及土地利用之「糖米爭地」問題則頗感困惑。嚴先生嫻於詞令，在其犀利詞鋒之下，我在解釋問題時竟不能完全避免引用經濟術語，以致嚴先生之表情有時不免茫然。使我畢生最難忘懷者，厥爲我與時任中央信託局局長兼任臺灣區生產管理委員會副主任委員尹仲容先生（主任委員爲時任行政院長陳辭修（誠）先生）之晤談。尹先生在表面上予人之印象，既不似張先生之和藹可親，亦不似嚴先生之謙沖儒雅。彼當時篤信經濟管制與工業保護，而對當時形成重大困擾之外匯管制辯護尤力。因彼講話之態度咄咄逼人，竟使我與之發生一場激烈爭辯。（關於這一段故事，在本集所載〈我與尹仲容先生的一段交往——早期自由經濟觀念的溝通〉一文中有較詳盡之敍述。）此時張麗門先生已轉任經濟部長，彼此接觸機會較多；聞悉我與尹先生談話時發生「口角」，特邀約垂詢。在聆悉梗概後，見我仍有不愉之色，笑謂我對尹先生太不了解，並告以尹先生對我之印象，反自覺修養欠佳。但無論如何，經與上述三位長者數次晤談後，深感經濟觀念溝通不易；若坐令政府繼續實施現行政策，又覺有失書生應盡之責。1953年秋，我轉入臺灣大學商學系任教。慨於當時物價、生產、貿易、就業等問題日趨嚴重，而政府在三年前所採行之政策措施仍毫無改變之跡象，故在次年暑假開始前即已初步構思，如何避免應用一般人不習慣之經濟術語而能將我與嚴靜波、張麗門及尹仲容三位重要經濟決策人數次談話內容作一有系統之綜合陳述；暑假中即埋首撰稿，一再改寫，逾月而成。此即本文——〈經濟較量與經濟政策〉——撰寫之由來。因文中討論各項問題時，不便一一指明原來提出有關疑義者之大名，故作者亦以筆名「邢杞風」自爲隱諱。及今思之，殊覺大可不必也。

一、引言

本文選定一個與內容似乎不大相稱的題目，旨在借用當前臺灣經濟政策上的幾個實例，以說明經濟較量對經濟決策的重要。任何政策都牽連到目的與手段的考慮，爲達到同一目的，往往有幾種不同的手段可供選擇採用，明智的決策貴能權衡得失，審度重輕。經濟政策所牽涉到的經濟較量最爲複雜，單憑局部表象的觀察往往不夠，本文擬就下面幾個問題試作一點稍含提示性的分析，既不敢侈談理論，亦不必賣弄術語，措詞釋義，俱不求全，經濟學人將責其淺薄而多疏失，主政策者必嫌其空洞不切實際，然若此淺薄空洞之論果如此引人注意，則本文之用意庶幾盡矣。

二、蔗作與稻作的經濟觀

如何盡地之利——適當的土地利用分配與適
當的土地利用程度關鍵在於糖米價格政策：

米和蔗糖是臺灣經濟的兩大支柱，稻作和蔗作通常佔用臺灣最重要的生產資源——農業用地——的絕大部分，這一部分生產資源的利用是否經濟合理，至關重要，因此我們選定本題作爲討論的起點。

爲便於說明，我們先從最簡單的抽象分析入手，然後逐步接近比較實際的討論。假定臺灣只有三塊面積相等的農地(A、B、C)，同時期內（最好以較長的蔗作期爲準）用某一同量‧(總)成本（假定起碼足夠一期蔗作或同期內若干期稻作的正常開支）種蔗或種稻可得如下

數量的糖（在臺灣，種蔗的代價是收穫甘蔗所產的糖扣除糖廠製糖費用後的淨額——亦即農民分糖）或米：

土地種類	產糖（噸）	產米（噸）
A	.5	1
B	1	1
C	1.5	1

照這樣的情形，如果三塊地都用於蔗作，可共得三噸糖，如果都用於稻作，可共得三噸米。這完全是從成本方面分析。在實際上，農民如何分配這三塊地於蔗作和稻作，還要看糖米比價。假定國際市場上的價格恰好是一噸糖換一噸米，同時假定運費可以完全忽略（運費加入考慮將使本文的分析稍微複雜，但不會推翻本文的結論）；那麼，農民一定用 A 種稻，用 C 種蔗，B 可用於種稻也可用於種蔗。這樣，就決定了土地利用的分配。而這樣的土地利用的分配，不止對農民有利，而且對整個臺灣經濟有利。因為用同量的成本，A 產一噸米，在國際市場上可換一噸糖，比直接用以種蔗多得半噸糖，C 產一噸半糖，在國際市場上可換一噸半米，比直接用以種稻多得半噸米。所以照這樣的土地利用的分配，可共得三噸半米或三噸半糖，這個結果顯然比全部農地種稻或種蔗較為有利。如果限定全部農地種稻或種蔗，徒然犧牲半噸米或半噸糖的利益。同樣，假定由於省內糖米比價與國際市場的糖米比價不同而造成異於上述土地利用的分配，也會犧牲生產資源經濟利用的一部分利益。

農民已經決定土地利用的分配以後，次一問題為決定土地利用的程度(或精耕的深度)。土地利用的程度，大致可用一定面積上的農作費用總量來衡量。我們剛才假定一個起碼足夠一期蔗作或同期內若干

期稻作的正常開支，如果農民認為這一個假定的開支還不夠「盡地之利」，而決定繼續增加，就表示土地利用程度提高。農民之所以願意在同一塊土地上繼續增加開支，當然是因為農作收益同時增加，而且每一次增加的農作收益超過每一次增加的農作費用，等到土地利用到了這兩個增量大致相等的地步，再增加開支在收益方面得不到補償，才算盡了土地之利。在一定的農業技術條件之下（也就是說，相當於一定的農作物產量對成本的關係），這一點的決定要看糖米價格的絕對高度。糖價和米價高，土地利用程度也比較高；糖價和米價低，土地利用程度也比較低。為了說明在什麼情形之下比較合乎生產資源經濟利用的原則，我們的分析可以更具體一點。在同一塊土地上繼續增加農作費用，其中有兩個主要項目：一個是肥料，另一個是勞力。在企業程度不高的農業地區，大多數農家自供的勞力幾乎構成農作勞力的全部。而在這些地區農作經濟的考慮上，自供的勞力通常都不算作成本；也就是說，自供的勞力不能算是土地利用程度的決定因素。為著分析的方便，我們至少可以設想每一塊農地上的勞力使用量固定不變，而單獨分析肥料使用量的變動。農民心裏通常都有這樣的盤算：比如說，在一定的種蔗面積上用多少肥料大概可以產多少甘蔗以及淨得多少糖，再加多少肥料又可以淨得多少糖；肥料花多少錢，糖值多少錢，比較一下，心裏對肥料的使用大概就有一個數目。假定省內農民糖價和肥料價格正好相當於國際市場上的糖價和肥料價格，則在上述土地利用的「盡利點」沒有達到以前，每增用一單位肥料所產的糖，在國際市場上可換回更多的肥料，這不單是對農民有利，對整個經濟而言也是最實際的利益。如果省內農民糖價低於國際市場上的糖價，而農民所用肥料的價格不成比例的偏高，則農民為自身利益打算，必將在上述「盡利點」尚未達到以前即行停止肥料的繼續施用。這時土地未

盡之利，顯然因為省內和國際市場上的糖價與肥料價格不成比例而白白犧牲。同樣的方法適用於稻作土地利用程度的分析。

有了這麼一點簡單的概念，我們可以進一步分析比較接近實際的情形。臺灣全省共有約近九十萬甲的農地（1公頃約等於1.03102甲），性能等則不一，有的特別適宜於種稻，有的特別適宜於種蔗，也有的特別適宜於種植其他作物，大部分則在兩可之間。假定耕作沒有限制，則全省土地利用的分配，將視各種作物的價格比較而定。但在實際上，由於米是本省最重要的民食軍糧，政府為穩健計，一向採取「自給自足」或「多多益善」的政策，因而對種蔗面積盡量加以限制（最多不得超過十萬甲）；也是為了同一理由，政府對米價一向採取平抑政策。假如有一個自由外匯市場反映出自然匯率，那麼省內米價平均一定低於國際市場（比如說，鄰近最重要的買主──日本）上的米價；就農民糖收購價格而論，過去臺糖公司雖願比照出口結匯付給蔗農，但因結匯匯率偏低，農民糖價事實上也是低於國際市場上的糖價。臺糖公司的農民糖收購價格政策，似乎始終是受「斤糖斤米」觀念的支配，但實際所表現的糖米價格的連繫，卻並不相當於國際市場上的糖米比價；至於其他與稻蔗競爭的作物價格，政府則悉聽其自由漲落，不加限制。其結果，應該用於蔗作和稻作的農地，其中有一部分因為省內米價和農民糖價受到抑制而為價格不受抑制的競爭作物所侵佔；同時用於蔗作與稻作的土地分配，亦與前述相當於國際市場的糖米比價的土地利用分配發生乖離。復因農民所付肥料價格對農民所得糖米價格而言一向有偏高的趨勢，土地利用自亦未能「盡地之利」，把這些情形同我們在前面所作的簡單抽象分析對照一下，即不難理解本省農業生產資源的經濟利用，有待於政策改善者甚多。

上面的分析，雖然導致一個極其明顯的結論，但是我們並不一定

要建議政府完全取消蔗作面積的限制和提高省內農民所得糖米價格至相當於國際市場的水準。政府對民食軍糈的顧慮就值得犧牲一部分改善土地利用的經濟利益，而農民糖米價格的提高又牽涉到改變匯率的問題，也許政府的顧慮更多。(關於這一點，本文第四節討論外匯匯率時再行申論)。不過我們並不以為在這些層層顧慮之下就再沒有改善土地利用的餘地。就種蔗面積而言，如果在「足食」的原則下不必要拘守十萬甲的防線，我們就應該考慮放寬。在這個比較寬的限度之內，讓糖米價格決定實際種蔗和種稻面積。米價既然因為政府的顧慮而不能提到相當於國際市場上米價的高度，則根據前文的分析，農民糖價應比照國際市場上的糖米比價而與省內米價維持一定的關係，使蔗作和稻作的土地利用接近合理的分配。同時農民所用肥料價格亦應比例降低，使蔗作和稻作的土地利用接近適當的程度；因為只有這樣，農民才肯在較低的糖米價格下把土地利用推到這個地步。在政府和臺糖公司方面，這樣作一點也沒有損失。政府和臺糖出高價向國外買進肥料，按低價交與農民；同時也按低的糖米價格折換糖米，輸出糖米，仍可換回原來在國外購買肥料的等數價款或同量肥料。

上面的分析，旨在說明如何運用糖米和肥料的價格關係謀致本省最重要的生產資源的經濟利用。為使其發生實際的作用，每一次根據國際市場比價所定的糖米和肥料價格，必須於種植期開始以前提早公布，以便農民決定種蔗(種蔗總面積自然受最高限度的限制)、種稻或種植其他競爭作物以及肥料的用量。但在作物生長期間，國際市場上糖米和肥料的價格關係可能發生變動，尤其是甘蔗生長期長達十八個月，約三倍於稻作期，期末和期初的價格關係很可能不一樣。依期末的價格關係看來，當初種稻的土地似乎應該移一部分種蔗，或者當初種蔗的土地似乎應該移一部分種稻。總之，當初土地利用的分配不合

乎上述經濟原則。但像這樣的生產資源分配失當或誤用是任何種類的生產所不能避免的，所不同的只是程度問題；而且，假定沒有像韓戰一類的偶發事件，在相當長的期間內國際市場上重要商品價格變動的趨勢可以預先推測。即令國際市場變化無常，在相當限度之內農民還可以順應新的情勢適時轉作，至少可以斟酌增減肥料的使用，以爲補救。重要之點在於經常密切注意國際市場的動向，從而迅速改訂省內糖米和肥料價格。但如改訂次數太多，將使農民無所適從。最合理的辦法似乎是每隔四個月至六個月調整一次，調整時間約在每次稻作期末。這樣農民比較有適時選種轉作的自由，而肥料的使用亦有較大的伸縮餘地。

三、工業生產與進出口

經濟資源如何有效的利用於工業生產——
對內勵行自由競爭，對外建立出口進口連鎖

　　正好與糖米的例子相反，省內一般工業製品的價格遠超過國際市場的價格。高價格之所以能夠維持，完全是由於保護。保護之所以必要，自然是因爲省內一般工業生產成本太高，經不起外國貨競爭的淘汰。成本高的工業之所以必須維護，可能是因爲這些工業對臺灣經濟的重要。不過，這一套簡單的邏輯似乎不能完全解釋當前的工業保護政策。就對臺灣經濟的重要性而言，我想臺糖應居首位，而臺糖的成本同樣高於其他重要產糖地區的成本。然而臺糖在沒有任何防禦之下仍須衝破世界產糖過剩之逆流而與條件遠較優越的糖業生產者劇烈競爭，而且在國際糖價低潮中售糖所得的外匯價款在結匯時還要按偏低

的匯率打一個大大的折扣；在另一方面，一般內銷工業不但享受充分的保護，而且按廉價配得大量的臺糖外匯向國外購置原料器材，結果等於臺糖給它們一筆優厚的津貼，替它們多加一層間接的保護。這不過是指明現行工業保護政策缺乏一個明確而一致的標準，而不是說工業保護政策全無必要；問題是保護有沒有一個適當的限度和一個比較客觀的標準。現在臺灣若干重要內銷工業實際上享受雙層直接保護，一層是對外關起大門，不許外國貨進來競爭，另外一層是對內限制設廠，維持少數廠家的壟斷。在這種情形之下，工業本身完全沒有新陳代謝作用，自然談不上效率和改進，生產資源也就免不了浪費和誤用。要打破這種局面，第一步是讓省內工業自由競爭，除極少數的例外，公營事業的範圍亦應准許私人自由設廠，同時公營事業的優越條件和法令拘束應一併解除，以便與私人事業立於同等競爭地位。這樣一來，不夠水準的生產者必被迫淘汰，一般工業品的價格必漸趨降低。

　　省內工業自由競爭雖可望提高工業生產效率，但在未來相當長的時期之內，省內工業品的成本和價格仍可能高於國外的一般水準。不過，假如省內個別工業品的成本和價格與外國貨的成本和價格不成比例——也就是說，個別工業品的相對成本和相對價格互有高低，那麼，我們的生產資源的利用還有進一步講求的餘地。假定工業品 A 的價格（或成本）與 B 的價格（或成本）的比例，在省內為一比一，而在國外為一比二，則儘管省內 A 的價格（或成本）高過外國貨的價格（或成本），輸出 A 到國外去換 B 仍然有利。因為一單位 A 在國外可換回兩個單位 B，而在省內兩單位 B 的價值相當於兩單位 A 的價值，所以拿 A 到國外去換 B 要合算得多。同時我們很容易看出，這樣作對整個經濟也有好處。因為在省內 A 的單位成本和 B 的單位成本完全一樣，而一單位 A 在國外可換回兩單位 B，當然是最實際的利益。在這樣的

情況之下，假定我們允許 A 出口換 B 進口，A 必然大量輸出，省內 A 的價格必隨之上漲，A 的產量亦必隨之擴充，效率原來不夠水準的生產者現在亦可參加生產，因此 A 的成本逐漸提高；反之，A 的大量輸出換回 B 的大量輸入，使省內 B 的價格降低，B 的產量必隨之縮減，原來勉強夠水準的生產者現在必被擠出生產，B 的成本因而亦逐漸降低。經過這樣的調整，省內 A 的價格（或成本）與 B 的價格（或成本）之間的比例逐漸接近國外的比例。以上的分析，可適用於一切產品，只要是任何一種產品的價格（或成本）與另一種產品的價格（或成本）在省內和國外不成比例，就表示我們的生產資源的利用尚有未盡的利益，而須經過如上的調整。

由上面的分析，我們得到一個重要的推論：這就是省內產品的絕對成本比外國貨的絕對成本高不一定是真正的出口障礙，重要關鍵在於相對成本。輸出省內相對成本低的產品換取省內相對成本高的產品，是同時促進出口和生產資源經濟利用的最有效的方法。現在省內工業一般都苦於成本太高，深感外銷不易，這是因為出口進口沒有連繫起來。單就出口一面而言，產品的成本既然比國外高，而又按偏低的外匯匯率結匯，自然不免虧本；但若允許生產者或出口商用外銷所得外匯向國外購入省內相對成本和相對價格較高的貨品，則轉手即可獲利，至少不至賠本，出口自必踴躍。這裏面包含有兩個前提：一個是出口進口連鎖的建立，另一個是進口品選擇的自由，二者缺一，在現狀之下出口的難關就打不通，而生產資源經濟利用的充分利益亦無由實現。當然，這裏所指的進口品選擇的自由也並不是絕對的。比如說，奢侈品的進口就應該加以相當嚴格的限制，不過最好寓限制於征課，讓價格機能去執行政策的任務。由於貴重奢侈品本省多不能自造，省內奢侈品的價格因限制進口而特別提高並不能誘致生產資源於奢侈品的生

產，而省內奢侈品的消費則可因此大為削減，這正符合社會節約和節省外匯的本意。

也許有人發生以下的疑問：在上述兩個前提之下，省內產品的價格和成本可能很快的完成如上所述的調整過程，出口進口連鎖的利益亦將隨之削減，到那時出口進口豈不漸趨於停頓。其實，這是似是而非的想法。假定經過上述調整以後省內和國外產品的相對成本和相對價格完全一致——比如說，前例中省內 A、B 的價格（或成本）經過調整以後成為一比二，正好與國外 A、B 的比價看齊，這時 A 出口換 B 進口雖遠不如省內 A、B 的價格仍為一比一時有利；但用 A 換 B 內銷所得的收益，至少並不稍遜於用 A 直接內銷所得的收益（比起沒進出口連鎖的片面輸出當然要好得太多）。這是因為如果 A 停止外銷而直接內銷，省內 A 的價格即將下跌，同時因為 B 的進口減少，省內 B 的價格即將上漲，結果終不如到國外去兜一個圈子用 A 換 B。由此可以看出：即使經過上述調整以後省內和國外產品的相對成本和相對價格已經達到完全一致的地步，還是要靠繼續原來水準的輸出和輸入來維持這樣的價格關係。以本省市場之小，稍一減少輸出和輸入可能立刻引起市場的強烈反應，而發生改正的作用。因此進出口既不致停頓，也不會減少，事實上還可能因為生產者或輸出者在出口進口連鎖下比較有利而更趨於擴張。

出口進口連鎖辦法最顯著的好處，是政府不須支付一文津貼而解決了對臺灣經濟極關重要的出口問題，同時進口貨的種類與數量的分配亦比現行進口審核辦法的硬性規定較為合理。對原來享受充分保護的內銷工業而言，出口進口連鎖自然是進一步的淘汰工具，但在同時出口工業則因其扶掖而臻於發達繁榮，這正是促成生產資源經濟利用的兩面，對整個經濟只會有好的影響；何況重要內銷工業多已發展過

度，而不得不計劃外銷，其中且有一、二業要求政府准許在出口進口連鎖辦法之下發展出口。故在出口連鎖制度建立以後，重要內銷工業只須改變其產品銷場，而不必遭受淘汰，其不免於淘汰者，對於整個社會的影響當不太大。

四、外匯匯率與生產

偏低的差別的匯率影響經濟資源的有效利用，應從速開放結匯證自由買賣市場

本文一直避開外匯匯率問題不談，是因為政府對這個問題的顧慮太多；如果一開頭便提出來，恐怕有人連頭兩節都看不下去。在實際上，前節所討論的出口進口連鎖如果建立，就等於取消現行外匯釘住政策和進口外匯審核制度。因為出口進口連鎖建立以後，必然出現進出口外匯市場，外匯匯率將由市場的競爭力量決定，進口外匯的分配自然不用政府操心。

出口進口連鎖建立以後之必然出現外匯市場，是因為出口進口直接連鎖有許多技術上的困難不易解決。多數出口廠商都沒有進口的經驗，委託進出口商行或專營進口業者代辦不但多一層麻煩，而且一個大圈子兜下來不見得有什麼好處，倒不如乾乾脆脆把出口所得外匯全盤出讓；同時這樣作對進口廠商也有不少便利。在這種情形之下，進出口外匯市場自然形成。這個進出口外匯市場，與一般人所討論的結匯證自由市場沒有什麼分別，外匯匯率在這個市場上將穩定於那一個高度，本文不願妄加推測，但無論如何要比現行官定結匯證價格高得很多。在實際上，官定結匯證價格早已經過變相的改頭換面。現在進

口結匯須附繳防衛捐，而出口結匯則另有補貼，實際結匯匯率，可能與結匯證市場的自然匯率相去不遠。值得注意的是：儘管政府暗中提高結匯匯率，但始終不敢再進一步開放結匯證市場；同時原來出口進口的差別結匯匯率雖不適用，但現在出口補貼和進口防衛捐又造成新的差別，原來差別結匯的精神仍然保留。

政府在這一方面為什麼採取如此謹慎而保守的態度，並不費解。當初政府採用結匯證和進出口差別結匯的辦法，實際上也就是隱藏調整官定匯率的外衣。政府寧可煞費苦心東填西補，而不肯明目張膽變更匯率，最主要的原因是在飽受通貨膨脹的痛苦經驗之後怕因此進一步造成經濟上的不安。所以政府在最初遲遲不肯調整匯率，後來雖然引用結匯證的補救辦法，但仍盡量縮小其適用範圍。凡是公營事業的進出口，規定仍按官定匯率結匯，民營事業進出口的結匯證價格雖較官定匯率為高，但仍遠在正常水準以下。其用意無非是限制省內流通貨幣的增加，同時阻止輸入品價格的上漲。這些顧慮到現在有沒有存在的理由，姑不置論。不過假定政府考慮開放結匯證市場，並規定出口所得外匯全部用於進口，使之合於出口進口連鎖的意義，則因匯率改變而使出口貨價增加的部分，將自動取償於進口結匯，政府根本無增發通貨之必要；復因外國貨品可以相當自由的進口，亦可避免現在外匯審核的流弊。省內進口貨價的一般水準不但不會因匯率改變而提高，且可能因為較高度的競爭而趨於下降，所以上面的顧慮可根本消除。

另外還有人堅持偏低的和差別的匯率，並不完全是因為以上的顧慮，而是以外國的實例為根據。但外國的實例不一定就值得效法，同時這些實例也不見得放之四海而皆準。就筆者所知，若干國家採用差別匯率，是把它當作商業政策的（甚至是政治的）工具，其歧視的對

象是外國貨品而不是本國產業。同時這些國家的貨幣在國內國外多半都可以同外幣調換，用人為的力量提高其對外價值，至少在成交的交易上可佔外國的便宜。因此，即使偏低的和差別的匯率在其他方面可能產生不良影響，還可以「失之東隅收之桑榆」。反觀臺灣的情形，我們從來沒有考慮要用差別匯率做商業政策的工具，從來沒有想到歧視某一外國的貨品；反之，我們的差別匯率一向是歧視本省的產業。同時因為臺幣在國際交易上甚至算不上記帳的單位，即使我們把臺幣對外的名義價值抬得天高，一點也佔不了別人的便宜。

而且偏低的差別的匯率，對於經濟資源的利用還可能產生極不利的影響。匯率直接影響以本幣計算的進出口價格：匯率偏低，一方面在相當於正常匯率的出口價格之下本可以參與生產的廠家，卻被擯斥於生產邊際以外；而原已參與生產的廠家，在相當於正常匯率的出口價格之下本可以比較充分的利用其生產設備而多產一點出口品，現在卻不能到達那個產量。另一方面，由於原料器材的進口折價低於與正常匯率相當的進口價格，本來不當設的廠反而設立，原有的廠家本來只打算出產較小的產量，現在卻出產了較大的數量。這就是說，社會上的經濟資源一方面未用其所當用，另一方面卻又用其所不當用。要證明這一點，我們可以用類似第二節的分析方法：生產者利用現有生產設備的程度，同時決定於其生產收益與生產成本。生產者計劃產量的時候，通常總要比較增加一批產量所添的成本和增加這一批產量所添的收益。假如成本增加得多，收益增加得少，得不償失，生產者決不肯幹；反之，成本增加得少，收益增加得多，生產者決不罷休。也就是因為這個緣故，為出口而生產的廠家在相當於偏低匯率的出口價格下的產量，通常小於相當於正常匯率的出口價格下的產量。如果不是因為匯率的偏低，則在後一產量沒有擴張到前一產量以前，應該還

有未盡之利，而這個未盡之利，正因為偏低的匯率而犧牲。同樣，進口原料器材的廠家在相當於偏低匯率的進口價格下的產量大於相當於正當匯率的進口價格下的產量。如果不是因為匯率的偏低，則由前一產量擴張到後一產量應該是得不償失，而這個損失，也正是偏低的匯率所造成。至於偏低的匯率使當設的廠不能設立，不當設的廠反如雨後春筍，由此所引起的資源誤用，更是明顯而無須證明。當然，多數生產者同時按偏低的匯率出口進口，上述經濟資源的誤用程度可因此抵消一部分。但在實際上，出口生產者由國外所購進的原料器材通常只佔其各自出口的極小部分，其所能抵消的程度實在並不太大；而享受充分保護的若干重要內銷工業的原料器材進口反佔出口總額的一大部分，原來由於內銷外銷工業的競爭地位不同所引起的資源分配失當，現在更因匯率偏低的影響而益形嚴重。此外還要加上差別匯率的影響；進出口結匯過去因公營民營而有差別，現在則因進出口而有差別。公營事業的出口一向佔最重要的地位，所以無論過去或現在，在一般偏低的匯率下，出口事業總是處於比較更不利的地位，這自然更進一步影響經濟資源的利用；至於根據「實績」審核進口外匯的牽強辦法，其影響更不待說。現在政府對改變外匯政策的顧慮既不存在，而保留偏低的和差別的匯率又一無是處，結匯證市場的開放大可值得考慮。

　　上文的討論，一直限於一般工業品進出口所適用的匯率。這是因為我們在第二節討論蔗作和稻作經濟時，鑑於政府的種種顧慮，而不願立即建議提高農民所得糖米價格至相當於國際市場上的高度。當時我們認為：為使蔗作和稻作的土地利用接近合理的分配與適當的程度，只要農民所得糖米價格和所付肥料價格相當於這三種商品在國際市場上的價格比例差不多就夠了。但這樣一來，省內至少要出現兩種價格體系，農民所得糖米價格和所付肥料價格自成一個體系，一般工

業品的價格另成一個體系。無論在理論上或實際上，這兩個價格體系同時存在並非不可能；而且前已分別論證，假定沒有人爲的干涉或限制，這兩個價格體系都可能使經濟資源接近最有效的利用，雖然接近的程度可能不完全相同。但同時採用兩個不同的價格體系，多少總有些不便。在技術上，要進一步把這兩個價格體系簡化而納入一個體系，是十分容易而簡單。只要政府准許米自由出口，省內米價不久即可與國際市場上的米價拉平，到那個時候，臺糖收購農民糖的價格自應以外銷實際所得價款爲準。同時農民所付肥料價格亦無須壓低而任其決定於自由市場，使之自動與糖米價格看齊。這在實際上將要省掉許多麻煩，在理論上蔗作與稻作亦可比較更接近經濟資源最有效的利用。同時，這樣作還有幾個特別的好處：本文的分析一直限於生產方面，而沒有注意到消費方面。就生產方面說，只要農民所得糖米價格與所付肥料價格與國際市場的價格同一比例，即使絕對高度較低，也沒有太大的關係；但若同時就消費方面看，則因農民所付一般生活用品的價格較其所得糖米價格爲高，結果等於迫令他們接受較低的生活水準，這自然不算公平。這種情形，過去在實際上時有發現，因此有人主張農民所得糖米價格至少應與農民所付布匹價格看齊。照我們剛才的分析，若能使農民所得糖米價格與一切工業品的價格看齊，自然更是公平合理。實在的說，我們把農民的生產者身份同消費者身份分開，只是就分析的方便；在實際上，這樣做可能非常勉強。農家經濟的本質與企業經濟不盡相同，農家同時是生產單位和消費單位，從企業經濟的觀點看來，某種價格關係雖足構成經濟資源有效利用的必要而且充分的條件，但從農家經濟的觀點看來，若農民在消費方面所付的價格與在生產方面所得的價格比較起來對農民不利，則上述條件尚不充分。就我們的實例來說，如果農民所付價格水準高過所得糖米價格水準，

則儘管就企業經濟的觀點看來經濟資源的利用可能達到如何完美的程度，農民還是不肯把土地利用點推到那個地步。所以讓農民所得價格與所付價格完全看齊不只是更為公平，而且使經濟資源的利用在理論上可能達到之點比較易於實現。再就米的消費來說，雖然米的消費彈性很小，各人的消費量不會因為米價漲跌而發生顯著的改變，但在相當大的限度以內，米同其他的食糧（如麵粉、甘藷等）仍可能互相代替，如果米價提高一點，準會有些人減少食米而多吃雜糧，同時像過去農村用米餵豬的情形也不會發生。國家殷切需要外匯，省出一部分食米去換取外匯正是今日所應積極倡導的。

　　政府的顧慮，一向是怕米的出口會造成本省糧食短少的現象；同時米價上漲不免要直接影響一般人民的生活，間接影響經濟的穩定。其實這些顧慮大部分都是過慮。就第一點講，如果政府解除米的出口限制，則在初期雖不免有較大數量的輸出，但在省內米價同國際市場上的米價拉平以後，外銷反不如內銷有利，出口自必終止，根本不會發展到糧食短少的地步；而且米的出口增加，也只表示本省糧食消費內容的改變（米的消費少了，雜糧的消費多了），並不足以說明本省糧食消費數量的減少；因為糧食是生活所必需，不是隨便可以減少的。再就第二點說，本省現有農業人口約在三百七、八十萬之間，連同軍公教人員及其眷屬，總數當在五百萬以上——也就是說，超過本省人口總數二分之一，這一大半人口的糧食，一向不成問題。對另一小半人口而言，米價提高自不免影響他們的生活。若米價顯著上漲，則在這一小半人口當中最佔主要的勞力工作者的報酬勢將跟著調整。問題是這麼一來是否會引起工資物價的循環追逐，以致影響經濟的穩定，是否會因此反而削弱出口競爭的地位，結果徒然招致內部的紛擾。關於這一點，我們願意作一個大概的推測：勞力工作者在米糧消費上的

支出平均大概不會超過薪資收入的半數。假定米價上漲20%，則爲抵消米價上漲對於勞力工作者的生活的影響，應行增加的薪資平均尙不到10%；假定薪資支出在生產成本中平均佔10%，則因米價上漲薪資調整的結果，生產成本的提高尙不到1%。即使薪資支出在生產成本中所佔的比例平均高達20%，結果因米價上漲而調整薪資，生產成本的提高亦尙不到2%。生產成本提高不到1—2%，對價格與產量在實際上不會有可以察見的直接影響。至於間接影響，更是渺乎其微。同時因爲米價上漲不影響農村人口（包括僱工在內）——也就是說米價上漲不會回過頭來影響米的生產成本，以後米價當然不會再度提高，這是一個極大的穩定力量。如果臺灣經濟沒有其他不穩定的因素，則由米的自由出口所引起的米價上漲，其直接間接影響將如向大海投擲一塊小石，最多不過出現幾個泡沫而已。

五、生產經濟與就業

社會生產將來可能容納不了日見增加的
人口，似宜貶低對外幣值促成長期調整

前文的分析，一直是以經濟資源的有效利用爲主要骨幹，我們一再指明，價格的干涉和產銷的限制可能造成一部分經濟資源的誤用；採用偏低的差別的匯率，等於變相干涉價格，其影響至深且廣。現在政府正積極督導生產事業改良會計，尤其重視成本；對於各別企業本身而言，這種措施自極重要。然若偏低的差別的匯率依然存在，儘管會計改良獲得百分之百的成功，仍不能幫助政府判定各別企業的效率，以爲生產政策的根據。在偏低的差別的匯率之下，各別企業的效率實

在無從比較。有些企業的產品享有壟斷的內銷市場，其銷貨收入根本不受匯率偏低的影響，但其原料器材進口卻靠「吃廉價外匯」；另外有些企業，其銷貨收入稍受匯率偏低的影響，但其原料器材進口卻大受匯率偏低的實惠；至於重要出口事業，則都是受害多而受惠少。而且，還要加上另外的差別：同樣的產品，以前公營事業的進出口結匯匯率低，民營事業的進出口結匯匯率高；現在進出口雖按同一匯率結匯，但各別企業所得的出口補貼仍無一定標準，而進口防衛捐的繳納在不久以前尚有許多重要例外；此外，當然還有許多沒有考慮到的差別因素。在這種複雜的情形之下，各別企業的會計報表上所表現的收益和成本，就整個社會而言實在沒有太大的意義。一定要等所有這些差別因素消除以後，各別企業的帳面收益和成本才可作為衡量經濟效率的標準，經濟當局纔能根據那些數字判定那些廠應該增設，那些廠應該關門，那些企業應該發展到某某地步。事實上，在那個新的局面之下，這些問題多半不必政府操心。因為各別企業根據各自利益所作的打算，不會過分違背經濟資源的有效利用原則。假定經營某一業特別有利，就表示這一業發展得不夠，社會應該在這一方面用更多的經濟資源，這時自然會有人增設新廠，原有的廠家也會自動的利用現有生產設備增加產量；反之，假定某些廠家經常賠本，就表示這一業發展過度，社會應該在這一方面少用些資源，這時效率不夠水準的廠家自然漸被淘汰，存留的廠家也會自動的減少產量。政府除了阻止經濟資源流入社會公認為不正當的生產和便利生產資金的融通以外，最好不要多加干涉或限制；公營事業設廠關廠和決定產量，也要遵守同樣的原則。這個原則其實非常簡單：如果沒有其他的考慮，一個新廠的設立，一定要它的營業收益除夠全部營業開支以外至少還剩下資本的正常報酬——也就是說，至少不比把資本投到其他方面所得的報酬為低。一個

廠家計劃利用現有生產設備生產某一個數量，一定是因為增加最後一批產量所添的收益大致等於增加這一批產量所添的成本——過則得不償失，不及則有未盡之利。一個廠家決定停止生產，一定是因為營業收益尚不夠可變成本——也就是說，除了蝕掉固定成本（這一部分成本不開工也得負擔）以外，還要賠腰包裏的現錢。這些簡單的原則，原不過是自明之理，但在臺灣目前的特殊生產環境之下，似有謹慎解釋之必要。假定這個特殊生產環境並不存在，則現在新設的廠可能有一部分不能設立，停閉的廠可能有一部分不必停閉，而各生產事業的裁員並非不能避免。

這裏特別提到裁員問題，是因為臺灣人口的迅速增加已漸使就業感到不易。這個問題的嚴重性，固然因為目前的特殊生產環境而加重；然而即使目前的生產環境能如前文所提示的方向完全改變過來，人口繼續不斷的增長仍將使不能就業的人數逐年加多。這是一個長期性的問題，與產業先進國家所遭遇的就業問題在本質上完全不一樣，因而解決之道也不能張冠李戴。產業先進國家所遭遇的就業問題，主要的是有效需求不夠吸收全社會的生產。為增加就業，自然要設法增加社會上的購買力。由於失業問題之急待解決，同時因為生產相對的過剩，在尋求失業問題的解決時自然也不必顧全經濟資源的有效利用。事實上，在失業嚴重的時候，大家所關心的問題是講求經濟資源如何有效的浪費。聰明的經濟學家，竟異想天開的指出，在必要時政府可大量僱工開掘地洞，掘而復填，填而復掘，其目的在增加社會上的購買力，而不同時增加待沽的產品。即就較有建設性的公共工程政策而言，亦不必講求經濟資源的利用是否有效。臺灣的情形完全不同，臺灣的問題不是需求不足，而是購買力太多，如何避免進一步膨脹；不是生產過剩，而是資源缺少，如何講求經濟利用。所以產業先進國家那一套

解決就業問題的辦法，在臺灣是行不通。

　　臺灣的就業問題既然是長期性的問題，其解決自有待於長期的調整。假定臺灣生產擴張的可能性並不太大，那麼就只好讓勞力報酬逐步降低。但降低勞力貨幣報酬將遭遇到極大的阻力，同時亦爲社會政策所不許。這個兩面性的矛盾，實在不容易調和。就整個社會而言，如果我們可以把人力看作社會的資產，那麼在另一方面我們也可以把人口看作社會的負擔。這個負擔完全是固定性的，因爲不管有多大一部分人口不能參加生產，反正總得生活，這與生產企業不論營業與否總得負擔固定成本的情形極其相似。事實上，現在臺灣公營事業的職員和長期僱工，簡直可以看作固定成本。因爲這些員工人數很少因產量的變動而改變，裁員之事，極爲罕見。最近臺糖迫不得已而遣散大批人員，但其所支付的遣散費總額足夠繼續僱用被遣散人員一、二年之久；這種負擔與固定生產設備的成本比較，除了支付時間的先後和程度上的差別以外，實在沒有什麼不同。但在各別企業的計算上，員工薪資支出究竟是從腰包裏拿出的現錢，如果連這一部分現錢也要賠掉，我們很難希望各別企業繼續維持生產。

　　降低勞力報酬既有困難，不降低勞力報酬又不能使產業吸收日見增長的剩餘人力，到了這個時候，臺灣的產業才眞正需要保護。至於保護的程度，自然決定於剩餘人力的多少。比較値得實際考慮的方式，是由政府給與生產企業以減免稅課的條件或給付補貼；這樣可把原來不能設立或不能維持的廠拉到生產邊際以內，而使現有的廠維持較大的產量和較多的僱用人員，其結果等於政府用減免稅課或補貼的方式安插剩餘人力。就整個經濟而論，這樣作在表面上似乎違背了前幾節再三強調的經濟資源的有效利用原則；但因此所引起的實際損失，至多不過相當於成爲嚴重社會問題的剩餘人力部分。假定政府不須補貼

剩餘人力的全部報酬而能使之受僱，則對生產價值的增加（亦即國民所得）尚可有一部分淨的貢獻，其結果自遠勝於任其無業而由政府補助其全部費用。這個方式的缺點，第一是無論減免稅課或給付補貼都要增加政府的財政負擔，而且很難做到不影響經濟資源原來的分配與利用。

如果在將來沒有更好的解決方法，筆者認為可以考慮暫時停止結匯證自由買賣，而採取臺幣對外貶值（即將外匯匯率釘住在高於正常的水準）。至於貶到什麼程度，那要看當時的實際情形而定。前節曾經指出，由於臺幣在國際上不能與任何外幣調換，高估其對外價值（亦即將外匯匯率釘住在低於正常的水準）一點也佔不了外國的便宜；依同一道理，貶低其對外價值自然也不會吃外國的虧。臺幣對外貶值對於生產和就業的影響，至為顯明：臺幣貶值就等於提高以臺幣計算的進出口貨價，進出口貨價提高以後，內銷外銷的生產自必隨之擴張，剩餘人力的就業自亦不成問題。這個解決方式的最大好處，是不但不增加政府的財政負擔，而且政府的稅源反因生產擴張而較前充裕。但把外匯匯率釘住在正常水準以上，一時不免供多求少，也就是說，按照新的匯率有一部分外匯暫時賣不出去，不過這只是極其短暫的現象。隨著內銷外銷的生產擴張，國外原料器材的進口亦必增加；如果沒有太大的人為障礙，不久以後外匯的供給與需求在釘住的較高匯率下當可逐漸達到新的平衡。一俟這個新的平衡穩定下來，政府又可恢復結匯證的自由買賣。

要說貶低臺幣對外價值不免像高估臺幣對外價值一樣的影響經濟資源的有效利用，則因在偏高的匯率下進口外匯的分配可悉聽其自由，不必經過複雜硬性的審核方式，至少可減輕其不利影響；同時因貶值而增加的就業，對淨產值的增加多少總有一點貢獻，比相反的任其無

業的情形自然要勝一籌。其實，我們的觀念在這個時候應該改變過來。在人口增加到剩餘人力不能爲社會生產吸收的時候，就表示整個經濟沒有達到長期的平衡，因而需要長期的調整，臺幣對外貶值正是促成這個必須經過的長期調整的一個方法。在社會上已經發現大量不能吸收的剩餘人力而勞力貨幣報酬又難降低的情形之下，臺幣的對外價值事實上是被高估了，這時降低臺幣對外價值不過是自然的改正。因爲只有在這個較高的外匯匯率（或較低的對外幣值）下，剩餘人力纔能充分就業，也只有在這種情形之下，臺灣經濟纔能重新達到平衡而進一步發展。

六、編餘

本文著筆已久，一再延擱，近始成篇，其中有若干觀點在實際上導始於二、三年前，而今時移勢異，已無多新穎之處。惟本文的用意原不在提供實際的政策建議，而是希望借用幾個有關的重要實例，闡明經濟較量對經濟政策的重要，庶幾一舉三反，引伸借鏡，故由設例以至推理求證悉止於原則性的提示，而不著重尋求實際可行的藥方。經濟政策永遠脫離不了經濟考慮以外的拘束，如何調和經濟較量與經濟以外的考慮，全賴決策者明智的抉擇。

（《自由中國之工業》，1954年10月。筆名邢杞風）

價格機能與外匯政策的運用

重刊弁言

　　1954年10月前文發表時，政府原來採取之政策措施仍無顯著改變，以致臺灣經濟漸露險象，而以工廠設備大量閒置與待業人數不斷增加最引人注意。適外匯貿易審議委員會主任委員徐柏園先生改由尹仲容先生接替，遂啓1950年代後半期以至1960年代初期外匯貿易改革之機。此一關係未來二十餘年臺灣經濟發展之改革，使臺灣經濟朝自由化之方向跨出一大步。但其始也漸，歷八年方底於成。事實上，自1955年起，外貿管制即已開始簡化；但至1958年，結匯證之使用始推展至所有對外交易，出口商始可按自願接受之價格出售其持有之結匯證（包括對當時代理中央銀行業務之臺灣銀行）。再過三年（1961），官定結匯證價格始與「基本」匯率正式合併；同時由於進口審核制度之改進與出口製造商所需進口原料及設備之外匯供應無缺，結匯證市場價格亦漸趨下降而臻於穩定，終於導致1963年結匯證之廢止及官定結匯證價格正式被訂爲官定匯率。此一發展之大方向，雖與前文中之建議大致相同；惟關於「均衡」匯率之尋求，官方係採取在「基本」匯率之外逐步調整結匯證價格的摸索漸近方式，本文則建議由結匯證市場自行決定。前一方式看似務實，但其所尋求之「均衡」匯率漫無標準，

有人（包括不便指名之高層官員）甚至譏諷官方心目中之「均衡」滙率係比照遊走於臺北市衡陽路口之三、五小美元交易商之平均成交價格。且政府機關一向保守，某一「均衡」匯率一經訂定，即不免於僵化膠著，而喪失其「均衡」原義。在另一方面，政府也許顧慮在長久管制之後完全開放外匯（或結匯證）自由交易可能失去控制，導致混亂。為解決上述問題，本文建議在過渡期間可仿傚「叫價拍賣」方式以創造一自由競爭之外匯（或結匯證）市場，使之行使決定均衡匯率（或結匯證價格）之機制。俟政府當局及交易參與者信心建立之後，即可代之以實際自由外匯市場，如此即可避免前述由官方訂定「均衡」匯率之武斷及匯率訂定後之僵化與膠著。後來事實證明，當局堅持前一方式而拒絕接受後一方式，終於未能避免上述之流弊。益以1960年代初期外貿改革初步完成後，當局未能繼續改革1950年代遺留之其他反自由化政策措施，以致1980年代上半期外匯存底出現滾雪球式之累積，而引發爾後難以解決之諸多問題。一著之差，謬以千里，不勝浩歎。

一

四年前筆者在討論〈經濟較量與經濟政策〉(《自由中國之工業》
二卷四期) 一文中, 根據生產資源經濟利用的原則, 反對當時實行的
差別匯率政策, 今年四月我們才看到原有的那一套複雜管制辦法經過
一次大的簡化。不用說, 這是政府的外匯政策早就應該轉變的方向。
由外匯貿易當局公開表示的關於外匯政策遠景的看法, 我們知道現行
簡化的外匯管制辦法不過是達到進一步簡化的步驟。外匯貿易當局很
明白的表示, 他的願望是最後達到結匯證按照單一匯率自由買賣, 這
似乎正是生產者和進出口商的共同願望。

但自新辦法實行以來, 困難叢生, 外匯貿易主管機關似乎一直在
忙於枝節問題, 在短期內恐難顧到達成外匯政策遠景的願望。事實上,
照現行外匯管制的格局, 我們懷疑如何能由現在看得出的外匯政策近
景過渡到那個期望中的外匯政策遠景。本文擬就現行外匯管制辦法所
遭遇的根本困難的癥結略加討論, 並根據簡單學理提出原則性的建議。
在實際上是否值得考慮, 那是另一問題。

二

上面說過, 現行外匯政策的方向是正確的, 問題在於目的與手段
發生牴觸。外匯管制當局雖然希望簡化結匯匯率, 但是只能做到表面
上的二元化, 實際的進口匯率仍舊是多到不可想像的程度。這是因為
以前所用的進口貿易商管理辦法仍舊保留, 以致牌照頂讓仍可獲得權
利金 (在這種情形之下, 不需頂進牌照的進口商在原則上亦應將頂讓

牌照可能獲得的權利金計入進口成本），牌照頂讓所得權利金的多寡，視各類貨品進口可能獲得的利益大小而定。這些數額多寡不同的進口牌照頂讓權利金，加到官定結匯價格和臺銀掛牌的結匯證價格、以及預繳相當於申請結匯額的臺幣現款所負擔的利息上面，構成一套複雜的實際多元匯率——在理論上，每一小類進口貨品可能有一個不同的實際匯率，這已經夠麻煩了。但是進口商付出牌照頂讓權利金、官定匯價和結匯證價格、和預繳現款利息申請各種貨品的進口結匯，結果並不一定能得到他們所希望的數量。這是因為以前採用的另一個辦法——進口物資預算——仍舊保留，照這個辦法，每一類貨品進口所分配的外匯，由外匯貿易主管機關核定。既然各類貨品的進口結匯必須經過核定，結果自難符合進口商的願望。各類貨品進口外匯核定的比率不同，直接影響每一單位進口外匯平均負擔的牌照頂讓費和預繳現金的利息，結果使原來已夠複雜的實際多元匯率更添上不定的因素，以致進口商在申請進口外匯時無法計算進口成本（因為他們事先根本不知道他們所申請的進口外匯批准率），因而無法確定他們真正希望進口的數量，這樣，他們當然只好盲目申請。了解這一點，我們就知道一般人責備進口商盲目申請是不公平的。其實，最有理由抱怨的應該是出口生產業，他們辛辛苦苦生產出口換得的外匯，一方面由於進口貿易管理辦法的限制而使一部分進口牌照持有者坐享其權利金，一方面由於外匯貿易當局對各類貨品的進口配匯，不能完全適應市場的需要而使一部分進口商獲得非分的利潤，以致出口生產業得不到實際應得的匯價，這不但是不公平，而且對生產還有不利的影響。如果我們再看看外匯貿易主辦人員進行複雜審核工作的辛勞，和備受社會責難攻訐的委屈，我們就不難了解現行外匯貿易管制辦法非進一步改善不可！事實上，外匯貿易主管機關已經充分表現隨時求進的意向，最顯

著的例子就是外匯貿易當局屢次表示整頓貿易商的決心和逐期改善進口物資預算的分類。但是，如果進口貿易商登記的限制不予撤除，如果進口物資預算仍舊有形或無形的保留，則無論當局如何整頓如何改進，上面所提到的根本問題永遠不能解決——進口牌照頂讓權利金永遠不能消滅，進口物資預算永遠不可能完全配合市場的需要，其他一切麻煩與詬病永遠存在！

　　所以現行外匯管制問題的癥結，就在於過去外匯管制辦法的兩條爛腿——限制進口貿易商登記和進口物資預算——仍舊保留，我充分諒解當局保留這兩個辦法的苦衷，但是我覺得這兩個辦法實在沒有保留的必要。下文首先討論假定仍舊保留進口物資預算，但是撤銷進口貿易商登記的限制，我們應該採取什麼辦法。等到這一部分討論終結的時候，我們就會發現進口物資預算實無保留的必要，同時撤銷進口貿易商登記的限制和進口物資預算以後應該採取的新辦法，也就成為我們的分析邏輯上的必然結論。至於其他牽連到實際問題的考慮，我們將在本文最後一節加以討論。

三

　　提到撤銷進口貿易商登記的限制，我想立刻就會有人提出以下的問題：照現在已准登記的進口貿易商家數，進口外匯的分配已感「粥少僧多」；如果撤銷進口貿易商登記的限制，豈不更增加當局核配進口外匯的麻煩？我對這個問題的答覆是：現在進口外匯的不夠分配並不是真的由於「粥少僧多」，而是由於分配的辦法不對。論「粥少」，無過於臺北市面上的高級奢侈品，論「僧多」，無過於陳列那些奢侈品的窗櫥前面躊躇觀望的「顧」客，但是我們沒有聽見有「粥少僧多」的

問題發生，爲什麼？是因爲市場的價格機能善盡了分配那些高級奢侈品的任務。以彼例此，可見現行配匯辦法本身有問題，這個問題正在於現行配匯辦法使價格機能完全失去了作用，它硬性規定匯價（包括臺銀掛牌的結匯證價格），硬性對各類貨品進口所需用的外匯實行配給，根本沒有給進口商照價選量的自由，加上前面指出的種種原因所造成的盲目申請現象，外匯自然不夠分配。我現在建議一個辦法，這個辦法既不限制申請進口外匯的貿易商家數，也不限制申請進口貨品的種類，更不需要預繳相當於申請外匯數額的臺幣現金，只要申請人就他申請進口的每一種貨品填一份簡單的表格。爲著說明這個辦法的具體內容，我特別舉一個例示：

（表一）　第×期某種貨品進口外匯申請表　申請人　某甲

相當於下列各個假定匯價 （每一美元折合臺幣數）	希望申請的外匯數額（美元）
35.00	100,000
35.50	95,000
36.00	90,000
36.50	85,000
37.00	80,000
37.50	75,000
38.00	70,000
38.50	65,000
39.00	60,000
39.50	55,000
40.00	50,000

由於進口外匯的申請不受牌照的限制，原有的牌照頂讓費自然消滅；同時因爲不需要預繳相當於申請外匯數額的臺幣現金，也免了一

筆額外利息負擔。所以當進口商面對這張表的時候，他的單純考慮是比較照各個假定匯率計算的進口成本和進口貨品在臺灣的售價。相當於進口貨品的一定的售價，匯率愈高，進口利益愈小，進口商可能申請的外匯數額也愈小；反之，匯率愈低，進口利益愈大，進口商可能申請的外匯數額也愈多。現在我們假想進口物資預算裏面某一類貨品進口的申請表格已經全部由進口商填好送交外匯貿易主管機關，這個機關的第一步工作是整理如下的統計資料：

（表二）　第×期某類貨品進口外匯申請統計表

假定匯價 （每一美元折 合臺幣數）	各申請人希望申請的外匯數額(美元)			總計(美元)
	某　甲	某　乙	…	
35.00	100,000	50,000		1,000,000
35.50	95,000	45,000		950,000
36.00	90,000	40,000		900,000
36.50	85,000	35,000		850,000
37.00	80,000	30,000		800,000
37.50	75,000	25,000		750,000
38.00	70,000	20,000		700,000
38.50	65,000	15,000		650,000
39.00	60,000	10,000		600,000
39.50	55,000	5,000		550,000
40.00	50,000	—		500,000

我們在以上二表中所填寫的進口外匯申請數額，自然是為著便於分析而設定的。事實上，各個申請人相當於各個不同的匯率所填寫的進口外匯申請數額不會像我們所設定的數字之有規則，但是匯率愈高申請數額愈少、匯率愈低申請數額愈多的假設在大體上是合理的。縱使有少數申請人所申請的進口外匯數額可能不因匯率不同而有所變動，

但在進口外匯申請數額的總計裏面，我們將發現這些少數例外不致影響上面的假設；而且，如果我們根據「表二」的資料作一圖解（如圖一），在多數情形之下，我們將發現進口外匯申請總額與匯率的關係表現爲一條相當修勻的向右下方斜伸的曲線（如 DD）——這就是某類貨品進口外匯的總需求曲線，或簡稱爲某類貨品進口外匯的總需求。在同一圖上，我們還可以看到各別申請人對於某類貨品的進口外匯需求。

圖一 第×期某類貨品進口外匯匯率之決定

（匯價按一美元折合臺幣數計算；外匯數額以一、○○○美元爲單位）

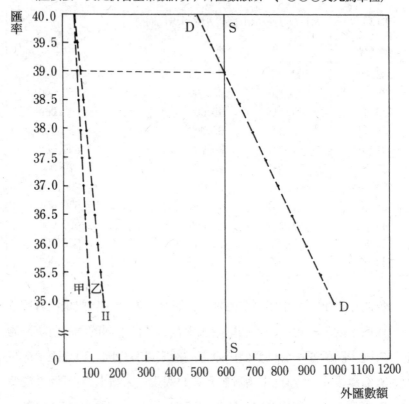

例如第一條斜線表示相當於各個不同的假定匯率某甲希望申請的進口外匯數額，第一條斜線與第二條斜線之間的橫距離表示相當於各個不同的假定匯率某乙希望申請的進口外匯數額，其餘個別申請人在各個不同的假定匯率之下希望申請的進口外匯數額，也照同樣方法累加上去，最後自然得到某類貨品進口外匯的總需求（DD）。

現在我們假定外匯貿易當局根據進口物資預算決定某一期某類貨品進口外匯配額為六十萬美元，這就構成某類貨品進口外匯的固定供給，我們也把這一項資料補進上圖，結果得到（SS）線。照最淺近的經濟學理，我們知道價格決定於供給與需求。現在進口外匯的供給線（SS）與進口外匯的需求線（DD）相交之點正相當於每一美元合三十九元臺幣的匯價，這告訴外匯貿易當局：某一期某類貨品進口外匯的匯價應該定為每一美元合三十九元臺幣（事實上，外匯貿易當局並不需要用上面的圖解來幫助決定各期各類貨品進口外匯的匯價，只要比較「表二」最後一行所列的總計數與根據進口物資預算所定的外匯配額就夠了）。匯價決定的同時，也決定了對各別申請人的外匯配額。由「表二」我們很容易查出：相當於一美元合臺幣三十九元的匯價，對某甲的配匯額為六萬美元，對某乙的配匯額為一萬美元，對其他各別申請人的配匯額，亦可同樣決定。這樣，不管申請外匯的「僧」多到什麼地步，一定量的「粥」總能恰夠分配，而且分配得一點也不勉強，像現在審核進口外匯的一切困難，都可以避免。

不過我們可以想像得到，由各類貨品進口外匯的需求與外匯貿易當局根據進口物資預算對各類貨品進口外匯的配額所決定的匯價，可能有相當大的出入（如圖二所例示的 A、B、C 三類貨品進口外匯匯率）。某一期某類貨品進口外匯需求與供給（配匯額）決定的匯價為一美元合三十九元臺幣，同期另一類貨品進口外匯需求與供給（配匯額）

決定的匯價可能為一美元合三十八元臺幣，這說明我們在上面所提出的辦法會產生多元匯率的結果。但是誰會抱怨這個結果呢？某甲和某乙有理由抱怨他們進口的某類貨品的外匯匯價不應該高於另一類貨品進口外匯的匯價嗎？如果有這樣的事發生，外匯貿易主管機關只要拿出他們親自填寫的進口外匯申請表，告訴某甲和某乙說：「你們在申請表上清清楚楚的表示，假若外匯匯價是一美元合三十九元臺幣，你們希望申請六萬美元和一萬美元的外匯，我們不是已經尊重你們的願望配匯了嗎？」我想這時候某甲和某乙將無詞以對。事實上，按一美元合三十八元臺幣的匯價進口另一類貨品的貿易商，並不一定比某甲和某乙得到更大的好處。因為如果真有更大的好處，某甲和某乙的進口外匯申請也會由某一類貨品改為另一類貨品；利之所在，其他進口商亦將趨之若鶩，結果另一類貨品進口外匯決不可能維持一美元合三十八元臺幣的匯價，這一類貨品的進口商亦不可能保持其超額利潤。所以照我們建議的辦法，各類貨品進口外匯匯價儘管不同，但是由於進口商之間的高度競爭，輸入各類貨品可能獲得的利潤必得趨向於大致相同的水準。也正是因為這個緣故，以前由於硬性配匯辦法不能適應市場需要，因而替一部分進口商造成的超額利潤，現在也不可能繼續維持。因此，我們預期少數希望「發橫財」的進口商初不免稍感失望。最感覺不愉快的，當然是原來靠頂讓牌照坐享權利金的冒牌進口商。照上面所提出的辦法，他們再也不能光靠牌照賺錢。但是這些少數人的抱怨，只會贏得大眾的喝彩。

到那個時候，出口所得匯價應如何計算呢？這倒是一個問題，但是這個問題極易解決。假定進口物資預算只包括如「圖二」所例示的三類貨品 A、B、C 我們可以把這三類貨品進口外匯的需求總加起來，正如我們在上面把各別申請人對於某一類貨品進口外匯的需求總加起

圖二　各類貨品進口外匯匯率之決定

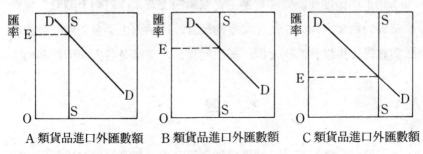

A 類貨品進口外匯數額　　B 類貨品進口外匯數額　　C 類貨品進口外匯數額

來成為該類貨品進口外匯的總需求一樣。「圖三」第一條斜線表示 A 類貨品進口外匯的需求，第一條斜線與第二條斜線之間的橫距離表示 B 類貨品進口外匯的需求，第二條斜線與第三條斜線之間的橫距離表示 C 類貨品進口外匯的需求，所以 DD 就是 A、B、C 三類貨品進口外匯的總需求。如果外匯貿易當局決定對各類貨品進口的配匯額總加起來為 OS，SS 就表示進口外匯的固定總供給。DD 與 SS 相交之點，相當於匯率 OE，這就是在理論上應該付給出口外匯的匯價。這個匯價，在實際上是各類貨品進口外匯匯價的平均數，所以在生產者和出口商方

圖三　出口外匯應得匯價之決定

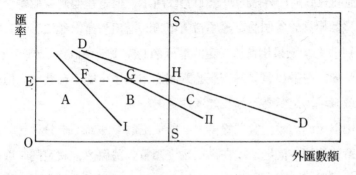

外匯數額

面，他們對於這個匯價也會感覺心滿意足。

到了這個地步，外匯貿易主管機關的主要工作只剩下關於各類貨品進口外匯配匯額的決定和簡單的統計，同時再也不會受到社會的攻詰與責難，所以我們在上面所提出的辦法，應該是各方面所歡迎的。

四

但是採用這個辦法，就得接受多元匯率。儘管這個辦法所帶來的多元匯率遠不如現行外匯管制辦法所產生的實際多元匯率之多且雜，但若由現行外匯管制辦法改行我們在上面所提出的辦法，在表面上不免造成「開倒車」的幻覺，這就行政技術上說也許是不智的。再就理論上說，多元匯率究竟干犯生產資源有效利用的原則（請參閱前引拙作）；雖然在這一方面我們的辦法所產生的壞影響，可能較現行外匯管制辦法所產生的壞影響為輕，但是究竟還不能完全避免。另外，上面所提出的辦法可能還有一個缺點，這就是各類貨品的進口商（特別是少數大戶）可能採取聯合行動，故意壓低相當於各個假定匯率希望申請進口外匯的數額。如「圖四」，假定某一類貨品的進口商完全沒有勾結，他們對於進口外匯的需求如 DD 所示；但是在他們採取聯合行動故意壓低相當於各個假定匯率希望申請的進口外匯數額之後，DD 可能降到 D′D′，結果相當於一定的配匯額 OS，匯率由 OE 迫降至 OE′。這種情形，在進口貿易商登記的限制撤銷以後可能不會嚴重，但亦難保偶或發現，這當然不是我們所願見的結果。

由以上的討論，我們覺得上面所提出的辦法尚不十分理想。這裏面所牽涉的根本問題，就在進口物資預算仍舊保留；假定同時取消進口貿易商登記的限制和進口物資預算，則一切問題自然迎刃而解。那

圖四　某類貨品進口商聯合行動對匯率之影響

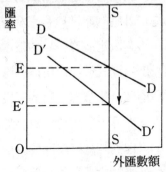

時外匯貿易機構的主要工作將變為單純的統計工作，它只要規定每一個申請各期進口外匯的貿易商各填一張如「表一」格式的申請表（如果認為必要，可規定各就其申請的每一種貨品各填一張），註明相當於各個假定匯價希望申請的進口外匯數額。外匯貿易機構收齊所有進口商的申請表以後，即逐將相當於各個假定匯率所有進口商希望申請的進口外匯數額總加起來，得到全體進口商對於進口外匯的總需求，然後與各期可能用於進口的外匯總額對照，即可決定平衡匯價。這個匯價，對所有的進口商和出口商的結匯一律適用，所以是單一匯價。我們可以用前面的「圖三」來說明這種情形：這個圖的解釋一切照舊，唯一的不同之點，是由 DD 與 SS 決定的匯價 OE 現在不但是出口商應得的匯價，而且也是各類貨品的進口商應付的匯價。照這個匯價，「圖三」顯示配給進口商進口 A、B、C 三類貨品的外匯數額各為 EF、FG、GH。在實際上，如果取消進口貿易商登記的限制，進口商的家數必然驟增；如果同時取消進口物資預算，則因各類貨品進口外匯的配額不受限制，家數眾多而分佈散漫的進口商勢將無法採取聯合行動，這是一個值得重視的穩定因素。

照上面的原則決定的匯價一律適用於進出口結匯，應該是最公平的辦法。但若求全責備，我們認爲這個辦法對出口商仍不免有欠公平之處。這是因爲各期進口外匯的總供給量完全由政府決定，出口商對於自己所賺得的外匯，沒有決定多賣少賣的自由，因而沒有直接影響匯價的力量。事實上，出口商對於出口所得外匯的處分，都希望有照價選量的自由；在某一期間，相當於一定的匯價，他們可能只願意出賣一部分外匯，另外用一部分外匯自行進口（無論是自己需用的器材或轉手銷售的貨品）。如果他們認爲某一期的匯價太低，下期可能上漲，那麼，除以上兩種處分外匯的方式以外，他們還可能希望保留一部分外匯暫不脫售。這三部分外匯處分數額的大小，完全看各期的外匯匯價和出口商對於下期匯價的展望而定。一般的說，本期的匯價愈高，出口商希望脫售的外匯數額愈大，希望自行進口或暫行保留的外匯數額愈小；反之，本期的匯價愈低，出口商希望脫售的外匯數額愈小，希望自行進口或暫行保留的外匯數額愈大。出口商按以上三種方式處分出口所得外匯的意向，有足以影響匯價的力量；爲對出口商表示徹底公平起見，我們應該讓這個力量發生實際的影響。但在另一方面，政府仍然有責任調節各期外匯的供應，不能完全任聽出口商自由處分其出口所得的外匯。在技術上，要作到這個地步一點也不困難，外匯貿易主管機關只要每一個出口商（包括出口的公營事業）根據他自己的意向填一份外匯處分申報表(如表三)。在所有出口商繳齊這個報表

（表三） 第×期出口商外匯處分申報表

假定匯價	本期外匯處分			本期外匯供應	
	希望自行進口所需之外匯額	希望暫行保留之外匯額	希望脫售之外匯額	前期期初外匯存量	前期出口所得外匯額

以後，可先行彙總，並與「表二」所列進口商的外匯申請總額合編如下兩個統計表（表四、表五）：

（表四）　第×期進口外匯需求與供給統計表

假定匯率	進口商希望申請之外匯額	出口商希望自行進口所需之外匯額	進口外匯總需求（前二項相加）	出口商希望脫售之外匯額（進口外匯供給）

（表五）　第×期外匯需求與實有供應量統計表

假定匯率	進口商希望申請之外匯額	出口商希望自行進口所需之外匯額	出口商希望暫行保留之外匯額	進口外匯需求加保留外匯需求（前三項相加）	前期期初外匯存量	前期出口所得外匯額	本期外匯供應額（前二項相加）

有了上面兩個統計表的資料，外匯貿易當局立刻可以找出平衡外匯供求的匯價。我們不難看出，根據「表四」和「表五」的分析所得到的匯價應該是一樣的。因為從「表五」所列的外匯需求和供應量裏面同時減去出口商的保留外匯需求，剩下的部分正與「表四」完全一樣。「圖五」可以幫助我們更清楚的了解這種情形：圖中 dd 表示「表四」所列的進口外匯總需求（相當於各個假定的匯率進口商希望申請的外匯額加出口商希望自行進口所需的外匯額），ss 表示同表所列的進口外匯供給（相當於各個假定的匯率出口商希望脫售的外匯額），由 dd 與 ss 決定的匯率為 OE。另外，DD 表示「表五」所列的外匯總需求（進口外匯需求加保留外匯需求），SS 表示同表所列的外匯實際供應額（前期期初外匯存量加前期出口所得外匯額），DD 與 SS 決定的匯價亦為 OE。這是因為由 DD 減去出口商的外匯保留需求（DD 與 dd

之間的橫距離），即得 dd；另一方面，由 SS 減去出口商的外匯保留需求（DD 與 dd 之間的橫距離），即得 ss。

圖五 外匯供求雙方影響匯率之決定

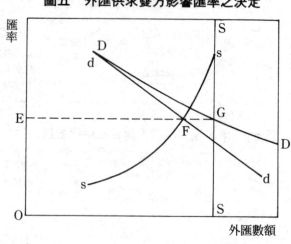

外匯匯價決定於 OE 的同時，也決定了可能用於進口的外匯數額 EF，和出口商可能暫行保留的外匯數額（亦即留供下期使用的外匯存量）FG。如果政府根據實際情形斟酌考慮，認為某一期的 EF 不超過規定的最高限度，FG 不低過規定的最低限度，當然不必干涉。但是有些時候，照政府政策所定的標準，EF 可能太多，FG 可能太少，政府便不能完全讓出口商自由處分他們的外匯。如果政府認為某一期穩當的外匯存量應為 SS′（大於 FG），政府可採取下面建議的兩個辦法之一：首先政府可硬性減少外匯的供應，即直接由「表四」所列的進口外匯供給或「表五」所列的外匯供應總額裏面減少相當於 SS′的數額，結果出口商原來的保留外匯需求和 S′S′右邊的一段外匯供給自然不發生作用（請參看「圖六」），出口商的實際外匯供給線現在變成了 ss′，上端的一段垂直線與政府決定的外匯供給線 S′S′完全重合。經過這樣

的改變，外匯匯價決定爲 OE′，較政府完全不干涉所得的匯價 OE 爲
高。出口商現在雖然沒有完全照他們自己的意向處分他們的外匯，但
是出售的外匯得到較高的匯價，或亦無可抱怨；何況政府決定保留的
外匯存量，在下一期仍然可能讓他們自由處分。政府決定保留的外匯
存量以後，應即決定各別出口商應行保留的外匯存量，在原則上，最
好把政府決定的總存量照各個出口商的外匯處分申報表（表三）上相
當於匯價 OE′希望暫行保留的外匯額比例分配，這樣決定的各別出口
商應行保留的外匯存量，與各別出口商自己希望保留的外匯額之差，
就是政府強制各別出口商保留的外匯額；再從各別出口商相當於匯價
OE′希望脫售的外匯額裏面減去政府強制各別出口商保留的外匯額，
即得各別出口商實際脫售的外匯額。政府每期對各別出口商結付售賣
外匯價款，應該以這個數額爲根據。

圖六　政府控制外匯供給對匯率之影響

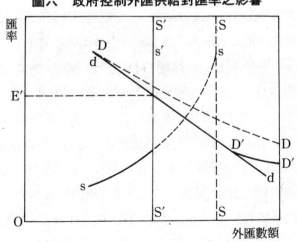

上面所提出的方法最大的優點，在於政府有時雖不免硬性規定外
匯存量，但是匯價仍決定於外匯的供給與需求，在分配外匯的用途方

面，價格機能仍有充分運用的餘地（至於自備外匯進口，在這裏根本不成問題）。不過由政府硬性規定外匯存量的辦法可能仍遭出口商反對，如果政府顧忌這個阻力，我們認爲可採下面建議的更簡單的辦法，這就是政府參加「公開市場」活動：假定政府認爲某一期的外匯存量不應少於 SS′——也就是說進口外匯的供給不應多於 OS′，政府不必強制出口商減少他們希望脫售的外匯數額，它可以像進口商一樣參加外匯的購買，購買的數量應該等於出口商相當於各個假定匯價希望自行保留的外匯數額與政府所定的「標的外匯存量」SS′ 之間的差額。如「圖七」，政府爲著維持「標的外匯存量」SS′，在各個假定匯價之下，應該準備購進相當於 S′S′ 與 ks（介於 SS 與 S′S′ 之間的 ss 線的上段）二線之間橫距離的外匯數額，這是政府爲著維持「標的外匯存量」對外匯的需求。這一部分外匯需求與一般進口商對於外匯的需求剛好相反：假定匯率愈高，政府希望購進的外匯數額愈大，這是因爲匯率愈高，出口商希望脫售的外匯數額愈大，希望自行保留的外匯數額愈小。現在我們把這一部分外匯需求也加到進口外匯的總需求 DD 上面，結果得到全部外匯需求 D′D′。比較 D′D′ 與全部外匯供應量 SS，我們發現平衡匯率爲 OE′，正與在前面建議的辦法之下由 dd 與 S′S′ 所決定的匯率完全一樣。相當於這個匯率，實際用於進口的外匯數額爲 E′F′（等於 OS′），出口商自行保留的外匯數額爲 F′G′（等於 HI），政府購進的外匯數額爲 G′I（等於 F′H）。後兩筆外匯數額相加，即得實際保留的外匯總額（F′I），這正是政府所定的「標的外匯存量」SS′。所以這個辦法的效果與前一個辦法完全一樣，但是在執行上比較簡單，而且政府不必強制出口商提高保留外匯數額而自能達到「標的外匯存量」。如果政府認爲某一期的外匯存量太多，或「自由」決定的匯價太高，即可由外匯的買方轉到外匯的賣方，來增加外匯的供應（這時「圖

七」上自然沒有 D′D′，只是供給方面略有變動）。這樣，政府不需要一點管制，而能機動的達到調節外匯供求和維持「標的外匯存量」或穩定匯價的目的。這證明外匯政策的運用並不一定要干涉價格機能；如能善為運用，價格機能且可成為執行政策的最有效率和最忠實的奴僕。但是這裏牽涉到一個實際問題：政府於必要時購進外匯，需用一筆數量相當大的現金，這可能使當局感到困難。但是這個困難只是表面的，因為臺灣每年的外匯收入，百分之八十以上靠公營事業出口，政府固然不必干涉公營事業自由處分其出口所得外匯的意向，但於必要時購進外匯所需用的現金，似不妨臨時就公營事業的現金狀況斟酌調度，最好當然是另行籌措。只要我們了解取消人為的外匯貿易管制省掉多少浪費與麻煩，現在這麼一點困難應該容易解決。

圖七　政府參加「公開市場」影響外匯的供給

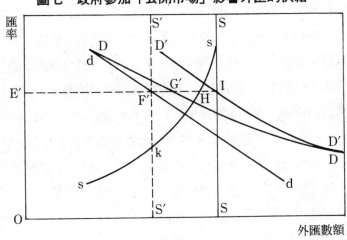

五

　　性子急燥的人可能等不到看完上面一段就要發問，首先，我期待著嚮往於「自由經濟」者提出下面的問題：「你既然主張在外匯政策的運用上充分發揮價格機能和取消一切人為管制，為什麼不乾脆附和我們的建議，直接開放結匯證自由市場，而仍要保留政府干涉的陰影呢？」我的答覆很簡單：在原則上，我也贊成開放結匯證自由市場（請參閱前引拙作），不過對於某些人來講，雖然明明知道養馴了的鳥不會飛掉，但是他們總覺得把它關在籠裏比任其自由翱翔可靠得多。誰能真的擔保它絕對不會飛掉呢？事實上，在此時此地，應否毫無保留的開放結匯證自由市場，確實值得慎重考慮。如果政府不能採取有效的辦法隨時制止結匯證自由市場的投機，則開放結匯證自由市場等於自找麻煩；如果政府隨時監督結匯證的交易（對證券市場稍有了解的人都知道要辨別投機與非投機是一件多麼困難的事！），則所謂「自由市場」就打了一個很大的折扣。既然如此，我覺得在眼前的情勢之下，與其開放結匯證自由市場，不如暫時採用我們在上面所提出的最後一個辦法。這個辦法所產生的實際結果，與開放結匯證自由市場並沒有什麼差別；事實上，自由交易的外匯市場仍然存在，與一般人了解的結匯證自由市場不同之處，只是在後一個場合裏面，外匯的交易是在人們所熟悉的市場上進行，並有多數居間的經紀人(和投機者)；在前一個場合裏面，外匯的交易是在一個政府機構裏面進行，同時只有一個居間經紀人——那就是外匯主管機關。只要我們了解一個完全競爭的拍賣市場上面也只有一個居間人站在顯著的地位敲槌叫賣，作成買賣雙方的交易(偶爾也會派一兩個伙計參加競買)，我們就不必斤斤於形式與名詞

的爭執。

　　現在該輪到另一批人發問了。我想比較傾向於「經濟管制」的人看完上文以後至少要提出下面的問題:「照你的意思,完全取消進口物資預算,讓價格機能決定各種貨品進口的種類與數量,我們敢打賭,消費品(包括奢侈品)的進口必將大為增加,生產用品的進口必將相對減少,其結果必然影響生產,削弱出口能力,難道這是大家所希望的嗎?」這實在是一個很理性的問題。但是我們要知道,政府干涉價格機能,硬性規定進口貨品的種類與數量,對生產也有很壞的影響(理由見前引拙作);何況我們的建議並不排斥政府另行設法選擇進口貨品的種類與數量以達到維護生產的目的。我認為在不干涉價格機能的原則下,政府有很多方法達到這個目的,最簡便和副作用最小的辦法可能是對生產用品進口酌定優惠關稅(或全部免課)和對政府認為應加特別維護的生產事業直接津貼,這兩個辦法如能配合運用,可望同時收到爭取生產用品進口和鼓勵產品出口的效果。

　　另外,也許還有人重新提起構成歷年來阻止政府調整匯價的理由,那就是:由市場供求決定的匯價必然較現在被壓制的匯價為高,結果必致影響美援物資折付相對基金的價款的計算,轉而影響美援物資使用者的成本。關於這一點,我首先不同意歷年來美援物資按照偏低匯價計值的辦法;我認為,要保證美援物資的有效利用,除少數特別例外,美援物資進口的申請應與非美援物資進口的申請同樣處理。在技術上,把這一部分美援運用納入我們的建議裏面並沒有什麼困難,同時美援物資折付相對基金的價款提高也沒有值得顧慮的地方。美援物資的進口成本增加雖然加重原來倚賴廉價美援物資的生產者的負擔,但在同時相對基金的數額亦等量增加,因而同時增加了相對基金對全體生產事業資助的能力。因此,美援物資無論照什麼匯價折付相對基

金，在全盤考慮上並沒有實際的差別。如果政府認爲應加特別維護的生產事業因此受到影響，我們認爲應該用前一段建議的優惠關稅和直接津貼的辦法以爲補救，不必直接干涉美援物資的分配與利用。

最後，我們應該提到與政府所需在國外支用的外匯有關的問題：照本文所提出的幾個辦法，政府爲取得在國外支用的外匯，同樣可以硬性保留或參與購買，但是都得照「自由匯價」結算；由於「自由匯價」高於現在的官價，很可能有人擔心政府的預算不免受到影響。但是仔細推想，就知道這種顧慮大部分屬於過慮。因爲政府現在在國外支付的外匯，主要取給於公營事業出口所得的價款，政府現在按偏低的官價折算外匯價款予公營事業，公營事業帳上所表現的和實際繳庫的盈餘亦因而減低；將來如按較高的匯價折算外匯，公營事業帳上所表現的和實際繳庫的盈餘亦將增加，所以政府所需在國外支用的外匯負擔，不致因爲取消現在的官價改用較高的「自由匯價」而受到嚴重影響。

我們在這裏雖然觸及幾個有關的實際問題，但是本文的主要目的是談原則，而不是開藥方，如果有人因爲我們的建議不夠具體而遽斷爲「在理論上如此，在實際上如彼」，我只好提醒他們：過去外匯政策的錯誤，正是因爲沒有把握住正確的原則，結果也沒有良好的藥方，因而不免頭痛醫頭腳痛醫腳。我所強調的基本原則非常簡單，就是政府進行經濟設計的時候，應盡量利用價格機能。價格機能之所以如此重要，是因爲在我們這樣一個經濟體制裏面，政府的行政效率絕對不能代替它的功效；如果政府根據事實上不大相干的考慮而妄行管制，結果只會造成浪費與紛亂！

（《自由中國之工業》，1958年6月。筆名邢杞風）

科學教育與經濟發展

重刊弁言

　　本篇短文原爲1962年初召開之第一屆全國教育會議而寫，隨即發表於《新時代》第二卷第三期。其時政府實行之第一階段外貿改革雖近完成，但臺灣經濟發展之長期展望仍令人不無疑慮。竊以爲政府除繼續推行經濟自由化政策以外，亟宜儘速發展科學教育及高級科技研究，此即爲本文之主旨。爲試圖說服對美援運用有高度影響力之美國駐臺人員，乃將原文改寫爲英文 (Science Advancement as A Key to Economic Development in Taiwan)，於同年四月發表於《自由中國之工業》。內容雖略有增刪，其主旨則完全相同，故二文實無同時重刊之必要。茲將原文略加修改，庶得其全。

一、一個亟待改正的觀念

1955年初夏，政府邀請了一個美國經濟顧問團，來研究臺灣經濟發展問題。有一次，徐柏園先生在中國銀行請吃午飯，藉以討論如何配合美國經濟顧問團的工作。有一位官員偶爾談到美援的運用問題，他認為美援用在教育上的數額太多，似乎美援只應該花在與經濟建設直接有關係的用途上面，而在他看來教育與經濟建設顯然無直接關係。筆者有幸叨陪末座，承此公客氣，順便問問教書匠——我——的意見。我的答覆是：「如果只顧目前，現在用在教育上的美援數額可能太多，但若為長遠打算，現在用在教育上的款額還嫌太少」。此公聞言之後，聳肩苦笑，一若教書匠到底囿於職業的偏見，不足與語國家大事。在座其他諸公亦默然無語，我想他們都是「心照不宣」，或者認為書生之見根本不值得理會。事隔十個年頭，現在談經濟發展的人，雖不乏高瞻遠矚之士，但是多數人仍舊認為經濟發展就是多辦工廠，辦工廠似乎不必先辦好學校，因為反正生產設備大部分要從國外輸入，而國外的新式技術也可以隨時觀摩，「技術合作」更是一條簡便的捷徑。然而問題並沒有這樣簡單，事實證明技術落後現在牢牢地限制了臺灣經濟的發展。識者都知道，臺灣經濟發展的前途，主要寄望於外銷，要在國際市場上打開出路，貨品的品質與成本一定要經得起競爭的考驗，這就要靠技術的不斷更新。我們雖然能夠隨時輸入人家的新式生產設備，但是在科學技術日新月異的今日，原來最新式的生產設備不要多久便會變成「明日黃花」，原來算是新式的產品也很快地為更新的產品所代替。我們雖然可以隨時派遣人員觀摩人家的新式技術，但是所能觀摩到的究竟有限，而且人家的技術祕密多半是不可洩漏的「天機」；

至於「技術合作」，在自己沒有具備相當良好的技術基礎的情況之下，也不能寄予奢望。事實上，我們在「技術合作」下的產品，多數不如提供技術的一方的自製品。道理很簡單：任何人都不願意幫人家造出同樣價廉物美的貨品來同自己競爭市場。這充分證明一句老話：「求人終不如求己」。如果在技術上一輩子依賴他人，我們的經濟發展也就一輩子不能自發自動——也就是說，一輩子不能真正起飛。世界上沒有一個國家自己不能掌握科學技術而能達到高度的經濟發展，正如世界上沒有一條河流沒有遠源而有長流。

二、錯過了最好的時機

這使我們回過頭來討論教育問題。筆者時常幻想：如果我們自有美援之日起，當局就決心利用一部分美援逐步興辦一所真正夠水準的科技研究院，讓它一方面訓練高級技術人材，一方面追蹤與臺灣經濟發展有切要關係的最新的技術進展，臺灣經濟發展的遠景可能要光明得多。也許有人以為過去十年來我們所得到的美援雖然數額龐大，但是派用起來仍感「粥少僧多」，那裏有餘力來辦一所真正夠水準的科技研究院？對於這個看法，筆者個人不敢苟同，到去年為止，美援技術協助一項的總數就在一千五百萬美元以上，這一筆錢用得是否得當，頗值得檢討。過去有不少人在背地裏對美援技術協助的效果表示懷疑，支領高薪的美籍顧問對我們的技術改進究竟有多大貢獻，只有負責當局和受援單位心裏明白；至於藉美援技術協助到美國去跑三、五個月乃至一年的人員可能得到多少益處，則是人所共知。我個人的印象是：如果上述美援協助數額減少三分之二，美援技術協助的直接效果決不會減少，這樣就可省出一千萬美元作為開辦科技研究院的經費。其他

如清華原子研究所、交大電子研究所等研究機關的開辦費以及各大學添置高級研究設備的費用如能集中利用，總數決不在二千萬美元以下。用二千萬美元創辦一所規模不太大的科技研究院，至少可望粗奠始基，這個初步基礎一經奠定，以後的財源就不會有多大問題。首先，由於公私企業的技術問題以後可以大部分委託這個新的科技研究院代爲解決，它們本身所需用的研究實驗設備和人員費用（包括外籍顧問的報酬）以及對外國「技術合作」所付的代價均可逐漸減少，它們應該而且樂於資助這個爲它們服務的研究機構。最重要的財源，當然還是來自國外。現在美國有許多基金經常出動大批人員在外國尋找值得花錢的對象，只要我們新辦的科技研究院確夠水準，而且對臺灣經濟發展確有幫助，誰都樂於「雪中送炭」。這並不是空想，日本許多研究機關近年來從美國各種基金得到大量的捐助，即爲明證。

另外也許還有人認爲縱然錢不成問題——縱然我們長期發展經濟的誠意與決心獲得山姆叔的諒解與支持，人的問題仍難解決。筆者絕不忽視這個問題，如果我們只是就地取材，決難希望辦一所真正夠水準的科技研究院。但是國外有的是人才供我們利用，問題在這一所新辦的科技研究院的設備能否供高級研究之用和研究人員的待遇是否合理。戰後美國有許多大學教授經由「傅爾布萊特」交換計劃和私人基金的資助在國外講學，只要到這裏來不致浪費他們的時間，一定有些人（特別是中國籍的學者）樂意來渡一年假。除了這些我們不要支付報酬的「客卿」以外，我們當然還要重金禮聘一些專家擔任比較長期性的工作，我國旅外學人擔任這種工作尤其適當，他們願意擔任的可能性也比較大。就筆者從各方面得到的了解，並不是所有旅外學人都願意長居異國，如果上面提到的兩個條件能夠達到（事實上，只要有頗爲安適的住宅，待遇稍低亦無妨礙），我深信有足夠的旅外學人願意

回來擔任科技研究院的工作。至於助理人員，在國內大學畢業生裏面
很容易找到。實際上，訓練國內的青年科學家，讓他們將來有能力接
替初期由外籍專家及由國外歸來的學人的工作，正是創辦這一所科技
研究院的終極目標之一，也是長期自力更生的根本之計。

　　以上是十年來一直停在腦子裏的一個幻想，但是到今天我仍舊認
爲這個幻想並非不能實現，而過去十年正是可能把這個幻想變爲事實
的最好時機。歲月蹉跎，這個時機算是輕易地錯過了！

三、亡羊補牢猶未爲晚

　　但是現在發展科學教育與高級科技研究還不太遲，重要的是，要
有整套切實可行的計劃。決不能今天想發展原子研究就辦一個原子研
究所，明天想發展電子研究就辦一個電子研究所，後天想發展火箭研
究就辦一個火箭研究所。科學發展是整套的，零零碎碎枝枝節節決無
濟於事。但在另一方面，爲著爭取速效（時間不容許我們遲緩），我們
決不能像過去一樣採取「平均主義」，把有限的財源分散得稀稀薄薄，
終至不生效果；今後一定要代之以「重點主義」，先發展基本科學以及
與臺灣經濟發展有直接關係的基本應用科學，然後視財力之所及漸次
推廣（像太空火箭一類的研究，筆者認可以暫緩，我們應該自量沒有
財力與其他國家作太空競賽，如果爲著玩具式的表演而花費太多的金
錢，實在大可不必），教育部、經濟部、和中央研究院應該從速積極籌
劃，趁早擬定科學門類的先後發展順序，並選定有良好基礎的大學的
有關院系的研究所逐步實施（至於應否另設一個獨立科技研究院，也
應一併從長計議），務期於一定期間之內達到預期的效果。這是對政府
長期發展經濟的決心的一個嚴重的挑戰，如果政府在這一方面所表現

的誠意暫時不能換得大量的外援支持，就應該考慮適當地集中現有文化教育經費的利用，並大刀闊斧削減或停止可以暫緩的種種活動經費，以便傾全力於發展科學教育與高級科技研究。只要我們咬緊牙關，在這一方面奠定了初步基礎，以後就不愁沒有外人錦上添花。

也許有人對我所提出的發展科學教育與高級科技研究以達成技術起飛的目標沒有信心（雖然他們高唱「經濟起飛」口號），要消除這個懷疑，只要看看我國旅外學人近年來在科學上的輝煌成就，他們充分證明中國人的智慧至少不在以往任何自詡為世界上最優秀的民族之下。只要我們能夠集中財力，善用人才，認真苦幹相當期間，相信定會產生可觀的成果。到那時候，我們的學生也許不會像現在一窩蜂湧到外國去留學，而留學生也可能多數願意學成歸國——因為這兒同樣有他們的新天地。一百年前，我國就開始派遣學生出國留學，以圖維新。一百年後的今日，我們的學生仍舊滾滾出國，而且人數愈來愈多，但都一去不返，形成嚴重的人才外流。此在個人固屬情有可原，但在國家則應引以為恥。今天談教育改革，我們至少應該有一個抱負——這就是要奠定科學教育和高級科技研究的基礎，建立對科學研究的信心，從而逐漸減少學生出國留學的熱潮；同時藉科學研究開創一個新的經濟發展的局面，容納本國造就的和外國替我們訓練的人才。這樣，科學在我們的國土上面才會真正生根，然後才有希望開花結果，造成推進經濟發展的原動力。我國引用新式技術，與日本差不多同時。現在日本已經成為西方工業先進國家的勁敵，而我國被列為落後地區，其間差別就在於科學在我國從來沒有生過根，而在日本則早已開花結果。過去在大陸的時候，科學不能生根的原因非常複雜，我們現在也不必追究。今天我們在這個小島上面，雖然貧瘠一點，但是問題卻單純得多。只要我們對準科學發展的目標，有步驟，有決心，有毅力，在不

太長的時間之內我們在這一塊土地上面將不難看到科學的奇葩。這是臺灣經濟發展關鍵之所在，也是國家生機之所寄。「亡羊補牢，猶未爲晚」，快一點吧！

（《新時代》，1962年2月；後參照另行發表的原文英譯本略加補訂）

II

長期經濟發展政策申論

重刊弁言

　　1950年代後期以至1960年代初期政府當局逐步實施之外貿改革，迅即導致1963年後臺灣出口與進口貿易穩定擴張，而按固定價格計算之國內生產毛額，在以後十一年間亦以10％以上之平均年成長率持續上升。1973及1979年，全球雖曾兩度發生石油恐慌及相因而生之經濟衰退，以致國內生產毛額年成長率在1973—1983年間呈現巨幅波動；但此一現象似由於外因者多，而由於內因者少。尤足注意者，在後一期間，對外貿易竟漸顯露由入超轉為出超之趨向，而在進入1980年代後貿易出超更加速累增。與同期間若干西方工業（包括美、英、法、意等國）貿易入超之惡化情形對照，臺灣之獨特表現，更顯得異常耀眼。於是眾譽交至，經濟當局竟渾忘二十年前外貿改革對臺灣經濟出口導向之重要啟示，反而自信墨守當年局部外貿改革之成規及繼續推行1950年代所有其他反自由化經濟政策之「務實」態度正確無誤。殊不知在此期間，臺灣經濟已漸萌生暗疾。上述外貿改革，雖然代表臺灣經濟走向自由化之一大步，但其保護色彩仍甚濃厚。最顯著之實例，為自1961年訂定之一美元兌換臺幣四十元之匯率，除1973—1981年間因防堵國外通貨膨脹輸入而小幅下降（5—10％）以外，幾乎完全固定不變，而使臺幣長期貶值；且在上述臺幣升值期間，出口業又獲得補償性之賦稅與融資優待。故出口產業雖在國際市場上面臨強烈競爭，卻始終缺乏提升技術之迫切感。至於內銷產業，則仍受到重重保護與扶持，提升技術之壓力更是微不足道。可以想像，在此一政策環境下，產業體質自難望其增強。

　　在另一方面，自第一次石油恐慌引發經濟衰退時起，西方工業國

已開始醞釀對採行保護主義之東亞若干國家聯合抵制，至1970年代後期已露蓄勢待發之兆。及至1979年第二次石油恐慌爆發，次年經濟衰退又接踵而至，西方工業國家對日本、臺灣及南韓等國之對抗行動終於展開。同時「亞洲四小龍」之間，在國際市場上亦已展開短兵相接之競爭；加上中國大陸、馬來西亞及泰國等第二代「龍的傳人」亦因其工資低廉而加入國際市場競爭之行列，其結果更使臺灣經濟之遠景難於捉摸。

對此國際情勢之巨變，政府似亦無妥善因應之方。前曾提及，1974—1978年間，中央研究院經濟方面諸院士（包括筆者）趁每隔兩年參加院士會議之便，曾接受政府邀請研究臺灣經濟問題，並向政府提出建議。每次建議雖針對不同之特定問題，但其共同主旨則宗於一：即敦促政府加速經濟自由化之步驟（尤其避免指令式之經濟政策）與鞏固經濟穩定之基礎，從而保證臺灣經濟之健康發展。無奈此等建議受口頭之讚譽者多，見諸接納而實行者少。且自1978年後，政府即不再定期邀請諸院士提供政策建議。是時我近在香港，懍於前述事態之嚴重，竊以為建言之責無可旁貸，乃於1981年8月及1983年4月接受中央研究院之邀，在其主辦之「對外貿易會議」及「工業發展會議」中發表兩次關於長期經濟發展政策之專題演講。事實上，是時我已深感體力不支。前一次演講後三月，我即患急性心肌梗塞症；第二次演講時，病猶在身，但仍勉強支持。次年初，即入臺北榮民總醫院接受心臟血管「繞道」手術，不幸「繞道」不久又告梗塞，以後即賴藥物治療苟延殘喘。1985年初，中央大學又邀我前往演講。照身體狀況，本應斷然謝絕；但因此時臺灣社會層面之問題已伴隨經濟層面之問題而孳生繁衍，「心所謂危」，不吐不快，卒應允中央大學之邀，以「米已熟矣，僅欠一篩耳」為題，講述一些實例，以委婉之語氣勸告政府接

受全面經濟自由化及現代化之挑戰。此次演講稿，旋即整理發表。

1983年底，經建會俞國華主任委員知我已返臺定居，乃聘爲該會諮詢委員，因不堪攀登樓梯之苦（其時位於台北市寶慶路之經建會尚無電梯），我僅參加一次會議。會中討論之主題，爲農業用地問題。因俞主委依次點名發問，只得臨時根據1954年發表之〈經濟較量與經濟政策〉一文中涉及同一問題之思考以爲應付。後將此次發言略加整理，送請俞主委參閱。1986年初，鑒於農地問題廣受注意，乃將初稿加以擴充，撰成〈自由經濟政策下的農業政策〉一文。

此文之撰寫，連帶觸發我對海關進口稅率修訂建議兩次不愉快之回憶。早在1950年代後期，我曾被邀參加由時任財政部長徐柏園先生主持之海關稅則修訂會議。會中我曾批評原用稅則不合時宜，其中所訂之進口稅率過高及各類商品稅率之差距過大，亟宜加以修正。但在商人氣焰籠罩之下，竟無一人響應。（當時主持海關稅則修訂業務之周德偉師亦一言不發，而事後卻抱怨當局不聽專家意見，自此我對之頗爲不諒。）1969—1971年，我被聘爲由劉大中先生主持之「行政院賦稅改革委員會」委員。在一次會議中，我特別提議，將現行海關進口稅率分期降低至與先進國家相近之水準，同時將各類商品稅率之差距儘可能縮小。爭辯結果，終被經濟部長及財政部長（當然委員）根據不同理由加以否決。會後劉大中先生（主席）特別向我道歉，並謂如非身爲主委，必與我站在同一立場。

1980年代前期，在美國等先進國家施用壓力之下，政府始不得不大幅降低進口關稅。我在撰寫〈自由經濟政策下的農業政策〉一文時，已指出國內市場上包含進口關稅之農產品及工業品價格結構應儘可能接近國際市場上各類相同等級商品之價格結構。故在寫完此文之後，即開始撰寫〈自由經濟導向的進口關稅政策〉。文中對我當年向賦革會

提議之主旨發揮盡致，頗覺自得。至於本文建議之大原則與政府修訂
海關稅則之方針仍有頗大距離，自是意料中事。

　　此時美國正向我政府著著進逼，除要求大幅降低進口關稅外，並
堅持撤除1960年初期外貿改革所遺留之各種管制，而對多年來臺幣對
美元價值之被大幅低估尤所不容。政府因恐國內產業不堪承受自由化、
國際化之巨大衝擊，以致在政策上不免躊躇瞻顧。乃撰寫〈臺灣經濟
發展政策的回顧與沉思〉一文，希望政府認清方向，對自由化、國際
化之潮流勿作無益反損之抗拒。

　　事實上，當時我亦憂心忡忡，日夜苦思如何化解國內產業所處之
困境。1987年初，我自幸已想出解救之方，並開始發表建議。不意因
另一目的，我被邀撰寫一英文文稿，乃開始草擬"Could The Taiwan
Economy Have Performed Better?"，以檢討自1950年代初期以後政
府所採行之經濟政策。此文稿次年始寫成（已納入劉遵義教授主編之
一專書中），曾在中華經濟研究院作一次簡報；不料橫生枝節，竟被迫
另撰〈趁早拋棄「新重商主義」的包袱〉一文。尤可笑者，此文在本
集中竟兼負「承先啟後」之任。蓋其主旨為檢討臺灣經濟長期發展政
策，但文末亦提及下一組討論之主題——「中央發展外匯基金」之建議，
正好列為本組討論之最後一篇。

工業出口、技術革新、
與長期發展政策

　　自1960年代初期至1980年代初期約近二十年間，臺灣經濟蓬勃發展，成爲後進國家的楷模，其契機在於以進口代替爲主導的工業發展方向轉變爲以出口擴張爲主導的工業發展方向。關於這個論點，現今已無異議。

　　值得強調的，是這個轉變過程並非一帆風順。由1958至1962年間實施的一連貫的外匯貿易改革，固然提供了促成這個轉變的必要條件。但是出口工業——尤其是出口先鋒的紡織業——自始即感到日本工業的優越技術的沈重壓力；香港若干工業在1950年代亦已奠定對臺灣出口工業的技術優勢；加以新加坡和南韓的工業急起直追，先後加入日本和香港的競爭者在美洲、東南亞、中東、歐洲、及非洲等共同外銷市場上與臺灣的出口工業短兵相接。

　　在1950年代的進口代替階段，臺灣工業一直安於本國市場的高度保護。一旦暴露於強烈的國際競爭，大多數工業不免感覺難於適應。在表面上，外貿改革以後最初幾年的工業出口增長率雖然很高，但是這是由於基點低，而非由於增量大。特別值得注意的，是在1960年代上半期農產品和農產加工品在出口總值中仍佔較大的比重。工業品(不包括農產加工品)對出口總值的比率，本來已由1957年的8.7%躍升至1961年的42.8%；但在1962至1965年間，工業品出口對出口總值的比

率卻沒有衝破50%的界線。這說明：這個期間臺灣出口仍然高度依賴臺灣本地的天然資源，勞力密集的工業品在出口中尚未佔壓倒的優勢。由此可見，儘管那時勞力成本非常低廉，50年代培養起來的工業尚多不能適當利用這個優越條件。

60年代上半期參加國際競爭的經驗，使臺灣工業猛然省悟：惟有靈活利用這個優越條件，才能應付國際市場的動態變化。其結果是各種各類的勞力密集工業的興起。我們只要翻閱60年代下半期以後的工業生產統計，即可看出各年原有的工業品生產總值或者繼續升高，或者先增後減，而新的產品則如雨後春筍，先後湧現，其間新陳代謝之跡，躍然紙上。這種動態的景象，愈往後而愈見壯觀。我們不須憑藉任何高深的學理，即可斷定在這個期間臺灣工業不僅變相輸出廉價勞力，同時還進行了技術革新。這正是臺灣出口工業由國際競爭的艱苦磨煉所獲致的成果；60年代後期以至70年代末期出口工業欣欣向榮，也就是因為技術不斷革新而使出口競爭能力不斷加強。

但是在同一期間，前面提到的幾個鄰近地區（日本、南韓、香港、新加坡）的工業技術也有長足進步。臺灣的出口工業與這些地區的出口工業的競爭，實際上是一場技術革新的比賽。這一場比賽的過程，很值得詳細研究。關於各國技術進步率的測量和比較，已經有人做過極有意義的工作；臺灣學者在這一方面的研究，也有優異的表現。但是這些研究都是從大處著眼，到目前為止似乎還沒有人從小處著手，研究個別工業的技術變動，其結果似乎只能見林而不能見樹。為了解各國各類工業品出口的起伏消長，我認為「見林」固然重要，而「見樹」更為重要。

最近一兩年，我利用有限的工作餘閑作了一點研究，即就60年代和70年代全世界主要工業國家和正在工業化的國家的製造業分門別類

測量其技術變動。在這裡，我想簡略報告關於臺灣製造業技術變動的測量結果，並與日本、南韓、香港、新加坡的製造業的技術進步率略作比較。

關於技術變動的測量方法及其他細節，在這裡不能詳細討論。所須交代的，是我用了兩個不同的測量方法：一個是 L. Johansen 的方法，一個是經過調整的 R. Solow 的方法。這兩個方法雖各自有其缺點，但是，都可以避免利用難於獲得的資本存量的資料。

就製造業的門類而論，我首先將臺灣製造業分爲食品煙酒、紡織衣著、木材及製品、紙張印刷、化學品、非金屬礦物製品、金屬及製品、機器、其他製品等九大部門，然後再將這些部門分成小類——1961至71年間共二十四小類，1971至1976年間共分二十六小類。每一個部門和小類都有兩套不同的估計：一套根據經過主計處調整的1961、1971、1976年的普查資料，另一套根據主計處估計的相同三年全體製造業的增加淨值，但按各門類的有關普查資料比例分配。爲簡便起見，我稱前者爲〔估計一〕，後者爲〔估計二〕。

「表一」僅列舉利用經過調整的 Solow 方法測定的九大製造部門的技術進步率。根據〔估計一〕，1961至1971及1971至1976兩段期間全體製造業每年平均技術進步率都是3.5%。就各部門而論，前期除非金屬礦物製品及金屬製品的表現略有遜色以外，其他部門的技術進步率都很可觀。特別是紡織、木材、紙張和機器等部門的表現都在平均水準之上，而以紡織最爲突出。在後期內，食品、紡織、非金屬礦物製品、金屬製品及其他製品的技術進步率都較前期顯著提高，而紡織仍居各業之冠。紙張和機器雖走下坡，但其技術進步率仍保持相當高的水準。照這一套估計，完全沒有技術進步的部門只有木材和化學品。

根據〔估計二〕，前期內除食品、紡織、木材、紙張的技術進步率

較之〔估計一〕互有軒輊或毫無差異外，其他各業的表現都遠較佳，機器及其他製品的技術進步率竟高達10%，因而全部製造業的技術進步率亦遠在〔估計一〕的平均水準之上。但在後期，除食品略有改善外，其他各業的技術進步率都大幅下降，木材及化學品較之〔估計一〕的同期表現更差，而外銷最重要的紡織則與〔估計一〕的趨向背道而馳，以致全體製造業的平均技術進步率僅略高於2%。

表一　臺灣製造業技術進步率（平均每年百分數）

	(一) 根據普查資料		(二)根據主計處估計及普查資料	
	1961-71	1971-76	1961-71	1971-76
食 品 煙 酒	3.32	5.54	3.94	4.67
紡 織 衣 著	6.35	8.10	6.09	3.56
木 材 及 製 品	4.94	-0.04	4.94	-0.35
紙 張 印 刷	5.62	2.47	4.72	1.34
化 學 品	3.83	0.06	4.85	-0.41
非金屬礦物製品	1.69	5.22	4.66	3.02
金 屬 及 製 品	1.65	5.21	6.53	2.89
機 器	5.43	4.38	10.36	1.93
其 他 製 品	2.30	4.00	9.88	6.59
全 體 合 計	3.49	3.52	4.87	2.14

坦白的說，我不知道那一套估計較爲接近事實。值得注意的，是兩套估計的全體製造業技術進步率前後兩期的簡單平均完全相同——即3.505%。也許我們接受這個數字作爲1961至1976年的平均技術進步率，較之根據兩套估計分別計算1961至1971及1971至1976年的平均技術進步率更有意義。

分開來說，前期無論那一套估計都令人興奮。比較起來，〔估計二〕自然更加順眼；但是金屬及製品、機器、及其他製品的估計是否偏高，

很值得更進一步小心求證。就後期的估計而言，我們要注意1971年是很繁榮的一年，而1976年則是繼1974至1975年經濟衰退之後恢復最快的一年。在差不多相同的期間，日本製造業各部門的技術進步率普遍大幅降低，而南韓除化學品以外的各部門的技術進步率反而提高，所以臺灣製造業的技術進步率的兩套估計究以何者較爲可信，實在很難說。不過這個問題並不特別重要。

　　就臺灣與日本比較(以下請看「表二」)，1963至1970年間日本製造業的高度技術成長，已經確定它在世界工業國陣營所佔的優勢；1970至1976年間其技術進步率雖趨緩和，但仍較大多數其他工業國的表現爲佳。臺灣製造業除若干類罐頭食品、紡織品、及電子電視等製品外，很少能擠進日本市場，或與日本工業品在海外市場展開競爭。縱然前後兩期我們都採用「表一」所列的較高估計，也不能改變這個事實。

表二　日、韓、港、新製造業技術進步率(平均每年百分數)

	日　　本		南　　韓		香　　港		新　加　坡	
	1963 | 1970	1970 | 1976	1963 | 1970	1970 | 1976	1962 | 1970	1973 | 1976	1966 | 1970	1970 | 1976
食　品　煙　酒	7.47	3.12	5.49	6.12	—	3.26	-1.10	1.69
紡　織　衣　著	8.51	4.44	4.26	9.48	1.58	0.23	5.14	7.65
木　材　及　製品	7.77	3.33	3.23	6.08	1.59	0.50	1.22	2.52
紙　張　印　刷	7.35	3.05	4.23	4.80	—	1.42	-2.64	3.50
化　　學　　品	7.98	1.04	12.34	1.23	1.54	3.65	8.12	0.15
非金屬礦物製品	7.83	2.14	5.60	6.36	1.72	7.41	-3.21	8.52
金　屬　及　製品	8.16	2.89	5.01	9.66	0.52	0.92	0.76	2.61
機　　　　　器	7.76	3.38	7.59	8.14	1.98	3.41	1.41	2.78
其　他　製　品	7.48	2.01	7.80	7.83	1.90	6.50	-7.22	6.96
全　體　合　計	8.03	2.95	6.04	6.05	1.54	1.72	0.96	2.49

　　至於南韓製造業的技術進步率，前期雖然平均超過臺灣的任何一套估計，但就這一段期間最重要的紡織和木材而論，南韓的表現反而不如臺灣，而臺灣在機器方面（主要是電子電視等製品）的表現亦不弱於南韓。但在後期，臺灣製造業的技術進步率，無論照那一套估計都居下風，九大部門之中竟沒有一個部門比得上南韓的同業。所以〔估計一〕或〔估計二〕的選擇實在無關宏旨。

　　香港和新加坡的製造業技術進步率的估計，資料方面可能都有問題。同時香港第二期開始之年（1973）比其他地區遲二至三年，新加坡第一期開始之年（1966）則比其他地區遲三至五年，所以我們只能大略比較。這兩個地區製造業的技術進步率，在前期無論照那一套估計都不如臺灣。但在後期，香港的化學製品（主要是塑膠製品——特別是玩具，其出口值早已超過日本）、非金屬礦物製品、機器(主要是電子、電視、鐘錶)、及其他製品（主要是體育及職業用品）的技術進步率突飛猛進，新加坡的紡織、木材、紙張、非金屬礦物製品、及其他製品的技術進步率也都顯著提高，縱然照臺灣相同部門的較高〔估計一〕，或者超過，或者迫近，對臺灣出口構成實質的或潛在的威脅。

　　由以上的觀察，我們可以說臺灣的製造業自60年代初期至70年代中期曾經表現令人欽羨的技術進步（無論照〔估計一〕或〔估計二〕），但是還不足以與日本的製造業對抗，而南韓、香港、及新加坡的製造業在70年代似已顯示對臺灣製造業全面的或局部的優勢。為著進一步指出臺灣製造業所面臨的問題，我們特於「表三」內列舉臺灣、日本、南韓、香港、及新加坡全體製造業的技術進步率的勞動貢獻（勞動邊際生產力的相對提高），和隱含的資本密度增長率(即每一單位勞動的資本增長率對每一單位勞動的淨產值增長率之比)。

表三　臺、日、韓、港、新製造業技術進步率之
勞動貢獻及資本密度增長率(%)

	技術進步率之勞動貢獻	資本密度增長率
臺　　灣		
1961-71	82.60*	22.05*
1971-76	83.15*	27.03*
日　　本		
1963-70	35.09	58.77
1970-76	56.93	46.46
南　　韓		
1963-70	29.69	55.39
1970-76	32.25	53.77
香　　港		
1962-70	41.68	83.73
1973-76	171.04	-545.53**
新加坡		
1966-70	94.92	7.58
1970-76	70.46	34.93

* 臺灣數字根據〔估計一〕的有關資料推算。其中涉及資本密度的估計，係根據
　調整的 Solow 的方法求得技術進步率後再以之代入其未經調整的技術進步率
　的計算式反求而得。

**單位勞動的資本增長率為負，單位勞動的淨產值增長率為正。

　　試就這些數字略作比較，我們發現臺灣全體製造業技術進步率之
中勞動的貢獻在前後兩期都高達82%以上，亦即資本的貢獻（資本邊
際生產力的相對提高）不及18%。與此相當，前期資本密度增長率僅
有22%（即每一單位勞動平均淨產值增加1%，每一單位勞動平均資本
額值增加0.22%），後期亦僅有27%（解釋如前）。在另一方面，日本
製造業技術進步率中勞動的貢獻在前期僅及35%，後期因世界經濟衰

退之餘波影響利潤增長率，以致勞動的貢獻相對提高，但其比率亦僅達57%；其相當的資本密度增長率，在前期高達85.77%，至後期亦達46.46%。南韓製造業的技術水準較之日本製造業雖仍落後，但其技術進步率中勞動的貢獻在前期尚不到30%，在後期亦僅有32%；而相當的資本密度增長率，則分別高達55.39%及53.77%。香港製造業技術進步率中勞動的貢獻，在前期亦僅達41.68%，其相當的資本密度增長率則高達83.73%。後期利潤率因經濟衰退而下降，竟使製造業技術進步率中勞動的貢獻高達171%；同時投資銳減，最敏感的存貨總額自亦隨之大幅降低，兼之每一單位勞動的淨產值僅增加0.5%，以致資本密度增長率大幅下跌。但是香港製造業素以適應力強而著稱，這種短暫的調整不足重視。至於新加坡，前期製造業技術進步率中勞動的貢獻尚遠高於臺灣，其資本密度增長率則遠低於臺灣；但至後期，製造業技術進步率中勞動的貢獻銳減至遠低於臺灣的水準，而資本密度增長率則銳增至遠高於臺灣的水準。

上述情形，很顯明的表示臺灣製造業技術進步的形態極端偏向於多用勞動少用資本，而日本和南韓製造業技術進步的形態則比較偏向於多用資本少用勞動；至於香港和新加坡的製造業，就前後兩期綜合而言，似亦表現相似的趨向。

臺灣之所以出現上述獨特的情形，是因為前後兩期工資雖然續有提高，但其水準仍較日本及其他工業國家的工資為低，甚至落在香港和新加坡之後。實際上，新加坡製造業在前期內也因為有馬來西亞的廉價勞工可供僱用，所以也像臺灣一樣以發展勞力密集工業為重點。在另一方面，南韓的勞力成本雖亦低廉，但南韓政府自始即大力推動重工業的發展，結果自不免殊途異向。

平情而論，臺灣工業化過去所走的方向大致上可以說正確無誤。

近幾年來，南韓內部激烈辯論以往由政府大力推動重工業的發展的嚴重後果；而最近發表的1982至1986五年計劃，對政府過去的政策所造成的偏頗發展更是直言不諱的加以指摘。假如臺灣也像南韓一樣，在60年代即堅持工業發展階段的升級，今天某些工業也許有比較突出的表現，但在另一方面一定免不了嚴重的後遺症。無論如何，臺灣物價水準決不可能維持60年代的穩定，而70年代通貨膨脹的威脅亦必更為嚴重。同時推動重工業發展所需用的資金，在60年代初期亦無法籌措。那時國內儲蓄能力仍然薄弱，外資對重工業的發展又不感興趣，結果惟有像南韓一樣大量借用外債。縱然撇開經濟資源有效利用的考慮以及國際經常收支長期不平衡的困擾不談，照臺灣當時所處的現實環境，能否像南韓一樣放手作為，也是一大疑問。

不過這一段話並不能用來辯護臺灣工業長久依賴廉價勞工。前面提到，新加坡的製造業在60年代也是朝著勞動密集的方向發展，可是到了70年代已經改弦易轍。近年來新加坡更限制外國廉價勞工入境，並硬性大幅提高工資，以謀促進技術密集工業的發展。這種武斷的措施，可能有車馬倒置之嫌，不足為訓。但是新加坡政府所表現的果敢精神，對發展階段相近的國家似不無警醒的意義。

與新加坡比較，臺灣實際上正面臨著更為嚴重的政策問題。在表面上，臺灣的工業比較幸運，在國內有一個相當廣大而至今仍受較保護的市場，而在很多場合更有不同程度的壟斷，使它們坐享國內市場的自然增長，而不大耽心優勝劣敗的淘汰。但是在這種環境裡面養成的工業不免比較安於現狀，而不積極競求改進。

過去二十年來臺灣工業出口的成就，主要歸功於在國內市場上不易形成壟斷的工業。這些工業的發展方式，是大量利用廉價勞工以配合由國外進口的標準製造技術。其結果是它們的生產很快的使國內市

場達到飽和，因而必須向外擴張。另一類型的出口工業，在國內市場上享有相當高度的壟斷，但因它們採取比較資本密集的生產方式，僅靠國內市場不能實現最低限度生產規模的經濟，因而不得不向海外市場推銷其一部分產品。不過這只是一種搭配的手段，其業務重點仍在國內市場而非海外市場。在基本上，這些工業與其他壟斷性的內銷工業沒有什麼不同，只是後者生產規模較小，毋需搭配外銷。

照現在的情形看來，上指兩大類型的出口工業似乎都已走到困境。就前一類型的出口工業——亦即主要出口工業——而論，它們的發展不但受到進口的工業國家的種種限制，而且遭遇鄰近國家的工業的強烈競爭；而勞力供應更充裕的後進國家的工業發展，對他們尤其具有高度的潛在威脅。至於後一類型的出口工業，若干工業國家亦已以傾銷的理由加以抵制，其他工業國家（如日本）及積極工業化的國家（如南韓）對之所施的競爭壓力亦日漸增強。照這些出口工業的技術現狀，它們能否扭轉這個逆勢，頗難預料。萬一被迫從海外市場撤回受保護的國內市場，勢必引起極其嚴重的後果。

這些不利的情況的發展，雖然很不愉快，但是極其自然。在這個市場競爭空前劇烈的時代，類似的情況在將來還會不斷發生。參加競爭的國家所應採取的對策，完全看眼光的長短而定。如果特別重視目前的困難，那麼就應該採取臨時的因應措施，好像對待等著急救的病人一樣，這時強心針、氧氣筒、甚至萬金油和八卦丹都非常有用。反之，如果認為目前的困難只是現代生活不可避免的一個層面，那麼不斷的強身健腦乃至脫胎換骨，才是根本的要務。

依我個人的淺見，為促進臺灣經濟的健全成長，政策的重點應該是使工業不斷的脫胎換骨，不斷的在技術上求新求變，以爭取國際競爭的優勢。為達成這個目標，首先要把國內市場由工業的氧氣罩變成

工業的健身房。臺灣的關稅雖已多次減低，但是一般稅率仍然偏高，而各類進口貨品的稅率差幅仍然太大；對平等互惠的國家，應該考慮全盤調整。關稅以外的進口限制，尤應考慮及早撤銷。臺灣深受外國進口設限之苦，多年來口誅筆伐，而本身卻保留進口限制，實在不能自圓其說。另一同等重要的措施，是全面掃除公私企業的設廠限制，使所有企業都有公平競爭的機會。公營企業為維護其獨佔地位，只能藉提高效率以防止潛在競爭者的入侵，決不能靠行政手段或公庫津貼以為對抗。

在這樣一個健身房裡面，凡是經得起磨煉的工業，其產品在國內必能與進口貨品競爭，其能完全代替進口者，自然有能力擠入國際市場。我們可以想像，過去已經進入國際市場的主要工業——亦即利用廉價勞工配合標準製造技術的出口工業——在未來十年之內仍將扮演重要的角色，但其相對重要性必將因其他出口工業的擴張而逐漸降低。

近數年來，我們時常聽見第二次進口代替的主張。但在實際上，這種代替早已出現於生產中間材料、資本設備和耐用消費品的工業——像肥料、石化製品、煉鋼、造船、汽車等工業的發展都是最顯著的實例。如果所有這些工業都經得起前面提議的關稅削減與公平競爭的考驗，則在第二次進口代替成功之日，也就是第二次出口代替新頁開始之時。那時臺灣的工業生產方式自然由勞動密集轉向資本密集和技術密集，而不需政府操心代勞。

政府在其他方面所應做的事仍然很多，而除上述建議以外，現行政策亦多有尚待改進之處，在此不必一一列舉。下面與本題特別有關的幾點，大部份是正在考慮或已經開始實施的建議，其中有一兩點也許是我個人的膚淺觀察。

首先，我贊成儘早全面實行「加值稅」，以免重複課稅。我也贊成

從寬攤提加速折舊及對用於新投資與研究發展的企業盈餘全部免稅。政府在這一方面所採取的開明措施，對艱苦奮鬥的工業一定有很大的鼓勵。

為符合前文特別強調的工業政策，現今採用的形式多於實質的「浮動」匯率必須提高其機動性。政府如對完全浮動有所顧慮，至少應將目前硬性規定的上下浮動界限提高一倍。如事實證明放寬匯率浮動界限並不可怕，宜繼續放寬，直到不加界限為止。

關於存放款的利率，應完全由個別銀行自行決定，政府不宜強加干涉；中央銀行對公私企業的政策性專案貸款，尤應全面停止。我個人深信這個政策轉變的長期良好效果，必將抵消短期的不利效果而有餘。

不過我認為政府對中小企業的資金融通應予特別考慮。在可以預見的將來，中小企業在進一步工業發展過程中仍將有其適當的地位。可是它們的經營風險比較高，因而借款的利率遠高於正規市場的平均利率，其結果是這些企業的成長受到嚴重的阻礙。我們有理由相信：按照個別企業可能發生的風險以定其補償的利率差幅，不免高估全體中小企業實際上所承擔的風險的社會成本。因此我認為政府值得考慮設計一套特別辦法，以擔保這些企業借款的風險，使它們的借款利率接近正規市場的平均利率。至於這個措施應否與鼓勵中小企業合併經營一同考慮，也值得研究。無論如何，假如這個辦法能付諸實施，則大小企業借款利率的差幅可以縮減至最小限度，由此所導致的資金有效利用的實際利益，可能遠超過擔保中小企業借款可能遭受的賠累損失。（也許有人認為，現在已經有中小企業銀行，似不必多此一舉，但是現有的中小企業銀行已經解決了上面提出的問題嗎？）

最後，我想就教育與研究講幾句話。前年冬季，我曾返臺參加人

力資源會議。在那一次會議中我得到一個不可理解的印象，那就是臺灣的職業教育和職業訓練沒有受到適當的重視。這種情形，與臺灣經濟發展的輝煌成就似乎很不協調，而與先進工業國家的經驗更相牴觸。我相信現在已有改進，不過我仍然希望政府在訓練經濟發展的基層幹部方面有一套切實有效的長期計劃，同時也希望政府多辦幾所符合國際標準的技術學院，以作育中堅的技術人才。在這一方面，新加坡近年來所作的努力很值得我們傚法，而新加坡政府與西德、法國和日本合作創辦的三所技術學院更值得我們借鏡。至於大學教育，我個人認爲應該重質不重量，公立大學對學生尤其要做到嚴格的品質管制，庶幾充分發揮教育投資的效果。最後，公立研究機關的人才、設備、與工作環境，不用說應該符合國家賦予它們的使命。

臺灣還有一段很長的時間要依賴先進工業國家的技術——尤其是較易與國內廉價勞工結合而於較短期間產生實效的應用技術。但是我們要時時刻刻提醒自己：現代經濟發展史上沒有一個國家長期依賴外來技術而能擠進工業國家的行列。在這一方面，日本給我們提供一個很好的實例。我們都知道，日本工業的實力之所以能夠達到今天的地步，固然由於明治維新以後——尤其是具有關鍵性的50及60年代——許多有利的條件促使日本的企業家不斷引進外國的先進技術；但是，假如日本在基本科學教育和研究方面沒有紮下穩固的根基，假如日本的科學家不能繼續不斷的縮短與先進國家之間的科學距離，那麼日本的工業在今天仍然可能高度依賴外國技術的移植。這樣的技術移植，當然也會生根；但是在外國的技術品種不斷改良的對比之下，這些根只是老根，它們所開的花不久就會成爲「明日黃花」，決不能與新品種所結的花朵爭妍競豔。日本工業發展的成功，正是因爲日本政府老早認清這個淺近的道理，並且決心把這個淺近的道理化爲積極的具

體行動。這個實例，很值得我們虛心檢討。現在臺灣與南韓及其他發展階段相近的國家都爭相移植先進工業國家的技術，但是假如我們不趁早紮下穩固的科學根基，那麼我們的工業不久就會落在那些搶先發展基本科學的競爭者之後，而被迫與一般鼠目寸光的國家在日漸縮減的次級工業品市場上爭較一日之短長，那時後悔就來不及了。

我們現在所要做的，是趕快實現幾十年來一直高喊的一個口號——「迎頭趕上」。恕我直言，要實現這個口號，現有的大學教育和研究恐怕還有一段相當長的距離。很可能我們失去了一個非常難得的機會，我現在重提一下，也許有一點參考價值。十年前我國大批旅美青年科學家遭遇嚴重就業困難的時候，有許多人願意回國服務。我當時曾經表示一個願望：就是政府立即採取有效的措施，儘量吸收那些願意回國服務的青年科學家。如果大學和公私企業無法安置，應該立刻擴大中央研究院的編制。從百年大計著眼，這是一項偉大的基層結構的建造，值得付出龐大的公共投資；這比政府興辦及維持低效率的公營事業的政策意義相去不可以道里計，同時近十餘年來政府為著與海外學人保持聯繫所花費的資源也可能更有效的用在這一項公共投資上面。各位試想：假如當時政府大刀闊斧引進成千近萬的青年科學家，加入國內科學研究的行列，今天我們的科學實力已經加強到什麼地步。可是十多年很快就過去了，非常值得惋惜。不過「亡羊補牢」，現在還不太遲，最要緊的是立刻採取行動。在結束這一篇談話的時候，容我再一次呼籲：在移植先進工業國家的工業技術的同時，我們應該趁早紮下穩固的科學根基。我們尤其要認清：工業技術的選擇與創新是企業家所感興趣的事，只要有利可圖，企業家必然採用新的工業技術。至於移植高級工業技術所需要的人才的培養，尤其是高級工業技術的鑽研與基本科學的發展，則是企業家所不感興趣的事。政府政策的重

點，應該集中在企業家不感興趣但是有長遠利益的基本科學教育和高級工業技術研究的公共投資上面。零零星星的措施，現在已經太多了。

（中央研究院經濟研究所《對外貿易會議專輯》，1981年8月）

＊重讀1962年發表的〈科學教育與經濟發展〉一文，不禁感慨萬千。1992年8月16日誌。

再論臺灣工業長期發展政策

1981年8月，中央研究院經濟研究所曾召開「對外貿易會議」。在那一次會議裡面，我以「工業出口、技術革新、與長期發展政策」為題作了一次談話，呼籲政府及早修訂有關的政策，以促使臺灣工業脫胎換骨。我特別呼籲政府儘快移開許多工業一直依賴的氧氣罩——特別是各種不同形式的對外保護和對內限制，而代之以鍛鍊競爭能力的健身房。

在那一次會議以後一年半的期間，發生了許多改變，這些改變對我個人可以說是「亦憂亦喜」。可喜的是，財經首長對臺灣工業必須藉助於自由競爭纔能脫胎換骨的觀點，已經有了共同的認識，而且已經開始採取了一些初步的行動。這是一個很大的轉變，非常值得重視。

自1950年代末期以至1960年代初期政府完成一連串的外貿改革以後，二十年來臺灣經濟一直在出口導向的勞動密集工業的衝力下維持高速發展。但是在這個發展過程中，國內和國外的情況已經發生了重大變化。就國內而言，出口工業發展一向所依賴的廉價勞力漸趨枯竭，以致工資不斷上漲。就國外而言，以往廉價工業品可以暢銷無阻的國外市場漸漸遇到了阻礙。一方面，先進工業國家對新興工業國家的廉價工業品進口先後加以限制；另一方面，新興工業國家的廉價工業品在國際市場上已經展開了劇烈的相互競爭，同時工資更低的後進國家

也先後加入了這個競爭的行列。這些情況的推演，在世界經濟持續不穩定的1970年代尤其顯著。

較之這些情況更為重要的，是世界科技突飛猛進；工業先進國家固然遠遠超前，若干新興工業國家亦不甘落後，急起直追。我國在科技方面雖然也有進展，但是比較緩慢，以致落後的距離愈拉愈長。

這些變動的綜合結果，是臺灣工業在國際市場上的競爭能力每下愈況。可是，儘管國內國外發生了這些不利於臺灣工業發展的變動，政府的工業發展政策並沒有顯著的改變。這些政策一方面是獎勵外銷，另一方面實際上是鼓勵內銷。前者的政策手段，主要是稅捐減免和融資優待。後者的政策手段，主要是關稅保護和進口管制；而不在少數的公民營企業，更因設廠限制而享受免於所謂「惡性競爭」的保障。採取這些保護措施的目的，本來是扶植發展初期的「幼稚工業」。但是過去二十年的事實證明，那些受保護的工業很少脫離了幼稚階段，甚至患上了小兒麻痺。而在國際市場上經得起風浪的工業，幾乎都是享有比較利益因而在實際上不需要太多獎勵的工業。

我們可以大膽的說，假如在1960年代初期繼外貿改革之後，政府便乘世界經濟順風順水之勢，及時朝著自由化的方向改革金融制度，並朝著消滅重複課稅的方向簡化稅制，同時對外按照一定的進度降低關稅壁壘，對內按照一定的步驟撤銷設廠限制，而政府本身則集中全力改善基層設施、加強對海外商情的報導和貿易、投資、以及技術合作的聯繫、促進成人技藝訓練和職工教育、興辦高等技術學校、和提高大學品質，臺灣經濟發展必然較之實際達到的成果更加輝煌，臺灣工業技術也很可能早已自動升級。這幾句話所包含的淺近道理，我相信政府官員都知道。但是因為他們的顧慮太多，以致把這些早就應該進行的基本改革無限期的拖延下來。現在我們聽見財經首長強調自由

競爭的經濟政策，雖然略嫌遲了一點，他們的勇氣和魄力還是值得我們欽佩。只要他們能夠貫徹他們的政策主張，我們相信臺灣經濟今後仍然可能創造新的奇蹟。這是我個人特別感到可喜的一面。

現在我要談可憂的一面。在過去一年半的期間，世界經濟正好發生嚴重的衰退。財經當局還沒有來得及施展抱負，便被迫對陷於困境的工業進行緊急搶救。他們煞費苦心，使出所有紓解的法寶，而結果似乎沒有收到顯著的成效；倒是那些原來不具競爭能力而應該被淘汰的工業，在政府種種紓解措施之下仍能勉強維持。我不知道這種情形是否罕見，如果是相當普遍，臺灣工業進一步發展就會增加許多困難。

所幸政府在忙於採取紓解措施的同時，並沒有鬆懈促進工業轉型技術升級的努力，這一點由政府正在積極推動的「策略工業發展方案」可以證明。

所謂「策略工業」，是指符合政府所定若干標準的一百五十一種產品超過總營業額50％的工業。這些工業為著改良設備，不但可按照低於銀行公定利率二個百分點的優待借到相當於其購置成本80％的資金，而且可自借款後第三年起開始分五年還本付息；除此以外，還可享受稅捐減免的優惠。照後來的補充規定，公民營企業若採購策略工業產品，則其所自產的策略性工業產品縱然不及其總營業額50％，亦可申請「策略工業發展方案」的融資優待。現在這個方案的適用範圍，好像又放寬了。

據說這個方案實行的初期，有許多企業對其中所指的策略工業不甚了了；而善鑽夾縫者雖然踴躍申請融資，但是有些工廠借到資金之後，不是用於指定的用途，甚至有些工廠在獲得融資後即行倒閉。希望這些都已成為過去。

比較值得懷疑的，是政府為什麼要特別獎勵生產一百五十一種產

品的個別工業。我不知道，這是因爲政府基於某些考慮在主觀上認爲這些工業具有策略的重要性，還是因爲這些工業本身具有顯著的潛在競爭能力，值得政府把它們列爲發展的重點。如果是後一種情形，似乎不需要採取這樣強烈的措施。如果是前一種情形，採取這樣強烈的措施也不一定有效。過去有太多「有心栽花花不發」的例子，現在再說實在沒有意思。我們所關心的，是銀行可以貸放的不引起通貨膨脹的資金究竟有限，其中公營企業肯定佔去了一大部分；餘下來的可貸資金放給生產一百五十一種策略工業品的工業以及對這些工業供應半成品或配件的工業多了，則可供其他工業的資金就少了。也許有人說，現在工業界對策略工業專案貸款的申請並不熱烈，這是事實。不過，現在美國經濟已有復甦的跡象，假如今年第二季的情況更見明朗，我預料策略工業專案貸款必將供不應求。那時凡是與「策略工業發展方案」沾不上邊的企業照銀行公定利率必將借不到它們所需要的資金，地下錢莊的生意就會更好了。可貸資金如此武斷分配的後果，也非常值得我們憂慮。

再說，「策略工業發展方案」以融資優待的手段鼓勵策略工業產品的採購，一方面使這些產品的生產者又多加了一層保障；另一方面，假如有些產品的品質在實際上比不上進口貨，就不免影響購置者的生產效率。全盤得失如何，尚屬未知。所以儘管「策略工業發展方案」較之其他各種各樣的紓解措施具有更多的更積極的長期政策含義，仍然只能算是過渡的辦法。

在另一方面，我個人非常同情政府官員，他們究竟應該怎麼辦？我先後讀過《天下雜誌》刊載的經濟部長趙耀東先生去年12月9日在臺大的演講詞和今年1月9日在東海大學的演講詞，心中萬分感動。他深深體認到在這個科技競賽的世界貿易大戰中不進則退的危急，所以語

重心長的說:「今天整個臺灣的經濟,不是談政策怎麼樣,方案怎麼樣,現在要談的是行動怎麼樣。」因此他把今年定爲「行動年」。不過我細讀趙部長的講詞,發現他領導的行動後面,不但有政策,有方案,而且這些政策和方案都是基於一套極其正確的看法。由於這些看法非常重要,所以我想多用一點時間對之重新予以認定。

趙部長的經濟政策和行動方案是什麼呢? 剛才他的演講已經提供了答案。不過我還是覺得值得把他以前的兩篇演講詞加以綜合摘要。他說:「臺灣的經濟政策,一定要考慮世界經濟環境。整個臺灣是世界經濟裡面的一環,而且和世界每一個國家都有聯繫」。因此「以後臺灣的經濟必須完全自由,大門洞開,讓外國人能夠投資,然後把我們的產品外銷世界各國或回銷其本國,這是臺灣經濟升級的唯一辦法。」

在這個大政策方向之下,他的行動方案一方面是引進外資,從而引進與之俱來的生產技術、研究發展、企業管理、和海外市場,另一方面是改善現有工業結構和建立產銷秩序。

前一個行動方案的初步具體表現,是與日本豐田汽車公司合作設立一家年產二十萬輛的汽車廠和與美國電話電報公司合作發展資訊工業。此外,還有王安來臺投資設廠和其他外資合作計劃,有的已經開始進行,有的尚在接洽之中。趙部長十分了解,引進外資一定要付出相當的代價,這是無可奈何的事。

至於改善現有工業結構的行動,現在也已經初步展開。依趙部長的構想,現有的工業將分門別類,各自形成以母體工廠爲中心而以子體工廠爲衛星的金字塔。爲著達到這個目的,當然需要輔導。最近經濟部成立了幾個「先鋒隊」,分別協助中小企業走向自動化、節約能源、實行資訊管理、和推展外銷。其涉及融資協助的部分,可能已經列入前面提到的「策略工業發展方案」的融資專案項下。

另外一個重要行動，就是建立產銷秩序。趙部長說得好：「我們國內的產品，有54%外銷，我們不可能因爲保護國內的工業，而摧殘外銷的工業。但是沒有國內的工業，外銷工業也不可能有基礎。在這個原則下，我們保護國內工業，而不影響外銷，就是希望產銷有秩序。」所以趙部長所指的保護國內工業的方式，「不是禁止進口，不是高關稅，而是有秩序的競爭。」什麼是「有秩序的競爭」呢？趙部長在這裡具體提出他的自由貿易政策。他說：「因爲我們是以外銷爲導向，所以(國內製造的)原料、半成品一定要國際價格。否則下游產品就無法外銷，失去市場。自由貿易就是在國際上價格能競爭，凡是現有價格在國際上不能競爭的，尤其是母體工廠，絕不批准。」因爲價格競爭與品質競爭密切相關，所以趙部長進一步說：「國內有製造的東西，……品質不合格的准許進口，價格不合理的也准許進口，假如品質也合格，價格也合理，我不發進口許可證。」這就是說，這些東西「一定要在國內採購」。趙部長很正確的指出，國際價格有長期合約價格和現貨市場價格的分別，後者有時只夠維持變動成本。如果外商按照這樣的低價在國內傾銷，便應加以抵制。

我之所以用這麼多時間複述趙部長已經公開發表的政策意見，是因爲這是政府官員第一次對臺灣工業技術升級提出的最完整、最具體、和最有建設性的意見。我個人除了欽佩趙部長的道德勇氣以外，對他所強調的自由開放的經濟政策同我自己的一貫主張不謀而合尤其感覺欣慰。至於他所提出的引進外資和改善工業結構等行動方案，大部分我也沒有異議。本來我不大贊成政府插手應該由企業本身承擔的工作，我在前面對「策略工業發展方案」也表示有一些保留。但是多年來政府對企業提供了太多的氧氣罩，太少的健身房供它們鍛鍊公平競爭的能力，以致它們沒有競求技術革新的習慣和意願；同時政府在海外商

情和新技術發展的報導和聯繫方面，以及科技教育和職業訓練方面，也都做得不夠，以致多數企業墨守陳規，及至為勢所迫而不得不求變通時，亦不知從何著手。從這個觀點看，現在由政府採取行動，協助工業改善結構，也可以說是對以往政策後果的補償。其所付的代價，我們也只好容忍。不過政府應該認清，這究竟是非常的手段，亟宜早日使之納入常軌。

關於建立產銷秩序，我心裡倒是有一個問題。趙部長強調國內製造的工業品一定要能夠同外國貨在品質和價格上競爭，否則就准許外國貨進口。我不知道，這是趙部長希望國內工業在一定期間達成的目標，還是對國內工業提出的立即兌現的要求。照趙部長所用的「現有價格在國際競爭」的語氣，他顯然是要求國內工業在最短期內就能應付外國貨的競爭。既然如此，趙部長又說過「保護的方式不是禁止進口，不是高關稅」，那麼又何必規定「國內有製造的東西一定要在國內採購」呢？如果趙部長的顧慮是國內有些工業家不免有崇洋的心理，我想他可能低估了國內工業家的利潤觸覺，向國外採購究竟比在國內採購麻煩多了。再說，照趙部長建立產銷秩序的行動方案，每一種國內製造的工業品，都要隨時查核它的品質和價格，以便決定是否要開放進口，還是限在國內採購，豈不是太麻煩嗎？而且像這樣麻煩的事，政府最後管不管得了，也是問題。

比較更值得注意的問題，是趙部長的行動方案只是重點性的。雖然他已經開始整頓一部分公營企業，但是他不諱言因為遭遇困難而延緩進行。至於「以國內市場為主暫時要靠關稅保護才能生存」的中小企業，他似乎採取暫時不管的態度。在這種情形之下，產銷秩序就有雙重標準，即一部分工業的產銷秩序主要靠自由競爭來維持，其他工業的產銷秩序則仍舊用高關稅、禁止進口乃至限制設廠來維持。採用

雙重標準的代價，是必然影響外銷。各類工業彼此之間都有直接間接的相互關聯，縱然某些工業生產完全內銷的消費品，它們也會同那些主要依賴外銷的工業以及對這些工業供應半成品或配件的工業競爭數額有限的生產資源。假如某些效率較差的工業因為高關稅、禁止進口、和限制設廠的保護而取得在公平競爭的產銷秩序之下得不到的生產資源，那就造成生產資源的浪費，而這正是經濟政策之大忌。

總之，我由趙部長的兩篇演講詞所得到的印象，是他強調的自由經濟政策是一個長期目標，而他的行動方案大部分則是過渡性的和權宜性的。長期目標自然是不輕易改變的；至於為著達成長期目標而採取的過渡性的和權宜性的措施，則是隨著走向長期目標的進度而改變的。我個人覺得，雖然趙部長提出的政策目標和行動方案自成一體，綱領分明，但是我們還不能清楚看出全盤長期發展政策的輪廓。而且趙部長所談的，主要限於經濟部職權範圍以內的事項，這一點很容易理解。但是假如沒有一個全盤長期發展政策為依歸，趙部長的政策目標可能很難達成。基於這些考慮，我現在從臺灣工業長期發展的觀點，重申我以前提過的政策建議，並就現實的考慮略予補充，希望與趙部長的政策主張相輔相成。

第一、政府立即著手調整關稅稅率，盡量縮小各類貨品稅率的差幅。奢侈品的稅率可以比較高，但是定得太高可能鼓勵國內濫造，反而浪費更多的生產資源。這一步工作完成之後，政府立即訂定一個時間表，宣佈在一定的不太長的期間內分段降低關稅稅率，直到約略與工業先進國家的平均稅率相等為止。這個新訂的稅則，適用於所有對我國貨品進口不加歧視的國家；如有歧視的情形，則仍適用未修訂前的較高稅率。在關稅稅率尚未降到最低標的以前，仍用趙部長的辦法來維持國內工業的產銷秩序。但在關稅稅率已經降到最低標的以後，

國內工業的產銷秩序則改由低關稅之下的自由競爭來維持。不過對低價傾銷的進口貨，仍應加以抵制。

第二、政府立即訂定一個時間表，宣佈在一定的不太長的期間內完全撤銷「自然壟斷」以外的公民營企業的設廠限制。在這個期間，政府督導所有公營企業改組為獨立公營公司，或移交民營。為確保新設的工廠達到一定的經營規模，對最低的資本額可加規定。

第三、政府現在設立的推動自動化、節約能源、資訊管理、外銷的先鋒服務隊以及類似的設施，在一定期間內合併為獨立公營服務公司，或移交民營，使之根據企業經營原則繼續進行轉移技術、開發產品、推廣市場、改善管理等項工作。

第四、政府立即以獎勵外資的相等有利條件發展大貿易商，並以鼓勵中小企業合併的相等有利條件鼓勵現有對外貿易商行的合併或聯營。政府內部現設的貿易機構，應於最近期內改組為獨立公營公司，或移交民營。

第五、政府在最近期內簡化稅制。第一步是實施「營業加值稅」，以消除重複課稅之弊，而使外銷退稅臻於簡化。進一步改良稅制的大方向是，與其就個案減免稅捐，不如就一般原則減免稅捐；而就一般原則減免稅捐，又不如普遍降低稅率。因為只有這樣，干擾最少，效果最大，而稅收亦可望有增無減。

第六、政府在最近期內改革金融制度，使之臻於健全靈活，以便有效吸收和分配不引起通貨膨脹的可貸資金，而毋需政府動輒設立融資專案。最重要的一步，是改組現有的公營金融機構為獨立公營公司，或移交民營。另一項重要的急務，是疏導地下錢莊，使之納入正規金融系統。過渡方法之一，是改進現設的信用保證基金，使之主要根據保險原則擔保現在依賴地下錢莊提供融資的中小企業的借款風險。最

重要的擔保條件，是申請融資的企業一定要有最低限度的經營規模。這些企業申請的融資，一經信保基金酌收保險費予以擔保之後，即可直接向任何一家銀行按照市場通行利率洽借款項。這樣，一方面可望大幅減輕中小企業的借款利息負擔，使其正常發展不致受到阻礙；另一方面，由於借款的客戶減少，地下錢莊可能被迫接受納入正規金融系統的安排。至於那些不符合最低經營規模的企業，仍將繼續依賴殘餘地下錢莊的高利貸，不過這樣的金融交易將不重要。在地下錢莊納入正規金融系統之後，信用保證基金本身也要納入正規金融系統或保險業務系統。至於改進外匯管理、健全證券市場、以及其他應興應革的金融措施，有的我已經表示過意見，有的我自己也不大了解，不敢表示意見，只希望都能做到「健全靈活」四個字。

我在這裡特別對金融改革多講幾句話，是因為現有的金融制度已被公認為進一步經濟發展的「瓶頸」。我們知道，過去三十年間，香港經濟發展所遭遇的困難最少，而它的工業竟能在毫無保護與特別獎勵之下發展起來，除了自由港的許多便利及其他優越條件之外，比較健全而靈活的金融制度實在是一個重要關鍵。新加坡在這一方面的情況也差不多，假如沒有一個比較健全而靈活的金融制度，新加坡的經濟發展——尤其是工業發展——決不可能如此順利。這是特別值得我們借鏡的地方。

以上所提出的六項建議，都可以說是趙部長的自由經濟政策應有之義，其中有些已在政府研議之中，我在這裡不過是做一點「註解」工作，實在沒有什麼新穎的地方。不過，我希望提醒大家注意，趙部長對自由經濟政策的執著態度實在比我強得多；相形之下，我算得上相當保守。我現在想抱著這個比較保守的態度，順便對政府正在擬議設置「自由貿易區」的構想講幾句話。

「自由貿易區」的設置，自然有多種目標。其中之一應該是把「自由貿易區」作爲自由貿易政策的試金石，從而希望對區外的工商業發生「示範」作用。在我看來，這個構想可能不切實際。我們實在沒有「自由貿易區」的條件，假如將來「畫虎不成反類犬」，除了影響其他目標之外，反而歪曲了國內工商業者甚至一部分政府官員對自由貿易政策的形象，以致對政府現今走向自由經濟的改革產生更大的阻力。這個後果，事先不能不周詳考慮。

站在政府的立場，確實也有許多難言之苦。現在有不少學者要求政府全盤修訂法規制度，趙部長自己也表示有這種需要。這些見解都非常正確，我個人尤其贊成。不過，假如我們冷靜思考，就知道一個由農業社會蛻變爲工商業社會的國家所面臨的種種困難，決不是說一聲「改革」就改革得了的。例如十八世紀中葉的英國和法國，雖然製造技術已經進步到一個地步，使工商業需要不斷的擴充國外市場；但是那時兩國的制度也都跟不上時代的要求，尤其是在重商主義政策之下的種種管制以及因此造成的特權，更窒息了工商業的健全發展，並且成爲制度改革的阻力。在英國，直到十八世紀末年以自由貿易政策代替重商主義政策之後，許多問題才迎刃而解。而在法國，由於走向民主法治的過程遠較英國緩慢和艱難，關於經濟政策的爭辯長時間停留在社會哲學的探討階段，對實際政策影響很小。直到十九世紀中葉，法國才走上自由貿易的坦途，而那時英國經濟的發展已經遙遙領先。

我講這一段話，是希望說明臺灣由農業社會蛻變爲工商業社會所遭遇的許多問題並不是獨特的，英國和法國只不過是兩個比較方便的例子。眼前的正面例子，是香港和新加坡。這兩個地方都曾被英國統治了一百多年；在英國統治之下，這兩個地方雖然都沒有民主，但是卻都有相當良好的法治基礎，另外還有主要由英國人建立起來的自由

貿易不可缺少的世界貿易網和金融制度。這解釋何以香港與新加坡在近二、三十年經濟發展的過程中比其他開發中的國家遭遇較少的困難。但是這些制度都不是一蹴而幾的，也決不是在臺灣境內設立一個「自由貿易區」就能發生示範作用的，而這也正是政府面臨的最大困難。

不過，我們總要儘快採取行動，纔能希望解決問題。趙部長強調「我們不能再等待」，這種心情大家都能了解。我想最重要的，還是儘快建立行動方向的共識。也許有人認爲我們應該多看看南韓。南韓工業發展的表現，實際上比香港和新加坡更好，而它也是一個剛由農業社會蛻變爲工商業社會的國家，因而也有我們所遭遇的問題。尤其值得我們警惕的，是1960年代南韓所採取的促進工業發展的措施，有許多幾乎都是我們的翻版，但是南韓工業發展卻後來居上。往深一層看，我們就不難發現：南韓成功固然是因爲政府和人民都肯硬拚，而更重要的則是一般人都非常守法。這種守法的精神，在很大的程度上補救制度之不足。另一方面，自1960年代之初南韓政治局面穩定以後，無論是輕工業或重工業的發展都是出口導向——也就是對外競爭的導向；同時南韓也沒有我們這麼多龐大的公營企業，因而減少了許多「後顧之憂」。所以南韓人民雖然在所得分配和消費方面爲經濟發展付出了很高的代價，但是畢竟養成了不少在國際市場上具有競爭能力的企業。

我們能不能走南韓的相同路線呢？回答是：我們並非不想走；實際上，由過去的政策措施可以看出，我們曾經躍躍欲試，在某種意義上甚至可以說曾經試過。但是南韓的路線我們走得通嗎？

無論如何，根據我的了解，南韓的政策方向現在已經開始改變；外人投資的限制已漸放寬，銀行制度也在朝著自由化的方向積極改革。假如在不久的將來，南韓爲著加強工業外銷的長期競爭能力而通盤改革不合於現代化要求的法規制度，我個人一點也不感到驚奇。現在有

不少人因爲南韓的某些工業追上了、甚至超過了臺灣的同類工業，而認爲南韓可怕，恕我不敢苟同。不過，假如眞的有一天南韓大刀闊斧改革不合於現代化的法規制度，則以南韓人民的守法精神和企業衝勁，南韓並非不可能成爲「日本第二」，那時南韓就眞正可怕了。

根據以上的觀察，我個人認爲，從長期發展政策的觀點看來，我國現在朝著自由貿易的方向進行必要的法制改革，是絕對正確的。而且，也只有面對自由競爭的強大壓力，政府和民間纔能激起接受挑戰的豪情壯志，因而法制改革才可望遭遇到最小的抵抗，產生最大的效果。同時也只有這樣，我們纔能拾回信心，恢復朝氣。

（中央研究院經濟研究所《工業發展會議專輯》，1983年2月）

自由經濟政策下的農業政策

一、舊事重提

　　1950年代初期，筆者曾有機會同幾位最值得尊敬的財經首長先後討論當時的經濟政策。那時經濟管制盛行，農業、工業、國際貿易、外匯、金融無一不在管制之列；在農業方面，當局對那時的「糖米爭地」問題尤感困擾。我同那幾位首長談話時，毫無保留的指出，經濟管制是不得已而採取的手段，其所造成的資源浪費必將導致嚴重後果；至於「糖米爭地」，則是硬性的農地利用規劃之下必然發生的問題，正如外匯管制必有黑市一樣。可是我在談話時自感心餘口拙，以致不但不能說服對方，而且被譏爲「書生之見」。迫不得已，乃於1954年寫了一篇題爲「經濟較量與經濟政策」的蕉文，比較有條理的討論這些問題。此文雖曾引起少數官員的注意，但就其實際影響而言，恐怕沒有多少；尤其是關於農地經濟利用問題的看法，可以說毫無影響。

　　三十年後的今日，筆者又回到這個問題的討論，眞是感慨萬千！

二、現今農業面臨的問題

不過現今農業的情況，同三十年前比較倒是有很大的不同。首先，包括畜牧及漁獵在內的農業在國內生產淨額中所佔的比重，已由1951年的 35.73 % 降到1983年的 8.81 %；其次，以前以農業爲主要收入的農家，現在大多數從農業以外的經濟部門賺取可觀的收入，其中不在少數的農家不再把農業作爲他們的主業。這個變動趨向，可以說是經濟發展的必然結果；而在走向自由經濟的開發中國家，這種現象不免更爲突出。

正是由於上述情形，臺灣現今應該採取的農業政策已經引發了代表兩個不同派別的爭辯。這兩派可以分別稱之爲「農業本位派」和「自由經濟派」。「農業本位派」對農業在整個國民經濟中所佔的比重迅速下降表示遺憾；他們認爲農業發展在現階段仍極重要，政府不應對其採取「聽其自然」的態度。在另一方面，「自由經濟派」則認爲農業的相對重要性迅速下降，旣然是自然的趨向，政府就不應該加以阻止，以免造成資源浪費，轉而拖累全面經濟發展。

多年以來，政府所採取的農業政策一直比較偏向於「農業本位派」的主張。所以儘管種稻對許多農家已經是無利可圖的企業，政府還是採取高價收購稻米的政策大力維護；儘管國內生產的蔗糖出口一噸要賠四、五噸，政府還是聽任臺糖公司勉強生產；儘管農民由稻作改種玉米及其他雜作十分困難，政府還是採取激勵的手段，希望在某種程度上雜糧能夠自給自足；儘管廢耕的農地現今已高達萬餘公頃，政府還是不肯放寬農地改爲其他用途的限制。這一切措施，自然得不到「自由經濟派」的諒解，然而政府對他們的意見卻不加理會，有時甚至公

開表示蔑視的懷疑，看來「學理」還是很難影響實際的政策。至於政府所採取的農業政策與它所宣稱的自由經濟政策之間的矛盾，那就更令人莫測高深了。

不過，我們深信，自由經濟的大方針今後不會改變。在這個大方針之下，偏向於「農業本位」的農業政策勢將遭遇到愈往後愈趨嚴重的問題。那麼，為著配合一般的自由經濟政策，政府究竟應該採取什麼樣的農業政策呢？照前文的敘述，我們認為農業本位主義必須放棄。我們尤其要強調，農地利用應該是全面土地利用的一環；只要政府對土地利用有適當的區劃，使農作地帶的天然條件不受某一部分農地改變用途的影響，我們實在沒有理由讓成萬公頃的土地荒廢不用，或勉強用於不合經濟原則的農業生產。

在另一方面，我們也要指出，除香港、新加坡等少數自由港埠以外，幾乎所有的國家都對國內農業採取不同程度的保護。問題是：我們應採什麼樣的保護政策，一方面適度照顧農民的利益，另一方面又不大違背自由經濟政策的大方針？我個人認為，為顧及現實起見，我們的農業保護政策應以現行稻作保護政策作為一個定位點。這是因為，無論我們原來對政府所採取的高價收購稻米政策是否贊成，這個政策已經成為政治現實，違反政治現實的政策是絕對行不通的。如果我們接受這個現實，我們就只好暫時同意政府繼續維持高價收購稻米的政策。這樣，我們就要問：其他主要農作（如甘蔗）和雜作（如玉米）又應該採取什麼樣的配合政策呢？假如這樣的保護政策只是過渡性質；那麼，從長期看我們的農業政策又應該如何逐步納入全面自由經濟的正軌呢？這些問題，都是本文在下面所要解答的。

三、自由經濟政策之下農業政策的基本準則

在對上述問題提出解答之前，我們必須闡明自由經濟政策之下農業政策的基本準則。簡而言之，這個基本準則就是「地盡其利」。要達到這個政策目標，國內農產品的價格結構應該儘可能接近國際市場上相同等級的各種農產品的價格結構。這就是說，儘管國內農產品的價格高於國際市場上相同等級的各種農產品的價格，但是各種農產品的國內價格與國際價格之比應該大致相等。

為說明這種情形，我們最好舉一個簡單的例示。設想某一塊土地用以種植農產品 A 可淨得產量 a，用以種植農產品 B 可淨得產量 b；又設國內市場上這兩種產品的價格各為 P_a 及 P_b，則種植這兩種農產品的淨收益各為 aP_a 及 bP_b。茲假定 aP_a 略大於 bP_b，因而農民決定用其土地種植 A。現在假定國際市場上 A 的價格 $P_a^f = P_a/3$，B 的價格 $P_b^f = P_b/2$，則 aP_a^f 顯著小於 bP_b^f，亦即 $aP_a/3$ 顯著小於 $bP_b/2$。如果允許自由貿易，則農民必將放棄 A 的種植而選擇 B 的種植。這是因為縱然生產 b 數量的 B 運到國外銷售要賠一半的本，但是所得的銷貨收入 bP_b^f 或 $bP_b/2$ 可用以換回 bP_b^f/P_a^f 或 $(bP_b/2)/$ $(P_a/3)$ 數量的 A（亦即 $3/2bP_b/P_a$），較之用其土地淨產 a 數量的 A（略大於 bP_b/P_a），顯然有利可圖。這就是說，將同一塊土地由原來種植的 A 改種現在較為有利的 B，改進了土地的利用。同一考慮，適用於其他一切土地對作物的選擇。只要如上所述由一種作物改種另一種作物有利可圖，則農民必將自動重新分配土地的利用；直到最後農民發現在邊際土地上種植 A 或 B 而 $bP_b^f/P_a^f = bP_b/P_a$ 或 $P_a^f/P_a = P_b^f/P_b$ 時，便再不能重新分配土地的利用，以增其「利」，

這時土地利用才算到了「地盡其利」的地步。這個簡單解釋，同樣適用於其他所有的農產品。因此，我們可一般的說，只有達到 P_a^f／P_a＝P_b^f／P_b＝……＝P_n^f／P_n的情況時，全面的土地利用才算到了「地盡其利」的地步。

有了這一點學理根據，我們在下文才能提出關於農業政策的建議。

四、嘗試的建議

上文曾經提到，在訂定新的農業政策時，應以現行稻作保護政策作爲全面農業政策的定位點。但是我們並不主張政府像現今一樣直接向個別被保證的農民收購稻米。政府所要做的，只是維持稻米保證價格，讓農民能夠按照這個價格脫售他們的稻米。政府維持稻米價格的方法，是通過市場操作，若市場米價低於保證價格，政府即由市場購進稻米，從而增加稻米的儲存量；反之，若市場米價高於保證價格，政府即向市場拋售稻米，從而減少稻米的儲存量。這樣做的好處，是既可節省向個別農民收購稻米的費用，又可穩定市場米價。

除稻米以外，其他所有農產品的價格，都不需要政府保證，更不必直接或間接收購。政府應該關心的，只是如何使其他主要農產品的市場價格與稻米市場價格之間維持與國際市場上各種同等級的農產品的價格之間的比例關係。要達到這個目的，政府必須制定行政法，就稻米進口 F.O.B. 價格課徵相當於國內市場稻米價格與這個價格之差的關稅，其他農產品進口則比照其各自國際市場價格對稻米價格的比例課徵關稅，並且每年隨國際市場上各種農產品價格變動而機動調整。除此以外，政府對各種農產品（包括稻米）的進出口完全不加管制。如此，國內市場上各種農產品的價格雖然較之國際市場價格都高出相

當於進口關稅的差額，但是彼此之間都維持國際市場上的價格比例關係。若政府為維持國內市場稻米價格所收購的稻米超過基於安全考慮的最高倉儲量，政府應即輸出稻米。這種輸出，乍看起來似乎是一項賠本生意；但是政府可以同時將在國際市場上出售稻米的價款購進在國內市場上按稅後價格可以脫手的其他農產品，因而不但可免於虧損，且可賺得正常利潤。同樣，為著對付農產品的進口商壟斷國內市場的企圖，政府在必要時亦可自行輸入這些農產品，以免國內市場上主要農產品的價格結構與國際市場上的價格結構發生乖離。

這樣的價格結構，就是國內農民選擇作物的指導。基於前述的淺近學理，在這樣的價格結構之下如果某些農產品的種植尚無利可圖，那就表示這些農產品不值得利用太多的土地，而應大部分乃至全部仰賴進口；反之，如果某些農產品的種植對農民有利，那就表示這些農產品值得多用土地，藉以減少進口或增加出口。不要擔心這些農產品的國內供給價格高於國際市場價格，精明的商人只關心國內外的比較利益；如果在國內市場上收購國內比較利益高的農產品以供外銷，同時由國外市場上換回國內比較利益低的農產品以供內銷，而在算盤上仍然是「本上加利」，他們是不會放棄這種生意的。

我們相信，在這個新的市場秩序之下，現在成為政府和人民困擾的稻田和蔗田轉作的問題都會得到比較合理的解決。這當然並不是說，在上述新的市場秩序之下現在劃定作為農用的土地都被充分的利用了。我們可以說，如果其他的情況不變，現有的農地被利用程度，主要決定於通過保證價格對稻米的保護程度以及比較稻米保證價格與國際市場上的稻米 F.O.B. 價格之差課徵進口稅對其他農產品的保護程度。如果這個保護程度較高，現有農地被利用的程度也會較高；反之，現有農地被利用的程度必將較低。站在「農業本位派」的立場，國內

產品被保護的程度，自然應該定在使現有農地充分利用之點。但是在
「自由經濟派」看來，這樣做過分犧牲消費者的利益，同時必然引起
土地資源利用的扭曲，這與全面自由經濟導向的政策正好背道而馳。

　　筆者的立場是：雖然前文基於政治現實的考慮，提議將現行稻米
收購政策作為全面農業保護政策的定位點，我也不贊成超過相當於稻
米保證價格幅度的保護。我尤其要特別強調，這樣高的農業保護決不
宜長久維持。政府亟應配合自由經濟導向政策的實施進度，斟酌各方
面的考慮，訂定一個農業保護時間表。一個比較保守的構想是：上文
建議的農業保護水準自實行之日起繼續維持三年，自第四年起稻米保
證價格超過國際市場 F.O.B. 價格的超額逐年降低 10%（十個百分
點），至第十年此項超額已下降至相當於國際市場價格 30% 以後，每
年下降 5%（五個百分點），直到第十二年降低至相當於國際市場價格
的 20% 為止。與此同時，其他主要農產品的進口關稅亦依相同的比例
向下調整；惟須參照各種農產品國際市場價格逐年發生的相對變動，
以期國內市場上各種主要農產品的價格結構與國際市場上相同農產品
的價格結構之間，大致上維持長期穩定的關係。──也就是說，國內
市場上各種農產品的價格最後都只超過國際市場價格的 20%。這個農
業保護程度，較之十餘年後工業保護程度可能稍微偏高，因此我們預
見「自由經濟派」不表同意。但是我們必須指出，如果那時國內主要
農作物的生產效率還是和現今一樣，20% 的關稅保護很可能不足以維
持某些乃至全部主要農作物的生存。這是大家要特別注意的。

　　因此，上面提到的時間表只是一個初步構想，我們在這裡提出來
不過是作為例示。政府自然可以根據更切合實際的考慮，訂定一個更
好的時間表。最重要的是，政府必須清楚了解，這一項工作是全面自
由經濟政策的一環，所以在訂定農業保護時間表的同時，就要準備放

寬農業用地的限制，並即進行著眼於維護自然生態和環境的土地利用的區劃。至於政府原設置的稻米營運機構，也應該隨著時間表的進展而作相應的縮減。

五、實施以上建議的配合政策

為著配合以上的建議，政府還有一些極其重要的工作，其中之一就是協助農業提高生產力。在這一方面，除加強現有農業實驗及推廣機構的實力，並使之更積極的引進新發展的農業科技之外，政府必須更有創見的結合小農經營及集體經營。除少數特殊農產品以外，要提高農業生產力，必須擴大生產規模。如何化零爲整，化小農經營爲集體經營，以便利用高效能的新式生產工具、以及配合的現代倉儲運銷方法，在在都需要魄力與智慧。

我個人認爲，至少就可以嘗試的構想之中，最值得考慮的一個構想，就是鼓勵同一農產地區的農家各以「土地入股」方式參加集體組成的農產公司。現今不少地區的農家耕種收入較之其他收入已漸成爲次要，只要政府對其「地權」提出可以信賴的保證，我相信一定有些農家會率先加入農產公司。最初組成的農產公司如能發生良好示範作用，原來抱持懷疑態度的農家必然接踵加入農產公司股東的行列。我認爲這是大勢所趨不得不走的一條路線，也可能是臺灣第二次土地改革的一條合理的路線。在這次土地改革中，農民既沒有喪失他們的地權，而且他們的地權分配還是同以前一樣的平均；所不同的，只是以前他們擁有的零碎的小面積不能經濟利用，現在由這些零碎的小面積拼成的比較完整的大面積則能更有效的利用。如果他們願意，他們可以在以股東的身份向公司領取股利與紅利的同時，並以受僱人員的身

分向公司領取工作報酬。如果其中有人不願接受公司的僱用，大可以選擇其他的工作。反正他們之中原來就有不少人在農業以外找到了工作機會；在一個全面導向自由的動態經濟裡面，農業以外的工作機會必然愈來愈多，工作報酬亦將愈來愈高。何況他們還可以其積蓄自營中小工商企業，這樣，他們不但是農產公司的股東，還可能成為工商企業的業主。

值得一提的，是這樣組成的農產公司的業務不一定限於農產品的種植；如果他們發現兼營農產運銷或加工製造有利可圖，他們應該有完全自行決定的自由，就像現在的臺糖公司一樣。當然在全面自由經營的導向政策之下，臺糖公司也必須像其他公營企業一樣，或改組為獨立的公營公司、或移交民營，使之走向公平競爭。

另有一點必須注意：所有兼營農產加工的農產公司、以及專營農業加工的企業，在國內市場所享受的保護，在原則上應僅限於農產加工品中所涵主要原料的部分；換句話說，只有這一部分可比照前述農產品的保護稅率加以保護，其他部分則應適用較低的一般工業品的進口稅率。但是為減輕國內農產加工業在過渡期間可能遭遇的困難，我們認為由國外進口的農產加工品的關稅宜全部比照其所涵主要原料的進口關稅。這樣的關稅保護，自然同樣受上述時間表的限制，以免因長期保護而影響國內農產加工業的競爭能力。

至於肥料及其他農業供應品的製造業，在全面自由經濟導向的政策下自然要像其他製造業一樣的公平競爭；現行壟斷式的「肥料統一配銷辦法」，政府再也不能繼續領導犯錯了。

（《經濟前瞻》，1986年1月）

自由經濟導向的進口關稅政策

在過去很長的一段時間裡面，臺灣進口關稅一直沿用政府遷臺以前在我國大陸施行多年的稅則。專家學者以及工商企業早已認爲那個舊稅則不合時宜；政府方面亦曾就原來的稅則偶作局部的修訂，以適應新的情況。

本文所要討論的，是三個不同的關於進口關稅政策的建議。在進行討論時，通篇假定：在進口關稅調整之同時，除基於安全和衛生的考慮以外，所有其他的進口限制均將取消。因爲如果不是這樣，進口關稅政策的效果即無法正確估量。

◎建 議 一

原料和器材的進口稅率大幅降低，其他貨品（尤其是奢侈品）的進口稅率則可維持較高的水準，以增進出口工業的競爭能力，並扶持幼稚的成品工業。

一個代表大多數人士的意見的建議，是原料和器材（包括機器設備）的進口稅率應大幅降低，其他貨品的進口稅率則可維持較高的水準；至於奢侈品的進口稅率，則不妨儘量提高。

1.1 手段與目的互相矛盾

這個建議，據說可望增進出口工業在國際市場上的競爭能力，而又能有助於扶持國內幼稚的成品工業。但是，就具有出口潛力的工業而言，由於與其成品競爭的進口貨品的稅率較其他所用的原料和器材的進口稅率爲高，其成品價格自亦相對偏高，其結果不免鼓勵受惠的工業留戀於國內市場，而對出口反而不感興趣。同時相當於進口貨品的一定稅後價格，受惠工業之間的競爭終將提高生產成本，使原料和材料進口稅率降低的實惠歸於消滅，因而這些工業也就失去其在國際市場的競爭能力。至於保護幼稚工業的論調，事實已經證明不過是憑空構想，根本不值得進一步討論。最後，大幅提高奢侈品的進口稅率，雖然可能阻止一部分奢侈品的進口，但是國內奢侈品的生產者卻因此受到高度保護，以致生產資源的利用亦不免於浪費。所以上述建議在表面上可以看得出的優點，可能不足以補償它的許多缺點。

1.2 武斷訂定進口稅率的後果

最重要的考慮，還是在這個建議之下，各類貨品進口稅率的訂定沒有一個客觀標準。原料和器材的進口稅率究竟要定得多低，其他貨品及奢侈品的進口稅率究竟要定得多高，似乎只能憑主觀的判斷。而在各類貨品的進口稅率需要進一步劃分級距時，這種主觀的判斷必將不可避免的流於極端的武斷。

這裡我們要特別注意：雖然贊成上述建議的人都主張將原料和器材的進口稅率定得較低，但是其中亦有不在少數的人堅決主張，除國內完全不能生產的原料和器材以外，其他所有原料和器材的進口稅率應各依其接近終極成品階段的層次酌量累進，以「發展國內的零組件

工業」。這就是說，原料和器材的進口稅率參差不等，愈是接近終極成品階段的原料和器材的進口稅率愈高，愈是遠離終極成品階段的原料和器材的進口稅率愈低。撇開這樣差別課稅的「保護」涵義及其後果不談，我們可以肯定，由此武斷造成的各種貨品生產成本結構的變動，必不免於導致價格結構與生產資源配置的扭曲。

1.3　進口稅改革的建議與內地間接稅改革的精神背道而馳

這個結果，與對中間產品徵課內地間接稅的影響大致相似。縱然各種內地間接稅的稅率在表面上並無差別，但是有些貨品列為被稅對象，有些貨品則可免稅；同時就我們所知，在不同的生產或交易階段，逃稅和漏稅的程度頗不相同，因而同一種間接稅在實際上適用的有效稅率亦有差別。由此可能造成的價格結構與生產資源配置的扭曲，自非意外。至於重複課稅所造成的累積影響，更不待言。

現在政府已經決定，除暫時保留貨物稅以外，其他連同營業稅徵課的間接稅均予取消，而代之以營業加值稅。將來政府若能進一步免徵貨物稅，則由內地間接稅所導致的價格結構與生產資源配置的扭曲，必將全部消除。

假如照前面的建議，依各種原料和器材接近終極成品的層次徵課差別進口稅率，因而導致價格結構與生產資源配置的扭曲，其結果顯然與內地間接稅改革的精神背道而馳。

◎建　議　二

免徵一切中間生產用品的進口稅，而僅對消費品的進口課稅。

這個建議與營業加值稅的精神完全一致，因而可望避免上述
價格結構與生產資源配置的扭曲。

　　一個更極端但是更合理的建議，是免徵所有中間生產用品（包括
機器設備）的進口稅，而僅對消費品的進口課稅（奢侈品的進口尤應
加重）。這個建議的主旨，與營業加值稅的精神可以說是完全一致；因
而也可望避免上述價格與生產資源配置的扭曲影響。但是仔細考慮，
卻又覺得這個建議仍有值得商榷之處。

2.1　保護國內消費品的生產

　　因為單獨徵課消費品的進口稅，等於單獨保護國內生產同類消費
品的產業，以致不免將過多的生產資源導入這些消費品——尤其是奢
侈品——的生產，從而影響全社會生產資源的有效分配利用。同時我
們可以想像，從財政觀點著眼，免徵所有中間生產用品的進口稅而僅
對消費品課稅的稅率必然不可避免的定得較高；其結果是使國內生產
同類消費品的產業享受高關稅的保護，其可能導致的生產資源配置的
不利影響，自不難臆測。

2.2　違反國際分工的原則

　　一個更重要的考慮，是在「自由化與國際化」的導向之下，國內
各種貨品的價格比率在大致上應該等於國際市場上的價格比率，因為
只有這樣才能盡國際分工之利。（理由見下引專文。）由於臺灣屬於小
型經濟，臺灣貨品進出口似乎不可能影響國際市場價格；故國內貨品
相對價格關係的調整，勢須以國際價格比率為依歸。若免徵中間生產
用品的進口稅，而僅徵課消費品的進口稅，則這兩類貨品的國內價格

比率必將與國際價格比率發生嚴重的乖離。這種情形，顯然違反國際分工的原則。如果消費品進口稅率因消費品的類別而分級距，則這種情形可能導致的後果必將更爲嚴重。

◎建　議　三

所有商品的進口都按照單一稅率課稅，或對農產品及工業品的進口分別按照不同的稅率課稅；爲逐步降低農業與工業對關稅保護的依賴，並減輕消費者的負擔，應依照農業及工業保護時間表，逐步降低農產品和工業品的進口稅率，以至僅爲財政目的課稅的水準爲止。

根據以上的考慮進一步觀察，我們認爲國內貨品價格比率應與國際價格比率保持相等的原則，不應僅限於工業品，而應適用於包括農產品在內的一切貨品。(註)

3.1　農業生產的局部國際分工

在臺灣全體國民經濟中，農業所佔的比重雖然逐年下降，但其所用的生產資源（土地、勞力及其他生產用品）仍甚可觀。因此，筆者曾在《經濟前瞻》第一號（1986 年 1 月 10 日出版）發表的〈自由經濟政策下的農業政策〉一文內特別強調這些生產資源應作有效的利用，其基本原則就是要國內主要農產品的價格比率與國際市場上相同農產品的價格比率大致相等。在同一文內，我們也特別重視現實政治的考慮可能使現行稻米保證價格一時不能廢除的事實，因而建議以現行稻米保證價格作爲調整其他主要農產品價格的定位點。在開放主要農產

品進口時，稻米應按照國內保證價格與進口 F.O.B. 價格之差課稅；至於其他主要農產品的進口，則比照國際市場上稻米與其他主要農產品的價格比例課稅。在這樣的安排之下，一方面可顧全政治的現實，一方面也可望使國內主要農產品的價格比率大致等於國際市場上相同主要農產品的價格比率，因而可收局部國際分工之效。

3.2 國際分工範圍的推展

現在就農產品和工業品一併考慮：假定根據國內稻米保證價格計算的進口稅率不算太高，在原則上我們認爲仍應以現行稻米保證價格作爲定位點。這就是說，一切貨品進口時，都以國內稻米保證價格爲基點，而比照國際市場上稻米與其他一切貨品的價格比例課稅。我們很容易看出，這樣的計算適用於所有貨品進口的稅率，都是同一個單一稅率——即相當於國內稻米保證價格與國際市場稻米價格之差對後一價格的比率。採行這個單一稅率的最大優點，是除徵課手續簡單、稅務人員不致因貨品分類含混不清而上下其手以外，無論國際市場上各種貨品的相對價格如何變動，國內各種貨品的價格比率在大致上都可望與國際市場上各種貨品的價格比率維持相等，從而可收全面國際分工改善生產資源分配利用之效。

但是我們必須立即指出：令前指代表農業保護程度的稻米進口稅率適用於所有工業品的進口，可以說完全不切實際。因爲根據前面提到的政治現實的考慮，農業保護的起點必然比較偏高。若工業保護的起點也定在相同的高度，則對工業保護必將過分偏高，以致不免增加因爲出口價格與進口價格相差過大所引起的出口困難。基於這個顧慮，我們認爲似可分別訂定農業和工業保護的起點：農業保護的起點，仍爲基於現實政治考慮而訂定的稻米進口稅率；工業保護的起點，則另

行訂定一個低於現行工業品進口平均稅率的單一稅率。這個折中辦法的實際涵義，是各種農產品的國內價比與各種工業品的國內價比在大致上雖然各等於相應的國際價比；但是農產品與工業品的國內價比，並不等於相應的國際價比。其結果仍然是局部國際分工的局面，生產資源的分派利用仍不免有所扭曲。但在另一方面，由於工業以及與工業密切有關的經濟活動在國民經濟中所佔的比重遠大於農業在國民經濟中所佔的比重，由此所導致的生產資源分派利用的扭曲也許還在可以容忍的限度之內，而且可能仍較其他建議所導致的後果為輕。

尤其值得注意的，是以上建議的著眼於農業和工業保護的進口稅率，只是代表一個共同的起點。我們在前引一文中討論農業保護政策時，曾特別強調，為逐步降低國內農業對關稅保護的依賴，及其對消費者所加的不公平負擔，政府應明文訂定農業保護時間表，以逐步降低農產品的單一進口稅率。現在我們要同樣強調，政府應同時明文訂定工業保護時間表，以逐步降低工業品的單一進口稅率。我們希望，農業和工業的保護時間表也有一個共同的終點。在這個終點上，農產品和工業品的進口稅率將同時降到相當於僅為財政目的徵課的單一稅率。到了這個地步，國內所有商品（包括農產品和工業品）的價比都可望與國際價比大致相等，因而國內農業和工業生產都可望享有全面國際分工之利。

3.3　關於上述建議的幾點補充和澄清

(1)以上關於進口關稅的建議，自然是一般的原則。事實上，有些商品在國內根本不能生產而必須仰賴進口——例如，現今進口的大部分天然資源和供教學與研究之用的書刊及儀器設備等等。這些商品若都按照前面建議的單一進口稅率課稅，則徒然增加使用者的負擔，而

毫無保護的意義。因此，這些商品進口應予免稅。由於這些商品在國內不能生產，故其國內價格與其他被稅的進口商品的價格比率，雖與國際價比完全脫節，但不可能因此影響國內生產資源的分派利用（雖然可能引起進口資源「例如石油」的直接浪費）。除此之外，我們還可以想到其他許多目前在國內不能生產而必須仰賴進口的商品。不過當我們試圖擴大進口免稅範圍時，必須考慮國內生產技術的進步隨時有催生進口代替品的可能，而擴大進口免稅範圍的結果，必然扼殺了這些可能的機會。所以我們必須特別小心。

(2)在以上建議的適用於農產品和工業品進口的稅率降低到僅為財政目的徵課的單一稅率以前，尤其是在執行保護時間表的較早期間，國內農業和工業生產固然不免扭曲，工業品出口亦可能因為進出口價格相差較大而受影響。前一後果也許是必須支付的代價，誠所謂「勢非得已」；我們所關心的，是後一影響是不是過分嚴重。

為著回答這個問題，讓我們看看現狀。國內市場多年來一直受到普遍偏高的關稅以及其他進口障礙和設廠限制的保護，以致國內各種貨品的價格遠高於國際價格。然而自1960年代初年起，出口擴張之速已被世人公認為「奇蹟」。其主要原因，是外匯和貿易的管制適時放寬。這個改革，一方面提高了出口商實得的以臺幣計算的出口價格（雖然也同時提高了商品的進口成本）；另一方面由於市場擴大發揮了生產規模的經濟，而導致生產成本的降低。但是因為其他的限制和保護措施仍然存在，國內價格遠高於國際價格的事實迄未改變。這個事實，使許多本來有出口潛力的工業仍然留戀於國內市場，而許多外銷工業也都靠內銷津貼外銷。儘管如此，它們還是要盡力衝出國內市場，甘願接受較國內價格為低的國際價格。這是為什麼？原因很簡單：如果它們停止外銷，而將其產品全部內銷，則其國內價格必因市場限制而

暴跌，甚至可能跌到國際價格以下，以致不能維持生產。反之，像它們現在這樣，對應於國內外的差別價格而規劃同時銷售兩個市場的生產，卻仍然可以獲利。就是因爲這個顧慮，外銷工業才作出在表面上看來似乎不合理的決定。

　　現在照我們所作的如上建議，對外貿易除關稅外完全沒有障礙，其他一切對內對外的管制在自由經濟導向之下也將完全撤銷，同時我們建議分別適用於農產品和工業品的單一進口稅率，較之現行一般偏高的進口稅率不知簡化了多少倍；除此以外，我們在上文建議的逐步降低進口稅率的時間表如能先期公布，必將使國內生產者受到重大壓力而及早有所準備。所有這些改變，應該大有助於生產效率的提高和生產成本的降低。在這個新氣象之下，凡是具有出口比較利益的生產者，在過渡期間雖然仍將對應於國內外的差別價格而規劃同時銷售兩個市場的生產，但是外銷必將相對於內銷而不斷擴大，以至最後進口稅率降到僅爲財政目的而徵課的單一稅率時，外銷潛力必能充分發揮。

　　(3)另一個有關的問題，是將工業品進口的單一稅率訂定在低於現行工業品進口的平均稅率會不會影響比較利益高的工業品出口？答覆是：如果這個新訂的單一進口稅率高於現在與國內比較利益高的工業品競爭的進口稅率，結果確實可能使這些工業因爲受到較前爲多的保護而影響其生產效率和出口競爭能力。但是在另一方面，新訂的單一進口稅率必然低於許多現在與國內比較利益低的工業品競爭的進口稅率，因而可能促使其提高生產效率和出口競爭能力。(在較低進口稅率之下，不能應付競爭的企業，自將歸於淘汰。)無論如何，假如我們將單一進口稅率定在以最近幾年各類工業品的出口值爲權數（略可反映各類工業國內生產比較利益的大小）而就相同各類工業品的現行進口稅率加權平均的水準以下，必將肯定導致出口的擴張和生產資源利用

的改善。

(4)也許還有人提出以下的懷疑：爲著避免內地間接稅重複徵課的扭曲影響，政府已經決定採行免除一切中間生產階段稅負的營業加值稅；現在照我們的建議，所有進口貨品（包括中間生產用品及消費品）都要按照上述單一稅率課稅，這樣是否違背營業加值稅的精神，而造成生產資源分配利用的扭曲？對這個疑問，我們的回答是否定的。在自由貿易情況之下，我們的建議將使國內所有與進口競爭的貨品的價格一律調整爲較國際價格高出相當於進口稅率的百分比。以國內汽車生產爲例，其所用的鋼品和零件的國內價格，固然都較國際價格高出相當於進口稅率的百分比，汽車的國內價格也較國際價格高出相當於進口稅率的百分比。當一件產品的價格和生產用品的價格都按照同一進口稅率調高時，顯然不會發生扭曲的後果。汽車如此，其他一切貨品亦莫不如此。至於這樣的價格比例調整相對於產品成本構成中不按同一比例調整的部分（最主要的是土地與勞動報酬）所造成的成本結構變動，自然也會影響生產和資源的分配利用；但是因爲各種貨品的國內相對價格與國際相對價格的對等關係不會受到任何影響，由此所引起的生產與資源的重分配，只會改善生產資源的利用，其結果應該是有百利而無一害。

(5)當進口稅率最後降到僅爲財政目的而徵課的單一稅率時，受惠最大的自然是消費者。他們多年來承受保護關稅的負擔，現在應該享受比較公平的待遇。就政府稅收而言，雖然僅爲財政目的而徵課的單一進口稅率，較之前述第二個提議單獨對消費品進口徵課的稅率可能低得很多；但因其徵課的範圍廣及所有進口貨品，而不僅限於在進口總額中佔較小比例的消費品，對稅收的影響可能不大。值得顧慮的，倒是進口稅率隨著時間表逐步下降時，國內農業和工業可能都免不了

受到不同程度的衝擊。爲減輕這個衝擊的影響，我們建議現今對工商業徵課的營利事業所得稅和對農業徵課的田賦斟予寬減或全部免除。（請注意：這個建議並不涉及個人綜合所得稅。）這樣，政府的稅收在短期內不免稍受影響；但因運用上述策略促進經濟成長的勝算已穩穩在握，假以時日，其他稅收當可望大量增加，財政收支平衡應無問題。

　　(6)我們坦白承認，這裡關於進口關稅政策的建議並非十全十美。但是，如果要政策建議切實可行，我們懷疑在實際上有十全十美的政策建議。對我們真正重要的課題，是在現今導致嚴重生產扭曲的進口稅制的起點上，如何就幾個值得考慮的政策建議選擇一個效果可能最好的政策建議。在本文作者看來，上述「建議三」的政策效果一般應該優於「建議一」和「建議二」的政策效果。至於讀者對這個看法是否同意，那就全靠他們各自判斷了。

　　最後，本文作者也像其他許多人一樣，非常關切先進工業國家(尤其是美國)新興的保護主義。但是據我了解，後一趨勢主要是着眼於對抗其他國家盛行的極端保護主義；如果我們還要堅持保留我們自己的保護主義，實在是不智之尤。我們迫切需要的，是積極強化臺灣經濟的體質，以增進對外的競爭能力。爲達到這個目的，除逐步降低國內市場的保護程度以外，可以說別無他途。而且，當我們以堅定的步伐走向自由貿易的目標時，先進工業國家很可能對我們另眼相看。在這種情況之下，它們的保護主義對我們並非完全不可能網開一面，至少它們再不能以臺灣現有的貿易障礙爲由而對臺灣出口的商品特別歧視。無論如何，照現今的處境，我們實在沒有理由對「自由化、國際化」的既定方針遲疑瞻顧。在這個國家艱難亟待開創新局面的關鍵時刻，我們更加體會政治家的遠見與魄力，實在是不可短缺的推動進步的力量。

　　(註)關於本文「建議三」承蔣碩傑敎授及陳添枝博士惠示意見，謹此誌謝。

（《經濟前瞻》，1986年7月）

米已熟矣，僅欠一篩耳
——從一些實例談我國現代化的升級

　　相傳五祖（宏忍）對他的弟子經過長久觀察之後，特別屬意於一個名叫惠能的火頭僧，希望把衣鉢傳授與他。一天下午，正當惠能在廚房後院舂米的時候，五祖來了。他問惠能：「米已舂熟否？」惠能答道：「米已熟矣，僅欠一篩耳。」據說五祖當晚就把衣鉢傳給惠能——他就是後來的南宗六祖。

　　原來那天下午五祖和惠能都是用暗語問答。五祖的問話實際上是「你的道行修鍊成了沒有？」惠能的答話則是「修鍊已經成了，只是還要篩淨粃糠罷了。」根據這一段簡單的談話，我們可以想像：當晚五祖除了將衣鉢傳給惠能之外，一定還有幾句禪宗「心傳」（據說是「達摩法寶」）——這正是惠能為著淨化他的修鍊成果所需用的「篩子」。

一、臺灣工業的「道行」

　　依我看，臺灣現在的經濟成長離當年惠能自五祖手中接受衣鉢的修行階段也不太遠。過去二十年間，臺灣工業出口突飛猛進，包括比重迅速提高的工業品的商品出口總值，由 1963 年三億三千萬美元增加至 1983 年二百五十億九千萬美元，擴張了七十五倍。同時商品貿易差額，由 1963 年的負值三千萬美元轉變為 1983 年的正值四十八億九

千萬美元，去年這個差額可能倍增，竟然發生貿易順差過大的問題。而更重要的，是臺灣工業技術在許多方面表現驚人的進步；雖然有些方面不大光彩，甚至不免「偷雞摸狗」之嫌，但是在工業技術方面「偷雞摸狗」也要本事，十多年前我們就不會，現在許多發展中的國家還是不會；日本的工業技術以前就是靠「偷雞摸狗」起家，現在才有資格指責後進國家襲其故技。

但在另一方面，臺灣工業夾雜的粃糠也實在不少。我們的工業出口在 60 年代靠廉價勞力，現在在基本上仍然沒有多少改變。雖然在傳統的紡織品以外已經出現了後來居上的電器和電子製品，但是這些製品絕大多數都是依賴或抄襲先進國家的技術，在日漸增高的國際競爭的浪潮中，隨時都有被迫處於下風乃至被淘汰的可能。至於其他工業品的出口，就更不用說了。

再回頭來看內銷工業，更不免令人憂心忡忡。經過三十餘年的高度容忍，現在已經有人抗議國內消費者因為購買「價昂物劣」的工業品所受犧牲之重，並已漸引起廣大的反應。我們時常很驕傲地列舉臺灣每人平均實質所得與若干外國每人平均所得比較，現在應該知道，我們的每人平均實質所得估計所顯示的影像實在太浮誇了。

我們時常聽說，國內市場太小，難以發揮規模經濟。這兩句話似乎可以解釋國內工業品的價格何以偏高。但是內銷工業為什麼不擴大生產規模，把國內市場吸收不了的工業品提供外銷呢？這中間的道理其實很簡單：面對著如此有利的內銷市場，內銷工業實在不必動腦筋擴大生產規模去冒外銷競爭的風險；即就規模較大的外銷工業而言，它們也實在沒有理由不把爭取國內市場上可靠的豐厚利益列為優先，然後再考慮到國際市場上去爭取不大可靠的、比較微薄的利益。所以，縱然撇開其他的考慮不談，臺灣工業品內銷價格畸形偏高顯然妨礙了

出口擴張和經濟成長。

二、政府的基本政策方針

關於造成工業品內銷價格畸形偏高的原因，現在大家都了解得很清楚。簡而言之，是因為政府對工業扶持太多。過去政府基於許多可以諒解的理由，對公民營企業照顧得無微不至。但是沒有想到，受到最好照顧的工業多數竟是吃定內銷市場的懦夫，而受到最少照顧的工業多數竟是在國際市場上衝鋒陷陣的英雄。我們希望這些英雄將來不會變成三國演義裡面蜀漢的大將廖化！

所幸政府現在已經醒悟過來，我們不但時常聽到政府官員強調自由經濟的重要，而且知道政府已經開始修訂有關的法令規章。我們充分了解，像這樣重大的更張，不可能在短期內完全實現。但是，假如政府不能在合理的期間內提出密切配合的導向自由經濟全面改革的時間表，就難免令人懷疑政府對自由經濟的態度還是在徘徊瞻顧。現在已經有不少瀕臨失敗邊緣的企業歸咎於政府的政策搖擺不定，假如政府對自由經濟的態度不幸受到普遍的懷疑，那麼，目前已經不夠強的投資意願可能更見衰退。這個後果，無論如何是我們不願見的。

三、「指導性」的自由經濟

依我個人揣測，政府對自由經濟的大方針在實際上並沒有徘徊瞻顧；只是少數官員在下意識中可能認為「指導性」的自由經濟至少在現階段優於「放任性」的自由經濟（以後我們就會知道，現代意義的自由經濟沒有完全放任的）。因而在決策時顯得有些過分謹慎。我替他

們設想，這個看法至少有兩個支持的理由：⑴50年代臺灣進口代替工業的發展和60年代出口工業的擴張，在他們看來都是得力於政府的領導；今後爲推動進一步的進口代替和出口擴張，政府的指導自然是必要的。⑵戰後日本和南韓的經濟發展，一般認爲兩國政府的領導也是功不可沒(後一看法，最近經過傅高義的渲染，進一步獲得肯定)。今後爲著與他們抗衡量力，我國政府自不宜輕「放」責「任」。

假如這兩個理由在政府官員的下意識中根深柢固,那麼今後的「自由經濟」將是肯定地被「指導」了。我在這裡不想唱反調。老實說，憑我的有限了解，關於上面提到的第一點還不敢下肯定的結論；因爲至今我還不清楚當時政府的做法在利益與代價權衡上的得失，特別是就其對當前政策的參考意義而言。我所能肯定的，是60年代以後臺灣工業出口的順利擴張，主要是歸功於政府自50年代末期起逐步解除外匯貿易和投資的管制對工業發展所加的桎梏，因而能夠適時利用60年代世界貿易順風順水的發展趨勢。這應該是屬於「反管制」、「反指導」的效果，對熱衷於政府管制或指導的人應該是一個「醍醐灌頂」的教訓。(如果有人將60年代工業出口的順利擴張歸因於政府採取的各種激勵措施，我只好請他們想想，這些措施在以後二十多年究竟帶來了多少在國際市場上具有強力競爭的企業，多少在國內市場上繼續依賴激勵措施和保護的企業。)

四、日韓引喩務須小心

至於前面第二點所提到的日本和南韓政府在經濟發展中所扮演的角色(尤其是政府是否較私人企業更具遠見)，觀察家們也是見仁見智，我在這裡也不想捲入不必要的爭論。不過我可以坦白地說，日本和南

韓能做的事，我們未必能。首先，是日韓兩國人民守法的精神是我們
望塵莫及；同時他們的企業也比較易於響應政府的號召（如愛國情操、
危機感等）而與政府密切合作。其次，行政效率的差異也很重要。在
這一方面，我們必須承認至少不如日本。

　　更重要的一點，是我們通常只看到兩國政府的「可見之手」，而忽
略了他們國內強大百倍的「不可見之手」。日本在明治維新的前一年（
1866）就被當時列強迫簽訂為期三十年的自由貿易條約，限定進口關
稅不得超過5%。這在日本雖然當作國恥，但是日本的市場秩序經過三
十年自由貿易的整肅之後，一般企業自始就養成了應付競爭和挑戰的
心理準備。所以在 1896 年關稅協定終止之後，關稅稅率雖然立即提
高，日本國內企業之間的競爭從未因而稍減。就拿我們現在時常提到
的汽車衛星工廠來說，通過公平競爭所引起的新陳代謝，在日本早已
不是新聞。而在我們的某些汽車廠企圖設立衛星工廠的時候，正式的
關係尚未確定，不在少數的衛星工廠已經賴上了汽車廠，而成為摔不
掉的包袱。

　　至於南韓政府，雖然一向運用領導工業發展的策略，然而自始即
強調出口的導向，因而許多乳臭未乾的工業剛起步就被迫面對強烈的
國際競爭。韓國政府雖然對這些出口工業給予大量的變相津貼，但是
由於多年來高度通貨膨脹使韓幣實質不斷下降，據專家估計，這些出
口工業從政府得到的優惠至多也只能彌補它們出口的結匯損失。

　　另外，日本和南韓都沒有構成國民經濟沈重負擔的公營企業，也
大有助於企業之間的公平競爭。

　　基於以上的觀察，我們認為前述兩個支持政府傾向「指導性」的
自由經濟的理由似乎不宜輕予接受。

五、大有爲政府的職責

在另一方面，我們必須特別強調，我們並不嚮往「無爲而治」的政府；恰好相反，我們衷心希望有一個眞正「大有爲」的政府。因此我們主張的自由經濟政策絕對不等於完全放任或無所作爲。爲著貫徹自由經濟政策，政府雖然必須將其範圍擴大至包括農業、商業、金融業、運輸業、營造業、及其他服務業等部門，但是政府必須隨時增補、修訂和執行維護各部門公平競爭的種種規章法令；障礙重重的特權和旣得利益必須徹底消滅，同時任何企業都沒有在國內市場享受獨佔或聯合壟斷的自由（自然獨佔另行規定），也沒有製造公害和欺詐的自由。所以政府雖然在原則上不干涉市場機能，但是時常監視市場機能，以免妨害公衆利益。這就是說，政府在實際上是在積極參與經濟秕糠的淨化工作。

除此以外，在臺灣經濟發展的現階段，新興幼稚工業或某些農產品可能仍有選擇保護的必要。如何針對這些特殊企業的個別情況核定必要的時間表，使之逐漸減少對保護的依賴，對政府也是一項極具挑戰性的工作。

最後，我想大家都同意，基層結構的配合建設、科企人才的培養和企業在職人員「更新」訓練的協助，工業「研究與開發」以及技術轉移的鼓勵、農業實驗及其成果的推廣、外人投資及營業申請手續的簡化、本國企業對外貿易與投資優惠待遇的爭取等等工作，政府也都應該全力以赴。

一項更重要的工作，是維持物價穩定。政府決不能對一般物價水準的變動自由放任，否則其他一切工作都是勞而無功。

　　我們深信，如果以上列舉的工作都能有效實施，必將大有助於臺灣經濟的升級。然而我們必須立刻指出，單是這些措施並不能把臺灣經濟帶到惠能當年由五祖手中接受衣鉢的修行境界。諺語云：「行百里者半九十。」要走完剩下的十里路，政府在許多方面還要有更積極的表現。我在這裡不想討論那些涉及理念的問題，只想就當前幾個具體的實例，談談政府至少在那幾方面應該立即加緊推動的工作。這些工作包括三個大方面，即⑴健全教育，⑵加強治安，⑶提高生活品質。

六、當前的教育問題

　　無可諱言，我國教育發展已經到了「走火入魔」的地步。自幼稚園以至大學，教育的目的都是升學；而有機會上大學的學生，至少在教學形式上都被塑造成為專才——也就是說，所有的大學生都被期望成為專家學者。至於職業教育，可以說一向沒有受到同等的重視。

　　這個教育發展方向的效果如何，不待我來評估。升學主義的流弊已是眾所週知；專才訓練式的大學教育是否切合實際，大家只要留意一下大學畢業生有幾成幹他們本來被期望的專家學者的工作，有幾成因為所學太專而找不到工作，就可得到清楚的了解；至於職業教育是否提供了足夠數量和足夠品質的專業人才，大家只要向工商企業作一次簡單的問卷調查，就可以得到正確的答案。

　　鄙見以為，如果教育當局堅持大學錄取的新生必須先定科系，那麼大學除要求各科系的學生修習最低必要的本科專門課程以外，對有志於成為專家學者的高年級學生固然應該提供適當的本科高級專門課程任其選修；但對不想太專精於本科的高年級學生，亦應任其各就自己的興趣選修本科以外的課程（專業性的學科——例如醫學——另行

規定。）我個人認爲，這樣做不但使學生能充分發揮其潛能，而且比較易於適應社會的需要。在這個教學安排之下，我們的大學才可能產生更優秀的專家學者，同時養成更多的具有傑出才幹的社會領袖。另外，我也希望強調，管理科學（包括工商管理和公共行政）對現代社會的重要，而這一門學科在我國大學教育中正是特別落後的一環，亟應加以開發。同時政府應該積極策動各大學的有關院系與專科學校和工商企業全面合作，以便有計劃地推進職業教育。

至於大學本身，我衷心期望它們不但是作育領導人才的學府，而且是推動學術研究的中心。因此我認爲大學應該重質不重量，大學的師資和設備必須加強到使大學眞正受人尊敬的水準。

七、社會治安與生活品質

臺灣社會治安一向很好，臺灣經濟自 50 年代以至 70 年代能夠穩定成長，良好的社會治安是其主因之一。可是近年來情況好像忽然變了。最近一年內單是報紙上公開報導的犯罪案件（包括經濟犯罪），已經嚴重損害了政府的權威，同時也破壞了臺灣的形象。如不及早「亡羊補牢」，後果必將更難收拾，那時恐怕什麼都談不上了。如何加強社會治安，全靠政府拿出有效的辦法。最近政府已經開始採取積極的行動，值得喝采。我在這裡只想指出：假如前面提到的中小學生的升學壓力能夠減輕，中等職業教育及職工訓練辦得比較普及而切合實用，至少可望減少一部分靑少年犯罪的來源和較高年齡罪犯的後備軍。

「生活品質」的含義非常廣泛，精緻的教育和良好的社會治安都應該是生活品質的一部分。不過爲著分別強調教育、治安、和其他各方面的生活品質的重要，我們只得勉強將「生活品質」界定於狹義的

範圍。照這個界定，「生活品質」至少也應包括「食」的衛生、「住」的安適、「行」的便捷和安全、醫療保健的普及、生活環境的優美，以及娛樂消遣的正常。我們在這裡無法對這些項目一一檢討。一般地說，過去二十餘年的經濟繁榮並沒有同比例提高生活品質。我們的餐廳和食攤仍是細菌傳染的中心，我們的飲食品製造和輸入仍然沒有經過適當的檢查（前不久冒出的高蛋白奶粉欺詐案件，更是令人怵目驚心），我們的象徵性的國民住宅經常在報紙上出現醜陋的面貌，我們的交通擁擠和紊亂仍然是不解之結，我們的健康保險至今還未照顧到全社會的低收入階層，我們的環境污染幾乎令人不能忍受，首善之都臺北市的垃圾竟堆積成災，一般人的娛樂消遣愈來愈是低級而不健康。（娛樂節目幾何不涉及「怪力亂神」！消遣節目幾何不涉及色情暴力！）我們不能更強調這些問題的重要，只希望從正面看看：假如這些問題都能一一解決，全社會必將呈現安和樂利的景象，而大有助於社會治安的維持。

八、現代化的篩子

以上就眼前的實例提出的密切關係進一步經濟發展的一些教育、治安、和生活品質的問題，雖然都是時常聽到的「老生常談」，甚至可能有人批評我的基調太低，但是這些問題都涉及國家現代化的重要層面。如不及早解決，我們的國家將永遠與現代化保持一定的落後距離。果如此，縱然我們的自由經濟政策在某種程度上能夠推動進一步的經濟發展，但是終會因為得不到現代化教育的進一步支持，以及安和樂利社會的滋育，推進的層次也不會高到那裡去；而且自由經濟政策本身也可能產生對社會不利的反效果，轉而導致經濟發展的停滯，終致

我們的國家與現代化的落後距離愈往後而愈擴大，而成為惡性循環。

因此，我們堅信，不但臺灣的工業及其他經濟部門需要一把現代化的篩子篩淨現存的粃糠，教育、治安、和生活品質各方面也都需要一把現代化的篩子篩淨現存的粃糠。只有這樣，臺灣才能達到當年惠能自五祖手中接受衣鉢的修鍊地步，而迎頭趕上，並擠入現代經濟強國之林。我認為這才是大有為政府應有的抱負，也是大有為政府的真正意義。

在這裡，我想用不著強調，大有為政府本身必須符合現代化的條件——後者至少要求具備一個保證清廉和效率的文官制度和行政系統。若以過時的政治架構來應付錯綜複雜的現代化問題，那就永遠不能現代化了。我很高興看到政府不斷求新求變，但是也注意到政府部門有時反因此造成駢枝疊架，而實效不彰。所以我認為政府的修為也「欠一篩」！至於如何使政黨的發展遵循民主的正軌，從而使民意機關對行政部門能發揮正常的制衡作用，對國家現代化尤關重要。我雖然不敢侈談這個重大問題，但是一直抱著「高山仰止心嚮往之」的心情，期待這個問題儘早獲得合理的解決。

九、正面接受時代的挑戰

近年來，鑒於國內外情勢的演變，有不少人表示沈重的「無力感」和「無可奈何」。這實在是一個非常可慮的現象。我個人最喜愛「事在人為」四個字。回顧三十年前臺灣經濟多麼困難，再看當前臺灣經濟何等繁榮，就沒有理由對臺灣經濟前途感到悲觀。不過，我要再一次強調，要達到更高的境界，使臺灣經濟持續發展，工業不斷升級，教育、治安、生活品質以及政治各方面都要齊頭並進。這個全面現代化

升級的問題解決了，臺灣自然能「成佛成祖」，自然能成爲海內外中國人希望所寄的燈塔，自然能成爲國際上不可輕侮的力量。

　　現實是冷酷的，時間是無情的，只有及時掌握現代化的篩子才能無所畏懼地接受時代的挑戰；也只有這樣，才算對歷史作了嚴肅的交代。

（《中國時報》，1985年1月14日及15日）

臺灣經濟發展政策的回顧與沈思

正當我國面臨美國所施的壓力而不得不加速經濟自由化、國際化的步調時，正當政府官員惟恐國內產業承受不了自由化、國際化的過度衝擊而憂心忡忡時，我們對過去臺灣經濟發展政策重加檢討，似乎不合時宜。但是，「前事不忘，後事之師」；鑒於臺灣經濟朝向自由化、國際化的調整困難尚未眞正開始，我們認爲對過去經驗的反省更加重要。因此希望讀者不要把本文看作對政府當局過去施政決策的批評，而把它看作針對當前問題的冷靜思考。

一、臺灣經濟發展政策的回顧

現在大多數人都能同意，1950年代後期以至1960年代初期政府放寬對外匯貿易的管制，以及同時採取的穩定經濟和改善投資環境的措施，是促使臺灣經濟由進口代替的發展導向轉爲出口擴張的發展導向的關鍵。

但是幾乎沒有人追問，1950年代初期即已開始採取的進口代替政策以及輔助這個政策的管制、保護、和獎勵等措施是否眞有必要？換句話說，這一條路是一條非走不可的必經之路嗎？

由政府官員重重複複的聲明看來，答案是絕對肯定的。理由是：

在1950年代的初期，沈重的人口壓力使糧食生產成為第一優先；而且那時農產品和農產加工品出口幾乎是美援以外唯一的迫切需要的外匯來源。為著增加糧食和其他可供出口的農產品的生產，臺灣每年必須由國外進口大量的化學肥料，這樣每年就要付出巨額的外匯。除了「食」，至少還要考慮到「衣」。雖然那時一般人衣著簡樸，但是每年從國外進口布料所需用的外匯也是一大筆支出。

在這種情況之下，一個最自然的問題，就是肥料和布料進口既然需要那麼多的外匯，為什麼不在國內生產肥料和布料以節省寶貴的外匯呢？在基本上，這正是政府最初決定採取進口代替政策的理由，而這個理由很快的推展到其他工業品的國內生產上面。

由於肥料、紡織，和其他工業品在那時都不具備對外競爭的能力，政府當局便很自然的決定關起門來加以保護，因而這些工業品的進口管制（直接管制或經由外匯配給間接管制）也就成為必要；復因國內市場狹小，設廠的限制遂亦成為理所當然。同時，為著加強上述政策的效果，財政和金融的優惠獎勵也就順理成章的雙管齊下。

在許多政府官員看來，這一套政策顯然是成功的。正是因為這一套政策打下了國內工業的基礎，所以在1950年代後期以至1960年代初期政府放寬外匯貿易的管制以後，便立即促使臺灣經濟由進口代替的發展導向轉為出口擴張的發展導向，終於創下了成長的奇蹟。

我們有理由相信，政府官員對1950年代所採取的經濟發展策略的這一個信念，足以充分解釋，何以1960年代初期以後的二十餘年之間，臺灣經濟發展政策一直沒有基本的改變——也就是說，除外匯貿易管制有限度的放寬以外，1950年代開始實行的其他許多形式的管制、保護，和獎勵等等措施，以後幾乎全部保留，其中有些措施甚至還變本加厲。

二、南韓經濟發展經驗的對照

不過，近年來由於臺灣外銷工業的競爭能力漸有削弱之勢，少數政府官員似乎漸漸懷疑：過去採取的經濟發展策略是否阻礙了工業結構的必要調整和技術升級？當他們從這個觀點蒐求答案時，心裡想到的第一個可資借鏡的國家就是南韓。這是因爲南韓在早期尋找適合於它自己的經濟發展策略時，曾經大量吸取臺灣的經驗；但自1960年代上期起，南韓轉而師法日本，由政府集中財政和金融的力量，協助發展少數大型的具有國際競爭能力的私人企業，結果這些企業在國際市場上較之臺灣相同的企業顯然居於優勢。

問題是：南韓能，臺灣能嗎？我個人認爲，在1960年代上期由內戰炮火灰燼中爬出來的南韓能夠做的事，在1950年代初期的臺灣也能做得到。1950年代初期，臺灣民間雖然沒有多少企業家，但是政府擁有的公營企業既有人才，又有資本。假如除自然獨佔企業以外，政府決心將所有連同在「耕者有其田」方案之下轉移民營的水泥等公營企業一併改組成爲民營企業，並選擇其中有外銷能力或外銷展望的企業大力加以扶持；而在以後，隨著一般民營企業的發展，更進一步將其中規模最大，出口展望最佳者納入扶持的範圍，則這些大型企業與政府之間的關係自始必然融洽無間（這樣的關係到1960年代便不能建立了）。在政府強有力的推動之下，南韓的大型企業能夠成爲國際競爭的打手，臺灣的大型企業沒有理由不能成爲國際競爭的打手。

政府這樣做的時候，自然免不了生產資源分派利用的扭曲，但在另一方面，這些大型企業爲著要在國際市場上有效競爭，它們不得不積極講求效率，因而資源利用扭曲的損失至少可以獲得一部分補償。

這種情形，較之臺灣大多數公營企業和較大規模的民營企業多年來在政府管制、保護和獎勵之下，一直蜷縮在國內市場上藉獨佔或聯營以剝削國內消費者的利益，甚至使下游工業的成本居高不下而影響其出口的實況，無論如何要勝一籌，這是比較南韓和臺灣的經濟發展策略時必須特別注意的。

不過，由政府將全國大部分的生產資源武斷配給少數大型企業，中小企業也就不能適度發展，這正是南韓現在公開承認扶持大型企業的弱點。相形之下，臺灣沒有刻意扶持大型企業，中小企業在國際市場上反而具有比較高的競爭能力，這自然也是一個優點。

然而，除此之外，南韓和臺灣的經濟發展策略都是以管制、保護、和獎勵爲手段，都是「揠苗助長」。因緣時會 (1960年代以至1970年代初期世界經濟空前繁榮，國際貿易迅速擴張)，兩國在短期內雖然都有出人意外的表現；但是在西方工業國家——特別是美國——迫於情勢（尤其是1974年後間歇發生的經濟衰退和與之俱來的高度失業）而不得不以「保護主義」對抗包括臺灣和南韓在內的新興工業國家的「保護主義」，使之轉向自由化時，兩國國內原來在高度保護之下長成的企業便都感受沈重的、甚至不能承擔的壓力（原來依賴「以內銷津貼外銷」的出口工業自然也不免受到不同程度的影響）。

三、香港自由放任政策的啓示

值得注意的，是對企業一直不加管制、保護、和獎勵的香港（以及經濟自由程度略次於香港的新加坡）在臺灣和南韓表現優異的經濟成長時，也顯示同樣優異的經濟成長；而在上述新的情況發生時，香港的企業卻沒有感受到臺灣和南韓的企業所須承擔的壓力。當然，香

港的企業也有它們的問題；但是我們在下文即將提到，那完全是另一回事。

我們不禁要問：假如在1950年代初期臺灣經濟便遵循自由導向──也就是說，政府那時便將自然獨佔以外所有的公營企業移轉民營，並對一切民營企業採取自由放任的態度，那麼臺灣經濟的現狀和遠景會不會比較好呢？

看到這裡，我相信讀者一定認為不可思議。1950年代初期，臺灣那麼貧窮，人口壓力那麼沈重，而且除農業和日據時代遺留下來的一些工礦事業（公營企業）以外，只有寥寥可數的幾家民營工廠（包括大同和唐榮），那裡談得上自由化？

為著說明以上提出的假想並非完全不可思議，我們不妨看看面積不及臺灣三十五分之一（四百平方英里對一萬三千九百平方英里），而人口卻達臺灣人口30%以上（1952年的統計是二百五十萬人對八百一十三萬人），同時戰後最艱難的期間又沒有任何大量國際援助的香港。香港只有一個象徵性的農業，而在1942年日本南進侵略以前，香港的工業也只有船舶修理、麵粉、紡織等十餘家小工廠。那時香港經濟的重心，可以說是全部放在轉口貿易以及與之有關的運輸、金融、保險等項業務上面。在日軍佔領香港期間，這些重要經濟活動幾乎完全停頓。戰後雖曾一度恢復，但因中國大陸戰火瀰漫，轉口貿易不易進行，以致未能回到戰前盛況。

1949年後，中共政權迫於外匯的短絀，亟思利用香港作為擴展對外貿易的據點；但自1950年韓戰爆發以後，聯合國決定封鎖中國大陸對外貿易，以致香港由轉口貿易所享有的繁榮，曇花一現。

在這種情況之下，自1947年起陸續由上海遷到香港的少數企業家利用不斷由大陸湧到香港的廉價勞工發展起來的紡織及其他輕工業，

便乘機繁榮滋長，因而商業、運輸、金融、保險各業亦隨之興盛。

　　香港政府除盡力維持一個安定的社會和利於發展的環境以外，對新興工商業既不加以管制，也沒有關稅保護（香港僅對煙、酒、汽油課徵關稅及內地稅，其目的完全在於財政收入）或賦稅與金融的獎勵（更沒有差別優待）。香港一般企業的稅負較之臺灣企業誠然低得很多，但因其稽徵效率較高，實際稅負的差異並不如想像之大。無論如何，較之臺灣的關稅壁壘和進口限制所造成的國內外價格差異，香港一般企業所面對的國際競爭的強大壓力決不是兩地企業的稅負差異所能抵補。

　　然而，香港經濟的表現，較之臺灣經濟不但毫無遜色，而且一直超前。1973年香港每人平均國內生產毛額已高達一千四百七十二美元，較之臺灣每人平均國內生產毛額六百九十五美元超出一倍以上。同年香港本地工業製品出口總值（不包括轉出口），亦超過臺灣出口總值（包括農產品及農產加工品）。至於香港市場上供應的工業品遠較臺灣物美價廉，更顯示臺灣的消費者為支持工業發展付出了多麼高昂的代價。

　　1974—80年間，兩次石油恐慌以及接踵而來的經濟衰退，使臺灣和香港同受高度經濟波動的困擾。但由（附表一）的國內生產毛額及每人平均國內生產毛額的年增長率，可以看出這個期間香港的表現仍略優於臺灣。

（附表一）

1974—80年 增長率(%)	臺灣 （1976年 固定價格）	香港 （1973年 固定價格）
國內生產毛額	8.20	9.44
每人國內生產毛額	6.27	6.66

在這以後，國際經濟環境每況愈下，而香港「一九九七」大限的陰影亦漸接近。1982下半年至1983年，香港經濟危如累卵，製造業就業人數大幅下降，1983年竟降至1980年的水準以下。然而這個期間香港製造業每一人工平均增加淨值（按固定價格計算）竟增長22.7%，每年平均增長率亦高達7%以上。這個數字，雖然略低於臺灣同期間相當的數字8.74%（見附表二），但是如果我們把這一段期間香港前途問題所掀起的驚濤駭浪考慮在內，就知道香港製造業的表現實在非常傑出。

尤其值得注意的，是除對香港比較次要或與其比較利益完全不符的化學品及化學製品（包括在臺灣佔很大分量的化學肥料及石化原料）、石油及煤製品，和基本金屬（特別是鋼鐵）以外，其他主要製造業的表現或者與臺灣同業的表現比較接近(紡織及金屬製品)，或者遠遠超過(機器、電氣及電子製品、和雜項製造)。無論如何，由這些數字可以充分看出香港製造業對外在情況變動適應能力之強。

（附表二）

1980—83年每一人工增加淨值平均年增長率（%）		
	臺灣(1976年固定價格)	香港(1980年固定價格)
全 體 製 造 業	8.74	7.06
食　　　品 飲　　　料	2.23 8.78	−4.53
紡　　　織	13.08	12.12
成　　　衣	7.30	3.74
皮 革 及 製 品	9.70	(計入雜項)

（接下頁）

（承上頁）

木 材 及 製 品	6.49	} 4.07
家　　　具	7.33	
紙 及 製 品	3.19	} 7.54
印　　　刷	5.11	
化學品及化學製品	14.81	6.58
石 油 及 煤 製 品	35.92	——
橡 膠 製 品	10.80	（計入雜項）
非金屬礦物製品	3.29	2.58
基 本 金 屬	13.00	——
金 屬 製 品	10.94	9.59（包括精密工具）
機　　　器	5.11	8.07
電氣及電子製品	2.49	22.39
運 輸 工 具	10.11	（計入雜項）
雜　　　項	9.40	14.10

（根據行政院主計處及香港普查統計處資料）

　　儘管以上陳述的都是事實，可能仍有許多人認為香港的自由經濟模式不足為法。因為經過三十餘年持續成長之後，香港仍不能證明已經擺脫了開發中國家的形象；特別是香港工業至今仍然停留在勞動密集的階段，而沒有進入資本和技術密集的層次。

　　為著回答這個問題，我希望特別指出：多年來由中國大陸一直湧到香港的合法及非法移民，絕大多數屬於低度技術的勞工。在過去三十餘年之間，他們的工資上升得非常緩慢。在這種情形之下，我們自然不能希望一個自由經濟制度之下的企業放棄勞動密集，而導向於資

本和技術密集。

　　另一個更重要的因素，就是香港企業家一向對香港的前途十分敏感。撤開早年不穩定的狀況不談，1967年由左派份子煽動的群眾暴動，竟立即引起嚴重的資本外流，至次年始漸恢復平靜。但自此以後，香港企業家都存更高的戒心。尤其是新界租約將於1997年到期，香港前途未卜──這種恐懼心理，愈往後而愈加深。1983年中共與英國達成的關於香港前途的協議，雖使當時高度緊張的局面稍趨緩和，但是中共開出的「1997年後香港資本主義制度繼續五十年」的支票，一直未能取信於社會大眾。因此，香港企業家一般多重視眼前的利益，而不作長遠的打算，這使他們對資本和技術密集的導向更感躊躇。

　　令人驚異的是，在一般企業家這樣的心態之下，香港經濟在過去三十餘年之間仍然有令人耀眼的表現。假如香港是個與中國大陸無任何政治瓜葛的獨立城邦，假如香港對來自中國大陸的移民可以完全控制，則由香港經濟在過去三十年的表現可以合理推測，現在的香港（尤其是在工業和金融方面）很可能已經成為東方瑞士。由此亦可證明，在一個政治穩定人民勤奮的社會裡面，自由經濟制度確能使一個貧窮落後的國家在不太長的期間躋於工業先進國家的行列。

　　現在再回到臺灣如果在1950年代初期便開始走向自由化的問題。1950年韓戰發生後的二十年間，臺灣防衛安全在實際上已無顧慮；1970年代之初國際情勢的演變雖曾一度對我不利，但是臺灣防衛從未受到實際的威脅。同時臺灣與世界各國的實質關係亦續有改進，證明臺灣的命運主要由自己掌握。復因臺灣沒有困擾香港的難民問題，勞動供給彈性自亦較小，工資上升亦較快，推動資本和技術密集的力量也會較大。在這種情況之下，如果在1950年代初期臺灣經濟便導向自由化、國際化的路線，我個人深深相信過去三十餘年之間臺灣經濟發

展的成就一定遠遠超過香港。

也許有人認爲，香港人（包括以香港爲基地的英資洋行）原來就有轉口貿易的經驗，所以在1950年代工業發展的初期可以不必擔心海外的銷路；而臺灣在這一方面則無所憑藉，在自由貿易導向之下，臺灣工業可能一開始便抬不起頭。但是我們應該知道，自由化、國際化的眞諦就在以他人之長補自我之短；臺灣既缺乏香港人在轉口貿易方面的經驗，就應該充分利用香港人的所長。同樣，假如臺灣在運輸、金融、保險各方面都配不上自由貿易導向的工商業發展，也就應該充分利用香港或其他國家更成熟的經驗，而不宜故步自封。這麼一來，不但國內工業得以順利發展，商業、運輸、金融、保險各業亦因外來競爭而長足進步。

當然，這樣做在開始的時候可能比較困難，但是我們的困難較之沒有美援的香港應該小得很多。只要認清方向，堅定步伐，臺灣經濟必然會很快的脫離困境。我們有理由相信，這樣做不但可能提早結束美援，而且可能使臺灣工業在進入1970年代時已經由勞動密集提升到資本和技術密集的層次，而不待今日面對美國的壓力而進行十分艱苦的調整。同時我們也可以想像，在現實的國際社會裡面，臺灣的實質政治地位，亦必因經濟實力的壯大而更爲堅強。

四、經濟自由化的必然趨向

1950年代初期經濟自由化的機會過去了，1960年代初期繼外匯貿易改革之後進一步走向自由化的機會（筆者曾經多次強調）也去過了，以後所有積小改革爲大改革的機會也都過去了。(請特別注意：南韓自1979年後連年放寬進口限制及降低進口稅率，開放進口的比率今年將

提升至98%!) 現在美國硬逼著我們非走向經濟自由化不可，看來不可能再拖了。

在這個大家都需要冷靜思考的時刻，筆者要再一次重複以前提過的日本的經驗：日本在明治維新之次年，就被當時西方工業先進國家強迫簽訂三十年間進口關稅不得超過百分之五的協定。日本人對這個代表「國恥」的協定雖然深惡痛絕，但是這個協定迫使日本的新興工業一開始就要面對西方先進工業的優勢競爭，因而不得不根據國際貿易的比較利益精打細算，同時在生產技術上也不得不急起直追，這樣反而奠定了日本工業發展的基礎。及至19世紀末這個強迫簽訂的協定終止以後，日本雖然立即提高了關稅，但因日本國內市場秩序經過了將近三十年自由貿易的整肅，一般工業已經養成的接受競爭與挑戰的心態，並沒有因為關稅提高而有所改變，這就是日本工業後來能在國際市場上爭強致勝的原因。這個實例，又一次證明一個國家縱然在經濟發展的初期也能夠承受自由貿易的壓力，而且可藉以創造有利的經濟發展環境。

上述日本明治維新初期所領取的教訓，此時此刻特別值得我們反省與深思。如果我們現在因為不得不屈服於美國的壓力而感到委屈，我們也應該知道今日的臺灣比當年的日本實在幸運得多。而且我們也要替美國想想：美國除了在1950年代以至1960年代上期對臺灣提供大量援助並協助臺灣發展工業以外，還一直讓臺灣的出口工業在美國市場享受種種優惠的待遇，而臺灣市場到今天還不肯對他們開放，這能算是公平嗎？

經過這樣的反省與深思之後，我們就會心平氣和，就會以一個貿易大國的態度接受外來的挑戰，使國內所有的工業按照一定時間表脫胎換骨，使全面經濟逐步走上現代化，使臺灣今後更受國際社會的重

視而完全免於孤立。我們認爲，只有從這個角度看，美國現在對我們所施的壓力才顯得出正面的意義。

不過，政府當局這一次千萬要記住：經濟自由化、國際化關係百年大計，我們一定要從大處著眼，切不可因一時的權宜而與包括美國在內的任何國家談判違背一般原則的個別條件。否則不但歪曲了經濟自由化、國際化的精神，而且會招致無止境的麻煩。只要我們的立場不偏不倚，我們一定能得到全世界貿易夥伴的支持。

（《中國時報》，1986年8月21日—23日）

趁早拋棄「新重商主義」的包袱

中華經濟研究院幾位青年朋友發起一次學術討論，邀我在本月1日就最近寫完的一篇英文文稿 "Could The Taiwan Economy Have Performed Better?" 提出報告。後來情況略有改變，我的談話內容也有些偏離本題；而各報記者的報導又與我的談話內容頗有出入。爲免引起誤解，特根據當時談話的綱要寫成此文。

一、政府決策的正負面

自1950年代起，政府所採行的經濟發展政策確有值得稱讚的一面；但是政府也犯了許多政策錯誤，以致產生了極其嚴重的後果。不幸的是，正確政策的影響顯而易見；而錯誤政策的影響，在正確政策的影響掩蔽之下，在短期內往往不易察覺。因此，多少年來，國內外的觀察家對政府所採行的經濟發展政策讚揚得太多，批評得太少；以致政府當局誤以爲其所採行的一切經濟發展政策都是正確無誤，結果形成了自以爲是的牢固偏見；而這也就是臺灣經濟自1960年代初期經歷二十年的順利發展之後終至陷於極度困難，而政府當局至今尚不能領悟這些困難是由於過去政策的誤導，因而至今尚不能面對現實以求因應

的原因。

政府所採行的經濟發展政策，有那些是正確的呢？又有那些是錯誤的呢？這是一個很大的題目，我在這裡只能作一個提綱性的檢討。大略的說，1950年代的政策導向主要是進口代替；自1960年代初期起，政策的導向才兼顧進口代替與出口擴張。進口代替政策的主要手段，包括關稅保護及進口管制，並以種種優待條件扶持公民營企業，同時嚴格限制影響現存企業的廠商設立（這個限制後來才慢慢放寬）。出口擴張政策的主要手段，包括放鬆外匯、出口貿易以及外銷所需原料進口的管制，並給予退稅和低利融資的優待。至於由政府提供的投資獎勵以及其他便利，也都是著眼於進口代替與出口擴張。

二、進口代替出口擴張

這一全套政策措施的總成果，是自60年代初期以後將近二十年高度經濟成長。但是稍加推究，我們就知道這個成果主要是由60年代初期起出口擴張所帶動的；而出口擴張顯然是由於上述出口導向的政策措施；特別是50年代末期以至60年代初期的外匯貿易改革——其中最重要的部分，是改正臺幣高估的匯率偏差和簡化繁雜的複式匯率，以及外銷品原料退稅。這些政策措施，使國內工業能按國際市場價格取得原料，以與國內廉價勞力結合，因而大有利於出口。

在另一方面，由於上述進口代替的政策措施，使進口增加受到抑制；因而自60年代後期起進口超過出口的差額逐漸縮小，至70年代初期對外貿易竟由逆差轉為順差。以後貿易順差擴大愈來愈快，幾至不可想像。

三、出超不斷擴大的助因

究其原因，一方面是出口工業由狹小的國內市場跳進了廣大的國際市場，得以充分發揮比較利益和規模經濟；同時國際市場的劇烈競爭，使出口工業不得不講求生產技術和管理技術的改進。依我個人最近的估計，就全體製造業廣義的技術進步指數而言，1971—73年較之1961—63年提高了60％（每年平均4.8％），1981—83年較之1971—73年提高了67％（每年平均5.3％）。這個表現，比美國及其他西方工業國家優越很多，自然有助於對外貿易順差的擴大。

另一個也許更爲重要的原因，就是由60年代初期以至70年代初期外匯匯率始終訂定在四十元臺幣對一美元的水準。1973年底以至1980年，由於兩次石油恐慌及其引發的國際通貨膨脹，政府基於經濟穩定的考慮，1973年底至1977年間曾將匯率提高至三十八元臺幣對一美元──亦即升值5％；1978—80年間更進一步將匯率提高至三十六元臺幣對一美元──亦即升值10％。但是這個幅度的臺幣升值，較之製造業技術進步的增長率低得太多；而且在1981—86年間，臺幣對美元的匯率又回到1973年底以前的水準。從這個角度看，臺幣價值相對於美元價值顯然低估了很多。這種情形，一方面等於給出口商一筆鉅額補貼，另一方面卻對進口廠商徵課一筆鉅額捐稅，因而使對外貿易順差愈往後而愈擴大。

四、外匯與投資相對增減

特別值得注意的，是自60年代初期以至70年代初期，國內資本形

成毛額在國內生產毛額中所占的百分比雖然快速增加，但在此後十年之間，這個百分比反而略有減少，而對外貿易順差所占百分比則繼續大幅提高。以與國民儲蓄毛額所占的百分比相較，可以看出對外貿易順差所吸收的國民儲蓄毛額，竟由1971—73年的16.5%提高至1981—83年的33.7%。換句話說，1981—83年的全部國民儲蓄毛額竟有三分之一用於增加國外資產（外匯）。1984—86年間，情況更是急轉直下。國內資本形成毛額在國內生產毛額中所占的比率不斷下降，而對外貿易順差所占的比率則不斷上升，結果後者吸收的國內儲蓄毛額至1986年竟高達46.4%——也就是說，幾乎有一半的國民儲蓄毛額用於增加國外資產（外匯），而不用於國內投資！

五、干預政策的嚴重後果

這種不正常的情形，產生了兩個十分嚴重的後果：

⑴製造業的結構變動，由60年代初期至70年代初期本來非常快速，但由70年代初期至80年代初期突呈緩慢。若將製造業分為土地及勞力密集工業和資本及技術密集工業兩大類，我們即可看出在後一期間，前者在全體製造業中所占的比重下降得很少，後者所占的比重也上升得很少；而在1984到86年間，製造業在全體經濟活動中所占的比重幾乎完全沒有改變。這說明製造業主要仍然停留在70年代的生產結構上面，進一步技術升級仍然是尚待突破的瓶頸。

⑵中央銀行為收購對外貿易出超所得的外匯——亦即上面所稱的國外資產，自70年代初期起即已開始大量放出強力貨幣。現在央行握有的外匯存底已高達七百餘億美元，可以想像由此所引發的貨幣供給增量多麼鉅大。政府雖然曾以多種方式使增發的貨幣回籠，但其效果

究竟有限。這就是目前游資氾濫的主因，而潛在通貨膨脹壓力、房地產和股票投機、大家樂及六合彩賭博等等問題，也都是由此而來。而更重要的，則是這一筆龐大的外匯存底和繼續增加的出超，正好提供以美國爲首的西方工業國家的藉口，強迫臺灣開放市場和臺幣升值。這個要求本來是很公正的，也是臺灣早就應該逐步做到的。但就目前的情況而論，這樣急迫的要求恐將使大多數中小企業難於招架；如果因此引起嚴重的失業，則近年來已有退化跡象的社會秩序必將增加一個更大的擾亂因素。

以上兩個重要問題——目前工業技術升級所面臨的瓶頸和外匯累積所引發的許多困擾，都是肇因於自60年代初期起政府即開始兼採進口代替與出口擴張的整套政策措施。雖然50年代末期以至60年代初期逐步實行的外匯貿易改革原本代表積極的自由經濟傾向，但因後來決策當局執著於繼續限制進口和維持固定匯率，以致出口擴張和外匯累積成爲政策的目標。這樣的政策，與18世紀中葉以前歐洲盛行的重商主義在基本上實在沒有什麼不同：如果我們把它稱之爲「新重商主義」，也不爲過。

現在回想，假如在60年代初期外匯貿易改革成功之後，立即逐步推行自由化的政策，並逐步放棄50年代遺留下來的進口代替政策，我個人深深相信，在60年代以至70年代初期有利的國際貿易的環境之下，臺灣經濟的體質必能迅速增強，而在1973年後以至80年代初期的不穩定期間，必能進一步接受考驗，至80年代初期臺灣必能成爲一個新的工業國家；那麼臺灣經濟必將有更好的表現，而前述干預政策後遺症的困擾亦可避免。

六、反省既往策畫未來

這個機會，不幸很輕易的被放棄了。假如歷史是一面鏡子，我們應該據以檢討過去，面對現實，策畫未來。但是，正如本文開場白中所說，政府當局至今似乎還不能領悟現在的一切困難主要是由於過去政策的誤導；「自由化、國際化」的口號雖然喊了幾年，但是政府當局的心態在基本上似乎沒有多少改變。所以最近兩年的政策表現是猶豫不決，不推不動。尤其令人不能理解的，是政府一方面擔心國內許多企業不能承受全面開放市場和臺幣充分升值的壓力，一方面卻又無魄力和遠見運用高達七百餘億美元的外匯存底，以提高國內企業的對外競爭能力；也不能大量吸收充斥市場到處流竄的大量游資，以推動國內急迫需要的經濟及社會基本建設和解決日益嚴重的污染問題，從而擴大國內需求。

針對這些問題，自去年4月起我一連寫了幾篇專論，一方面主張加速「自由化、國際化」的步調，並積極推動公共建設；另一方面建議由央行撥出五百億美元成立「中央發展外匯基金」，定期將一定數額的「基金」貸款貸予國內企業，以供進口機器設備及轉移技術之用，從而提升其競爭能力。（後一建議，將成為下一組文字討論的重心。）為使讀者了解這個建議並無詭異之處和政府當局拒絕考慮這個建議的不幸後果，我在這裏特引用諾貝爾獎金得主美國麻省理工學院經濟學教授洛伯·梭羅（Robert Solow）接受王韻女士專訪時關於臺灣當前經濟問題所講的一段話（請參閱1988年8月22日《中國時報》刊載的王韻專訪）：

「臺灣的高儲蓄並未在國內適當的運用，因此大多以出口的方式

為國外運用，支持了國外的經濟發展，而換回一筆筆的外匯資產；這筆資產，嚴格的說只是一個外匯累積的數字。臺灣政府應該考慮如何運用這筆資產刺激自己國內的投資意願，以及增加工業的產能。多多利用外匯進口資本設備、鼓勵企業大量投資或直接引進外商參與投資，都是現階段臺灣為提高投資意願必須採取的積極作法。總之，我認為臺灣不應以目前的發展為滿足，臺灣的工業基礎還應該再擴大。」

（《工商時報》，1988年11月）

III

中央發展外匯基金
建議及有關討論

重刊弁言

　　1980年代前期美國迫使臺灣實行自由化、國際化之經濟政策，至80年代中期終於導致國內企業投資意願衰退。國人多以為，美國若不對臺灣施壓，臺灣經濟必能長久維持繁榮。殊不知80年代前期臺灣對外貿易出超加速累積，至80年代中期已使中央銀行擁有之外匯存底達五、六百億美元之多，在國際順位上僅次於西德而居第二。若美國容忍臺灣繼續採取反自由化經濟政策，則臺灣貿易出超及央行外匯存底必將繼續累積。在按固定匯率結匯之情況下，更大數量之臺幣供給必將充斥市場，如此不待多時即將引發一場毀滅性之通貨膨脹與股票及房地產投機，其對經濟及社會後果之嚴重，將遠超過美國迫使臺灣改採自由化、國際化之後果。不幸政府原來採取之反自由化政策行之太久，積弊過深；以往在高度保護與扶持下養成之產業，自難經受進口關稅大幅降低及臺幣大幅升值等自由化、國際化政策之衝擊，此實為國內產業投資意願低落之最基本原因。依我個人觀察，臺灣此時已進入重大危機之非常狀態。然而，大多數企業明知欲解救當時之困境，唯有立即更換大部分在以前保護及扶持政策（包括大幅偏高之臺幣對美元匯率)下用以與國外企業競爭之機器設備，並積極講求研究開發；但在保護與扶持環境中養成之企業，多不敢接受此一嚴酷之挑戰，而寧願以遠期外匯操作之接單方式謀取預期臺幣升值可能獲得之利益，以求苟延殘喘；或竟以其出口外匯換得之臺幣從事房地產及股票投機，謀取非分之暴利。終致傳統之優良工作倫理及樸質社會風氣，在數年間即大部分遭受破壞。近三十餘年來，我一直堅持自由經濟理念，而對政府採取之高度干涉政策批評不遺餘力；今親見政府鑄成如此大

錯，竊以爲在不違反自由化、國際化之大原則下政府應及早有所作爲，以振奮企業信心，提高投資意願，從而化危機爲轉機。故在1987年4月在《中國時報》上一連發表兩篇專論，倡議設立「中央發展外匯基金」，每年通過商業銀行貸與企業一百億美元，專供其向國外購置新式機器設備（及轉移技術）之用。同年5月2日，經建會主委趙耀東及副主委王昭明均公開表示對此一建議十分重視，並已交付有關單位詳加研究（見是日《經濟日報》），但此後即無下文。本於敝帚自珍之偏見，自覺關於「中央發展外匯基金」之建議關係臺灣前途至巨，故在此後四、五年間連續撰寫一系列專論，分別從不同層面及不同角度討論一切有關之問題。及至最後我已肯定政府方面決不可能採納此一建議，而經濟學界對之亦無任何有意義之反應時，方始決定投筆(註)。在臺灣經濟社會面臨重大危機之關鍵時刻，我雖以老病之身，堅守原則，力陳所見，竟未能說服政府適時活用外匯存底，使臺灣產業掀起波瀾壯闊之技術革命，使此一小島成爲全世界不可忽視之經濟大國，從而能充分掌握自身之命運(包括兩岸關係之發展)。作爲一個長期參與臺灣經濟發展政策之討論者，衷心感到十分歉疚。

　　現今政府正斥巨資實行「六年國家建設計畫」，雖其詳細內容未經公佈，亦可推測此一計畫似應兼具全面性與前瞻性。私心正感快慰之際，卻發現此一推測似又不同於有關新聞報導——後者予人之印象，爲「六年國建」主要爲一創造內需之公共工程計畫，而經建計畫則非其主要內容。果如此，不知經濟當局何時方能改變小格局之心態，提出兼具宏觀性與突破性之發展策略？「時不我與」，不勝企予望之。

　　(註) 我提出之建議中，從未主張央行將外匯存底無償交與企業運用；我僅建議政府設立「中央發展外匯基金」，通過商業銀行按競爭

利率每年貸予企業一百億美元。但爲回答若干知名人士堅持企業需用外匯時必須以等值之臺幣向央行購買，特在此向其中可能贊同1980年代中期政府應設法積極提升國內企業向海外購置機器設備及轉移技術之投資意願者提出兩個不同於「中央發展外匯基金」之構想，尚望惠肯交換意見：

㈠設想在1980年代中期房地產及股票投機已出現「如火燎原」之勢時，央行即斷然採取適當手段自市場抽取相當於一百億美元之臺幣資金（照1987年匯率一美元兌三十六元臺幣計算，約爲三千六百億元臺幣，即相當於同年 M_2 總額百分之十），按低利率（武斷訂定抑依競爭之方式決定？）貸與企業，使之轉向央行購買一百億美元，以便向西方工業先進國家購置新式機器設備（包括防止污染裝置）及轉移技術。由此所造成之金融緊縮，可能利多害少；而因此可使企業進行向海外購買機器設備及轉移技術之投資，則大有助於產業升級，故可謂一舉兩得。且央行向市場抽取相當於一百億美元之資金雖然貸與企業，但在同時經由企業向央行購買一百億美元而全部收回，如此央行在次年及以後多年可繼續維持企業更新設備與轉移技術之等額融資，而毋需另闢財源，亦不待企業償還借款以爲周轉。

㈡設想央行不自市場抽取相當於一百億美元之臺幣資金，而決定增發同額貨幣。如此自不致造成金融緊縮，但亦不會導致通貨膨脹。蓋因央行雖將其增發之貨幣貸與企業，但企業當即向央行購買等值外匯，出入正好相抵。如此以後多年亦可繼續維持企業更新設備與轉移技術之等額融資，故其結果與前一設想完全相同。

上述兩個構想，以與「中央發展外匯基金」之運作比較，顯示在任一構想之下，央行對企業每年向海外購置價值一百億美元之機器設備及技術轉移之融資目的均可達成。不同之處，在於爲達成此目的所

採用之手段。㈠要求央行向市場抽取相當於一百億美元之臺幣資金，此項要求在1980年代中期雖可能有助於消除游資泛濫之威脅，但能否做到恰如其分，工商業者及學界人士恐難達成統合意見，因而央行或不敢貿然嘗試。

至於㈡之運作，其涉及臺幣交易部分僅係內部轉帳，故可避免上述關於㈠之爭論。就此點而言，除運作主體不同以外，「中央發展外匯基金」建議與㈡並無不同。「基金」在向央行取得外匯時，在形式上亦可先向央行借入等值之臺幣，作爲另向央行購置外匯之支付工具；而在其最後停止運作時，在形式上亦須先將其原來向央行購得之外匯總額換成臺幣，然後用以償還當初爲取得外匯基金而向央行所借之臺幣債款。惟「基金」亦爲一政府部門，其與央行之間因外匯轉移所涉及之臺幣交易，同樣屬於內部轉帳性質，故亦不影響臺幣實際供給。（請參閱〈臺灣當前經濟問題的兩個重要層面〉第五節。）然而「基金」與㈡在實質上亦有其不同之點：首先，依我個人之構想，「基金」委員會爲一由央行及其他有關政府部門組成之專責管理及規劃機構，其實際貸放運作，則悉委之於全省所有商業銀行；而㈡則集規劃與實際運作於央行一身或由央行指定交銀及匯銀承辦其規劃之實際業務。無論就決策周全性及運作效率比較，二者之優劣判然。其次，在㈡之構想下，企業實際上僅能向央行或其指定銀行借用購買外匯之臺幣資金，而「基金」則通過所有商業銀行直接向企業貸放外匯。在1980年代之下半期，臺幣相對於美元繼續升值已成爲普遍預期，企業償還長期臺幣借款或美元借款之得失比較、以及因此一考慮使之對以上兩個構想下政府著眼於產業升級之企業投資融資計劃之反應，不言可喻。

以上所陳，旨在澄清若干人士對「中央發展外匯基金」可能發生

之誤解。不知在上述三個構想之外有無其他更爲周全之有效策略？願
聞高見。

當前經濟困局的突破
—建議政府從速設立「中央發展外匯基金」

最近兩年，臺灣經濟出現了一個頗爲奇特的現象。一方面，出口和經濟成長顯示強大的衝力；另一方面，多數企業（包括出口廠商）的投資意願卻委靡不振。今年首季，據報投資意願已有轉機，但是與出口和經濟成長的表現仍不相稱。最近美國已經宣佈，臺灣輸往美國每年約十六億美元的產品今後將不再適用優惠關稅；同時美方要求臺幣升值的壓力著著進逼，關稅及其他進口限制勢將大幅降低。在這種情況之下，我們在事實上很難希望一般企業的投資意願有所增強。因此我們可以斷言：除非政府有突破性的方略，臺灣經濟在不久的將來必不免陷於衰退。

一、亟應大幅擴張國內需求

現在有許多人主張擴大國內需求，特別強調開放進口，以提升消費。這個主張，我個人十分贊成。但是，假如我們把眼光稍微放遠一點，就會發現：如果任由一般企業的投資意願繼續萎縮下去，臺灣出口的競爭能力亦將隨之萎縮，因而消費水準的提升決不可能維持長久。

另外，也有許多人主張大幅擴張公共投資——尤其是在改善公共設施和防止環境污染方面。這個主張，我也十分贊同。在目前接近充

分就業的情況之下（據報載，目前失業率僅略高於1%，而一般廠商的設備閒置率也都很低——事實上，大多數廠商都要日夜加班趕工），大幅推動公共投資在表面上似不適宜；然而公共投資的進行需要很長的時間，在未來數年國內企業因為上述各種壓力而不免陷於衰退時，現在開始推動大幅公共投資很可能正好產生必要的彌補作用。同時公共投資也直接有助於工商企業的營運環境，從而增進其對外競爭能力。所以此時此刻，公共投資的策畫進行實在刻不容緩。儘管如此，大量推動公共投資決不能代替民間企業投資意願的提高。其理至明，無待贅述。

民間企業投資意願低落的原因，非本文所能解釋。不過我認為其中有一點特別值得重視——這就是：過去三十多年來政府對企業一直採取高度保護政策（包括長期貶低臺幣價值的外匯管制政策），現在忽然被迫改弦易轍，在心理上似乎難於適應，因而表現出徬徨不定，能拖則拖的態度。這種情形，看在一般企業家的眼裡，就不免認為政府決不輕易丟開他們不管，任由他們獨自面對臺幣升值和關稅及其他進口限制降低的衝擊，因而他們也就採取觀望態度。這就是說，只要能繼續賺錢（縱然賺頭愈來愈小），暫時就不必急於更換過時的生產設備；何況在臺幣不斷升值的預期之下，將來更換生產設備豈不更為合算？

我們認為這種企業心態非常危險。在這個科技進步日新月異的年代，我們不難想像長久拖延過時生產設備的更換將會造成多麼嚴重的技術斷層，以及多麼嚴重的損害一般企業對外競爭能力。如不及早設法改變這種企業心態，臺灣經濟的前途實在值得憂慮。而要改變這種企業心態，政府在決策上就必須表現明快果斷的作風。既然「自由化、國際化」是一股不可抗拒的力量，政府就應該趁早順應這個力量，化空洞的口號而為具體的行動，讓一般企業知道政府的真正意向，而早

作應變之計。

二、靈活運用央行外匯存底

在另一方面，基於現實的考慮，我也不贊成政府對「自由化、國際化」的推進操之過急。這當然不是說政府應該採取能拖則拖的態度，而是主張政府及早明確訂定並宣佈全面「自由化、國際化」的時間表，以便逐步實施。比如說：關稅及其他進口限制最後究竟降低到什麼程度，這個目標究竟要多少年才能達成，以及每年達成這個目標的指數，都應明白交代。外匯管制的解除和自由外匯市場的建立也是一樣，惟不宜預先訂定每年及最後達到的匯率(因為那要決定於市場機能)。美國立法和行政當局並非不可理喻，只要我們誠意明訂一套可以接受的「自由化、國際化」的時間表，他們對選民就有交代，而不致故意刁難。這麼一來，我們的企業就有一段順應大勢調整步伐的時間。在這一段寶貴時間之內，它們再也不能像現在一樣曲解政府的意向，而繼續採取觀望態度。除了一些企業在衡量情勢之後另作打算以外，一般企業就必須有計劃的更新現有過時的生產設備和改進不夠現代化的管理方法，以圖應付國際競爭的挑戰。

在全面「自由化、國際化」的進程中，金融自由化自然是最重要的一環，因此我們期待一般企業能夠很順利的獲得更新生產設備必要的融資。在這裡，我希望特別強調中央銀行現在持有的五百三十億美元（今年年底很可能迫近六百億美元）配合運用的重要。

在一本小書裡面，我寫了這麼一段話：「在這一筆外匯資產之中，有一部分存在外國銀行生息，其餘則庫存備用。我們認為這樣處理不是辦法。寶貴的外匯資產呆存不用固然不經濟，完全存在國外銀行供

他人利用也未免過分消極保守。一個並行的、更爲積極的辦法，是由國內所有銀行及其他金融機構以利率競爭的方式向中央銀行洽借外幣，專供國內企業進口生產設備之用。如此，中央銀行仍舊可以掌握原來擁有的外匯資產以備不時之需，而且還可以在不影響貨幣供給的情況下靈活運用這些外匯資產，以促進穩定經濟成長。」（見拙著《通俗經濟講話》第86頁，該書由三民書局於 1986 年8月出版。）我想這一段話根本沒有人留意，因此我希望在這裡再加強調，並略作引伸。

三、設立「中央發展外匯基金」

雖然我一向不贊成政府在國內企業偶遭困境時動輒採取習用的紓困措施——尤其是專案融資辦法，然而在當前這個關鍵時刻，假如在貫徹「自由化、國際化」的大原則下中央銀行能夠靈活運用現在持有的巨額美元資產，藉以激發一般企業的投資意願，從而提升其長期競爭能力，應該是大家所樂見的。基於這個構想，我現在正式建議：中央銀行從速撥出五百億美元設立「中央發展外匯基金」（以下簡稱「發展基金」），每年由這項基金裡面撥出一百億美元，專供商業銀行及其他可靠的授信機構貸與國內企業，作爲進口生產設備之用。這種貸款的償還期限，可視實際需要定爲二年至三年；至於貸款利率，則由直接貸放機構斟酌市場情況商同決定，中央銀行不得干預。

以上的建議，除了立即使臺灣對外貿易差額由順差轉爲逆差因而化解外人的敵視以外，看似平淡無奇，甚至可能有人認爲在外匯充斥的現狀之下根本無此必要。因爲自行出口的企業本身就有進口生產設備所需用的外匯，而打算進口生產設備的內銷企業也應該有能力籌得資金到外匯市場去換取必要的外匯，所以大可不必「節外生枝」。

　　爲著回答這個問題，我們必須指出：在未來相當長的一段時間之內，國內臺幣升值和國際美元貶值的壓力幾乎可以肯定有增無減。只要是國內一般企業有這樣的預期，縱然政府如上所述明確宣佈「自由化國際化」的時間表，縱然一般企業被迫不再延緩生產設備的更新，它們在進口生產設備時還是不免有所保留。如果它們可向銀行申請「發展基金」項下的美元貸款，這種保留便不存在。何況照目前以及可以預見的三、五年內的市場狀況，上指「發展基金」每年撥出一百億美元作爲企業進口生產設備的貸款，很可能使這一項美元貸款的利率降到一般銀行放款利率之下。這個誘因，更將激發進口生產設備的投資需求。

　　以上僅就經濟考慮而言。以往的經驗證明，非經濟因素時或導致國內資本的逃避。最近兩年一般企業投資意願低落是否與非經濟因素有關，我在這裡不能隨便臆測。不過，假如眞有這樣的考慮，則照上述建議由「發展基金」逐年常川提供數額高達一百億美元，償還期限長達二至三年的生產設備進口貸款，必能有效消除一般企業的疑慮，而使它們放心投資，擴充生產。

　　這一層用意，我希望讀者切勿等閒視之。因爲這樣他們就不會懷疑上文建議的「發展基金」美元貸款較之中央銀行現在將其外匯資產大部分存在外國銀行生息是否合乎經濟原則。事實上，公共政策的運作永遠只考慮對整體經濟的效果。如果中央銀行在運用其持有的外匯資產時也像私人企業一樣的計較利害得失，那麼它首先就不應該承受臺幣相對於美元升值所發生的損失。但是，中央銀行應該這樣做嗎？明乎此，許多不必要的爭辯就可以避免了。

四、激勵民間企業投資意願

　　眞正需要解答的一個問題，是在取消外匯管制和建立自由外匯市場之後，中央銀行在通常情況下就不必買進外匯，因而自由外匯市場上也就多了一筆相當於原來由中央銀行吸收的外匯供給；現在照上文建議每年由「發展基金」撥出一百億美元以供企業進口生產設備貸款之用，其結果等於外匯市場又多了一筆等量的外匯供給或抽掉了一筆等量的外匯需求。這樣會不會加速美元貶值或臺幣升值？這是一個頗爲複雜的問題，我在這裡只能提出以下幾點解釋：

　　(1)解除外匯管制和建立自由外匯市場乃大勢所趨，縱然政府不採納本文的建議，這個政策趨向也不會改變。如果將來自由外匯市場的均衡匯率低於現在的匯率──亦即臺幣進一步升值，那也與本文的建議無關。

　　(2)照本文的建議，雖然可以預料，原來要在自由外匯市場購買進口生產設備所需外匯的企業勢將多數轉而向「發展基金」申請美元貸款，因而可能進一步拉低自由外匯市場的均衡匯率。但是由以上的解釋，我們很容易理解，一般企業向「發展基金」申請美元貸款的數額很可能遠大於它們在沒有「發展基金」之下向自由外匯市場購買的美元外匯數額。其間的差額，就是「發展基金」所誘致的。「發展基金」對一般企業進口生產設備的需求既然有這樣的激勵作用，自然也會同時刺激它們對進口原料及材料的需求；而由此增加的進口原料及材料的需求所需用的外匯，則必須取給於自由外匯市場，因而有助於承托自由外匯市場均衡匯率的下降，其結果至少可望抵消一般企業由自由外匯市場轉向「發展基金」取得進口生產設備所需外匯引起的匯率下

降的一大部分。

(3)政府現在正積極考慮降低關稅及其他進口限制。在不久的將來，生產品和消費品的進口必將相對於出口而大幅增加，因而自由外匯市場上的美元需求亦將相對於美元供給而大幅上升，這在自由外匯市場均衡匯率下降時也將是一股巨大的承托力量。

綜上所述，可知關於「發展基金」可能引起臺幣加速升值的顧慮，實在不值得過分重視。不過，正如前文所言，在未來相當長的期間內，國內一般企業對臺幣升值的預期勢將不可避免，但是這正是設立「發展基金」激勵投資意願的基本理由之一。

五、扭轉困境創造光輝奇蹟

無論如何，我們應該從正面來看「發展基金」的建議。試想這個建議如果被政府接受，則在貨幣供給和中央銀行持有的外匯資產完全不受影響的情況之下，臺灣每年至少有一百億美元的生產設備進口（企業自備外匯進口者尚未計入），三、五年後，臺灣經濟必將顯示革命性的技術升級。那時臺灣經濟不但完全脫離了困境，而且很可能出現比過去更光輝的穩定成長的奇蹟，使全世界的人對我們刮目相看。近數年來，我們高談技術升級，但是從來沒有落實。現在更是迫切需要技術升級的時候，希望政府在大力推動「自由化、國際化」的同時，大膽使出一手化險為夷的「絕招」──從速設立上文建議的「發展基金」。果能如此，政府雖然因為推行「自由化、國際化」而逐漸喪失以前擁有的「企業保母」的地位，但是我敢斷言：它必將成為舉世矚目的「大有為政府」。

（《中國時報》，1987年4月4日）

再論「中央發展外匯基金」的建議

1987年4月4日，筆者在《中國時報》發表一篇專論——〈當前經濟困局的突破〉。我相信許多讀者看了其中關於「中央發展外匯基金」的建議之後，都不免認爲這個建議「大言炎炎」，不切實際。經與幾個朋友基於國內外經濟情況的新近發展交換意見之後，深覺這個建議實有進一步澄清和補充的必要。

我提出這個建議的理由，是技術基礎原本薄弱而在最近兩年投資意願又現委靡不振（無論是基於經濟的或非經濟的理由）的國內企業，現今在臺幣節節升值和關稅及其他進口限制不斷降低以及醞釀中的全面「自由化、國際化」的震撼之下，除少數例外，決不可能獨力應付這樣嚴重程度的挑戰；如果政府不採取突破性的方略，誠恐國內一般企業的投資意願今後更將萎縮，終於完全喪失對外競爭的能力。這個後果，不用說是非常可怕的。

一、設立「發展基金」的構想

我提出的設立「中央發展外匯基金」的建議，不但是爲著挽救這個危局，而且希望由此催生一次迫切需要的技術革命。我的建議很簡單：「中央銀行從速撥出五百億美元設立『中央發展外匯基金』，每年

由這項基金裡面撥出一百億美元，專供商業銀行及其他可靠的授信機構貸與國內企業，作爲進口生產設備之用。這種貸款的償還期限，可視實際需要定爲二年至三年；至於貸款利率，則由直接貸放的機構斟酌市場情況商同決定，中央銀行不得干預。」我預見：「在貨幣供給和中央銀行持有的外匯資產完全不受影響的情況下，這個建議除了立即使臺灣對外貿易差額由順差轉爲逆差因而化解外人的敵視以外，……三、五年後臺灣經濟必將顯示革命性的技術升級。那時臺灣經濟不但完全脫離了困境，而且很可能出現比過去更光輝的穩定成長的奇蹟。」

我在寫這一篇文字的時候，充分了解讀者的耐心，所以力求簡單扼要，以便一次刊出。但是現在看來，這篇文字仍有言簡而意不賅的地方，這就是我現在決定寫這一篇「再論」的理由。在這裡，我不擬重複前文已經講過的話，只想作一些重點的補充，希望有助於澄清有心人士對上述建議可能發生的疑慮。

二、「發展基金」的數額問題

依我猜想，最可能的重要疑慮之一，就是以上建議的「發展基金」及由其中每年撥交授信機構貸放的數額似乎大得離譜。爲著澄清這個疑慮，讓我來算一筆帳：在五百億美元「發展基金」之中，每年貸放一百億美元，所以「發展基金」開始運作的前三年共貸出三百億美元。但在第二年年底以至第三年年底，「發展基金」即可收回第一年貸放的一百億美元，因而第四年貸放的一百億美元就毋需動用「發展基金」存餘的二百億美元。同樣，第三年年底以至第四年年底，「發展基金」又可收回第二年貸放的一百億美元，因而第五年貸放的一百億美元也毋需動用「發展基金」存餘的二百億美元。由此可知，「發展基金」開

始運作後各年年底的存餘大致如下：第一年四百億美元，第二年三百億美元，第三年二百億美元，以後各年即可大致維持這個存餘數額（以上數字都不包括利息收入）。所以「發展基金」實際運用的數額只有三百億美元。我之所以建議中央銀行撥出五百億美元設立「發展基金」，主要是希望政府顯示決心與魄力（從而對內激起全民的自信心與使命感，對外贏得與我有實質外交關係的國家的諒解與尊敬）。而且「發展基金」各年存餘的數額，都可以另行運用（例如存入國外銀行或投資），正如中央銀行現今處理外匯資產一樣，因而「發展基金」多二百億美元或少二百億美元實在沒實質的差別。如果爲著避免誤解而將「發展基金」的數額由五百億美元減爲三百億美元，我也不反對。這樣，中央銀行除擁有「發展基金」三百億美元以外，就今年年底可以預見的外匯存底計算，至少還有三百億美元可以自由運用。這個數額，無論爲著任何目的都應該夠了。

當然，假如「發展基金」每年貸放的數額少於一百億美元，「基金」本身的數額自然又可削減。但是這又牽涉到「發展基金」每年貸放的一百億美元是否太多的問題。這個問題的回答，完全要看政府當局是否同意筆者的基本見解。筆者認爲，縱然從最保守的觀點來看，每年由「發展基金」撥出一百億美元貸放與國內企業對政府可以說完全無損，但是對國內企業必能激發進口生產設備的投資意願，從而加速催生一次波瀾壯闊的技術革命，使我國不出十年即可成爲世界上的經濟大國。

三、每年貸放的數額問題

如果政府當局不同意這個見解，「發展基金」每年撥出一百億美元

貸與國內企業的確太多。在這個考慮之下，或許我們要退而求其次。可以提供參考的辦法之一，就是將「發展基金」的操作建立於「相對基金」的基礎上面。具體的說，國內企業由國外進口生產設備時，由「發展基金」貸與其所需的半數外匯，另外一半則由企業自籌。假如我們仍然希望國內企業每年進口生產設備一百億美元，那麼「發展基金」本身就只需要以上提議的三百億美元的半數——亦即一百五十億美元，而「發展基金」每年貸放的數額亦將減為五十億美元。這個修訂方案，在操作上可以說毫無困難。（而且無論採取上述那一種方式的建議，在技術上都可以做到使借款的企業各依其所願接受的利率獲得其所願借入的數額。關於這一點，將來如有必要，自當另文解釋。）然而我們很容易想像，這樣做雖然看起來比較穩健，但是「發展基金」的效果必然會打一個很大的折扣——我個人相信這個折扣一定遠超過50％。至於比這個修訂方案更為保守的建議——例如由「發展基金」融通進口生產設備所需外匯20％——雖然可以進一步大量削減「發展基金」的數額，但是可以斷言，其效果必將大幅遞減。這與我希望藉「發展基金」的運用使臺灣經濟在不太長的期間內完成一次全面技術革命的構想相差太遠，所以我不想加以討論。

筆者必須特別聲明，以上的建議決不貶抑其他值得考慮的對策。但是在提到這些對策時，我也不會輕易改變我自己的立場，我想這種態度是極其自然而易於獲得諒解的。

也許有人以為，只要政府解除外匯管制及放寬外人投資的限制，國內企業即可通過與外資的合作，而提高其競爭能力。這樣，上述建議似乎毫無必要。我不否認國內企業與外資合作的重要；但是以往國內企業與外資合作的經驗，似乎也不能令人過分樂觀。而且照國內一般企業的經營規模和技術條件，究竟有多少企業有資格與外國企業在

公平的基礎上合作，還是一個大疑問。無論如何，國內企業與外資合作的規模與進度，都不是我們所能掌握。在當前的經濟困局亟待突破的關鍵時刻，這種「合作」所起的作用，很可能是「慢郎中救不了急驚風」。在另一方面，如果我們的建議被政府接受，倒是可能激發國內企業與外國企業合作的意願；因為國內企業進口生產設備所需的外匯至少有半數可寄望於「發展基金」的融通，而這個條件是其他國家所不具備的。在這裡我要順便聲明。上述建議並不排斥國內任何企業自力更生的意圖。如果有些企業，無論獨力經營或與外資合作，都不願意利用「發展基金」的貸款，那也是出於它們的理性決定。我深深相信，這樣做對整體經濟發展也是好的。

四、其他值得考慮的對策

另外，可能還有人並不反對筆者的論點，卻又擔心國內企業的對外競爭能力大幅提高之後更將擴大對外貿易的順差，同時也更將增加對國際市場的依賴。因此，他們寧願優先發展國內市場。關於這個問題，我的看法是：從任何觀點看，國內市場都嫌太小；無論我們多麼積極發展國內市場，也不可能把臺灣經濟地位和國民生活水準提高到我們嚮往的目標。要達到這個目標，只有通過國際貿易，充分發揮比較利益。但是要通過國際貿易充分發揮比較利益，就只有遵行「自由化、國際化」之一途。基於這個了解，「優先發展國內市場」的做法在過渡期間雖然有用，但從長期看則與「自由化、國際化」的原則不免有所牴觸。

至於國內企業的對外競爭能力因為「發展基金」的有效運用而大幅提高之後，出口固然大量增加；但是在「自由化、國際化」的政策

導向之下，關稅及其他進口限制的降低和價格機能（包括外匯匯率）的自動調整，必將使貨品與服務的進出口大致平衡。那時臺灣與某些個別國家之間雖然仍將不免發生貿易平衡的問題，新市場的開發雖然仍須繼續努力，但是正如現今的香港一樣，臺灣決不會受到其他國家嚴厲的報復。

寫到這裡，筆者不禁想起最近連續舉行的中美貿易談判。由於我方對美國的貿易順差太大，而這個結果大部分又是歸因於我國對內對外的經濟管制太多，以致在對美關係上面臨沈重的壓力。最近臺幣相對於美元的價值雖然節節升高，關稅稅率及其他進口管制也已經開始降低，我國參加中美談判的代表仍然要付出極大的忍耐以換取一些小利（例如官方感到最滿意的中美紡品諮商的期限延長一年，紡品輸美年增長率由0.5%提高到1%），而這些小利根本無補於臺灣經濟結構的長期改善。

五、中美談判經驗的啓示

假如我們所提的建議被政府接受，則每年經由「發展基金」融通的進口生產設備至少在一百億美元以上。假定其中三分之一是由美國進口，則臺灣對美國貿易的順差每年即可減少三十餘億美元。如果將「發展基金」的運作所誘發的進口（生產設備及原料器材）一併計算，則臺灣對美國貿易的順差每年至少可以削減五十億美元。這樣，我們就根本不必低聲下氣的與美國舉行瑣屑的談判，臺幣升值和關稅降低的壓力亦將不待談判而減輕。而最重要的，是我們可以理直氣壯的要求美國給我們一段合理的調適時間，讓我們一方面按照一定的時間表逐步達成全面「自由化、國際化」的目標，以減少國內企業短期調整

的困難；一方面利用每年進口一百億美元以上的生產設備，以促使國內企業脫胎換骨，而步入健康的長期發展。到那時，臺灣成為世界上的經濟大國決不是一個夢想，而是指日可待的現實。

　　在結束這篇短文以前，我希望向政府當局提一個忠告：我們現今所面臨的，旣是充滿危機的局面，也是充滿希望的局面。在60年代初期外貿改革成功之後，我們不幸沒有適時掌握走向「自由化、國際化」的先機；以後的政策導向又積重難返，以致國內多數企業的體質一直未能加強，而在表面上卻獲得了短期利益，使中央銀行積存的外匯資產直線上升，終致成為眾矢之的。現在政府被迫推行「自由化、國際化」政策，而外來的壓力又不許可國內企業從容調適。在這個惡劣環境之中，如果政府繼續採取逆來順受的因應態度，縱能爭得一時的利益，國內企業終將不免長期掙扎於困苦的邊緣而難以自拔，臺灣經濟前途亦將不免日趨黯淡。反之，如果政府採取接受挑戰的積極態度，靈活運用現在成為國內外爭論焦點的龐大外匯資產，以推動促使國內企業脫胎換骨的技術革命，則我國躋入工業先進國家的行列指日可期。當政諸公身負國家重寄，應能明辨以上所陳的利害得失，而對今後的政策取向亦應「愼謀能斷」。在這個關鍵時刻，爭取時間比什麼都重要，幸好自為之。

（《中國時報》，1987年4月29日）

臺灣經濟前途的隱憂與對策

　　現在大家終於了解，近半年來臺幣不斷升值，而出口卻異常暢旺，並不是像某些政府官員所說的，出口廠商的容忍能力出乎意外的強，而是因爲這些廠商在半年前就基於臺幣升值的預期，按照略低於當時通行的匯率（大致是一美元對臺幣三十五元）向國外報價，以爭取大量訂單，並通過遠期外匯的交易，預售日後交貨時實得的外匯。

　　據聞這些出口廠商原來接受的訂單現在大部分已經交貨；而要爭取新的訂單，勢需按照一美元對臺幣三十元上下的匯率報價。根據個人有限接觸所得到的了解（希望不是事實），這個匯率恐將迫使不計其數的出口廠商以及供應主要原料的中上游廠商陷於困境。如果將來連一美元對臺幣三十元的匯率都維持不住，一般廠商必將相繼倒閉；就連最有實力的廠商，亦將不免發生危機。那時可能引起的嚴重社會問題，實在不堪設想。

　　根據這個觀察，我們可以說：近年來出口廠商在減輕臺幣升值的損失方面，雖然表現出高度靈活的頭腦，卻沒有機會改善它們本身的體質——生產及管理效率仍如以前一樣落後，實際成本仍不能降低，因而仍不能在均衡的外匯匯率之下與國際競爭的對手周旋對抗。

一、政府對國內產業溺愛的後果與道義責任

其所以如此，完全是因爲過去三十多年來政府不斷對國內企業施行過度的保護和獎勵。假設要追究責任，政府的政策誤導，對現今一般企業的體質衰弱至少在道義上應該完全負責，正如溺愛子女的父母在道義上應該對寵壞的子女完全負責一樣。

可是政府當局現在卻坦然的說：「現在廠商必須憑眞本事出口，即使因此發生經營的困難，亦應自我檢討、自求改善。政府除了致力於擴大進口、降低關稅等自由化措施外，不宜對外銷困難的企業採行救濟性的措施。」我讀過這一段報導之後，不禁想到：如果時光可以倒流，如果這樣的論調是代表1960年代初期外貿改革成功之後逐步推行的新經濟政策，那麼國內企業界早就有對抗國際競爭的能力了。那該多麼好！

然而眼前的事實卻是：先天衰弱的國內企業，現在要在美金一元對臺幣三十八元的匯率突然降到美金一元對臺幣三十元或更低的匯率，以及國內市場由高度保護突然改變爲自由開放的新情勢下面對國際競爭。它們因此發生的經營困難，如何「自我檢討、自求改善」而能自救？在事先毫無準備的情況之下，它們如何逃得過本來可以大部分避免的災難？

二、爭取時間反敗爲勝的策略

筆者一向執著於自由經濟政策，一向反對過去政府對企業採取的「紓困」或「救濟性」的措施；但是由管制經濟到自由經濟應該是一

個漸進的過程，而目前的客觀環境卻緊迫著我們飛越這個過程，我認為臺灣經濟已面臨一個危急萬分的非常狀態。為著減輕「自由化、國際化」的政策取向對長期以來在高度保護的環境中長大的國內企業的衝擊，為著化解可能由此衍生的社會問題，我認為一定要有一個周密訂定的時間表。

可是現在客觀形勢根本不容許我們從容訂定這樣一個時間表，因此我們就要採取非常的手段盡量爭取可以緩衝的時間。我所提出的「中央發展外匯基金」的構想，其目的就是要爭取這一段寶貴的時間。

這個構想的要點，是由政府撥出五百億或三百億美元的外匯資產設置「中央發展外匯基金」，每年由其中提出一百億美元貸與國內企業，專供進口新式機器設備及轉移技術之用。如此不但可望緩和外來的臺幣升值和開放市場的壓力，使國內企業享有一段順應調適的時間；而且可望催生一次波瀾壯闊的技術革命，使我國在不久的將來成為一個實質上的經濟大國。不過，凡事都有代價。在現今的客觀情勢下，爭取時間更要付出高昂的代價。

那麼，藉著「中央發展外匯基金」的設置爭取時間的代價是什麼呢？自然是這個基金貸出的外匯可能得到的收益低於央行在國外存款或投資的收益。由於我建議的貸款數額每年高達百億美元，由此所犧牲的收益自然不是少數；連同貸款之中可能有一部分不能收回的損失合併計算，數額可能更是驚人。但從另一方面看，在過去短短數月之內，央行掌握的外匯資產總值，因為臺幣升值而損失的數額也是非常龐大，而政府對這個損失並未計較。自然是因為它充分了解，為著達成一定的政策目的，必須忍受相當的犧牲。

「中央發展外匯基金」的設置，同樣是為著達成一定的政策目的，所以由此所引起的貸放外匯的損失，政府自然也不宜斤斤計較。何況

這種貸款的終極目的是在催生一次國內企業迫切需要的技術革命，這個收穫（連同對外貿易順差大幅縮減導致貨幣供給擴張幅度的降低，以及因為國內投資活絡引起的對國內資金需求的提高、對長久潛在的通貨膨脹威脅的無形化解），較之上述貸款可能發生的損失，不知超過幾千百倍。

如果政府沒有設置基金所需的外匯，倒也罷了；但在事實上，政府現有的大量超額外匯正苦於不知如何合理支配，那麼為什麼不趁這個機會做一件惠而不費的事呢？

三、關於「中央發展外匯基金」疑點的澄清

這裡真正的問題，當然還是「中央發展外匯基金」之設置是否一定能達成筆者所強調的政策目的。我就這個問題再三思考之後，覺得讀者內心可能尚有若干疑點有待澄清。

●疑點一　國內投資機會稀少

疑點之一，是他們認為現今國內投資機會稀少。記得自1950年代後期起，這個問題就不時有人提及，而每一次都是與當時的「技術瓶頸」有關。「技術瓶頸」通過了，投資機會也就不再稀少了。這一次也是一樣，也是「技術瓶頸」一時不能突破，以致一般企業的投資意願異常低落。

不過這一次還有一個更特別的理由，這就是：除了非經濟的因素以外，過去兩年政府對一向採取的高度保護政策，以及迫於新形勢而不得不考慮的自由開放政策的取捨一直躊躇不定，以致國內企業無所適從；最近數月政府突然改變政策的方向，使國內企業在毫無準備的

情況之下，被迫接受臺幣大幅升值所造成的損失和面對即將來臨的其他「自由化、國際化」的強大壓力的展望，以致它們對汰舊換新的投資都沒有信心，更談不上突破「技術瓶頸」的雄心壯志。

假如在這個關鍵時刻，政府採納設置「中央發展外匯基金」的構想，藉以激發國內企業對進口機器設備的投資需求及技術轉移，並使它們有一段順應新形勢的調適時間，同時輔以關於這個政策目標的大力宣導，以加強國內企業對政府促進全面技術革命的決心和化危機為轉機、扭劣勢為優勢的信心，則所謂「國內投資機會稀少」的疑慮必將消失於無形。

不過我要在這裡順便強調，政府千萬不可蔽於「懼大症」，不要擔心「中央發展外匯基金」的貸款將被大企業「鯨吞」。只要政府緊緊掌握「自由化、國際化」的方向盤，趁這個機會多培養幾個國際級的大企業，必然利多於弊。當然，政府對有潛力的中小企業也應加以維護：除放寬對這些企業貸款的抵押規定以外（事實上，企業借款進口的生產設備，即可用作抵押，而這也是上述建議的優點之一），並協助它們將現有不符合比較利益的生產設備遷往開發中國家，同時對它們提供投資諮詢服務，以鼓勵其從事穩健的冒險，則上述建議的政策效果必將更佳。

另外，也許還有人擔心，縱然國內企業有勇氣突破「技術瓶頸」，它們很可能買不到新技術，以致現存的「技術瓶頸」仍不能突破。關於這個顧慮，我個人的了解是：工業先進國家雖然對涉及軍事用途的敏感科技製品一般都禁止公開出售，但對其他科技製品則無類似的限制。就臺灣現階段產業技術升級所需進口的機器設備而論，可以說都是在國際市場上能夠公開購買的。現今世界經濟景氣尚未恢復，工業先進國家對我們大量購買它們的製品應該是歡迎之不暇，絕不會惜售

拒賣。至於外國企業新開發的技術，雖然不輕易對外公開；但因現今新技術的有效生命愈來愈短，只要我們肯花錢，其專利權也並不難買到，至少可以通過外人投資的方式與之分享。設置「中央發展外匯基金」之後，外國廠商將更有興趣與國內企業合作。所以上述關於「技術瓶頸」的顧慮，實在沒有必要。

●疑點二　產品外銷更加困難

讀者心中最主要的一個疑點，可能還是國內企業利用「中央發展外匯基金」的貸款，每年增加一百億美元以上的機器設備進口之後，產量必將隨之大幅擴張；由於國內市場狹小，勢必更加依賴國際市場，因而外銷困難勢必與時俱增。這個疑慮之所以發生，大概是因為某些人沒有看清事態可能發展的全貌。

國內企業除了每年增加一百億美元以上的機器設備進口外，產量大幅度擴張必將引起材料進口需求的大幅提高。這時國內生產原料材料的廠商及各行業就業人員亦將同受其惠，因而國內經濟成長很快的就會被推到一個新高峰，結果投資需求與消費需求必將互為影響，使進口需求不斷擴大。

在這種情況之下，縱然我們的貿易伙伴仍保留相當的進口限制，但基於國際互惠的通例，對我國的出口必將特予優容。何況西方工業國家的領袖在基本上都是維護自由貿易主義，如果日本及中韓等國誠意遵守自由貿易的規則(我認為這是不可抗拒的大勢)，則在目前一陣混亂過去之後，很可能再度出現1960年代的世界貿易繁榮。那時我國產業已經踏上了技術革命的跳板，其所製造的物美價廉的貨品，在一個大體上接近自由競爭的國際市場上絕不可能發生嚴重滯銷的問題。當然，我們今後不能重蹈過去的覆轍，亟宜趁早作分散市場的準備。

最近數月來由美元、日圓、和臺幣價值的相對改變，已經使我國外銷市場的集中程度顯著降低；今後更應朝這個方向繼續努力，使我國產品外銷順利無阻。

從這個觀點看，經濟部前些時提出的「海外合作發展基金」的構想特別值得重視。唯一的考慮是：如果沒有像「中央發展外匯基金」之類足以推動產業升級所由導致的技術革命，則國內企業的產品能否在海外市場上保持競爭的優勢仍然是一個大問題。若是如此，則「海外合作發展基金」所寄望的「對開發中的國家提供低利貸款，使之購買我國產品，以發揮分散市場的功效」，恐怕也只是「一廂情願」。所以「海外合作發展基金」的構想，應該是以「中央發展外匯基金」設置為前提，才可望收到實效。

●疑點三　基金貸款能否吸收

基於以上兩個疑點，我們不難想像一定有人懷疑「中央發展外匯基金」每年提出的一百億美元貸款是否過於龐大、以及能否被國內企業有效吸收。關於前一個問題，我的回答是：如果在當前經濟的和非經濟的考慮之下，國內一般企業仍然有強烈的投資意願，那就根本不需要設置「中央發展外匯基金」。這個基金的建議，正是因為（至少筆者認為）縱然國內一般企業都具有足夠的投資能力，但在當前種種經濟的和非經濟的考慮之下，大多數企業都不願拿出錢來進行大規模的冒險。最近一年有不少企業寧願由外國進口舊機器，充分證明其目的只在勉強應付已經接到的訂單，而不是為長遠著想，提升其競爭能力。在這個情況之下，如果我們要使劣勢轉為優勢，如果我們希望在當前的困境中引發一次突破性產業革命，那就不能單靠民間的自力，而必待政府積極主導。

　　所幸政府現今擁有龐大的超額外匯資產，而且正苦於因此受到美國要求臺幣升值和開放市場的強大壓力，所以我建議政府設置「中央發展外匯基金」，每年由其中提一百億美元貸與國內企業，專供進口機器設備及技術轉移之用，以推動全面性的技術升級。這樣不但符合「利用厚生」之道，而且足以明白顯示轉弱爲強、反敗爲勝的決心，其結果自然也會更加激發一般企業接受挑戰對抗競爭的信心。明乎此，上述每年一百億美元貸款是否過於龐大的問題，讀者就不難自行判斷了。

　　至於上述國內企業能否有效消化這筆龐大美元貸款的問題，企業的信心自然是最主要的關鍵；因此，前面的討論對這個問題應該已經提供了正面的回答。除此以外，我們希望特別指出，這一筆龐大的美元貸款將由國內現有企業自由競借，其結果必將是貸款利率低到使全體申請借款的企業都能按照各自的意願獲得貸款的配給。這樣決定的貸款利率，較之國外貸款利率必然低得很多。何況臺幣相對於美元升值的壓力一時尚難消除，借款的企業將來以美元還款時尚可能賺得臺幣升值的貼水，如此更使預期的有效利率下降。

　　更主要的考慮，是一般企業很可能寧願將其手頭上現有的外匯作爲報酬較高的短期用途，而以較低的利率申請「中央發展外匯基金」的貸款作爲長期投資之用，如此不但可以獲得額外利益，而且不必擔心非經濟因素假如導致不利情況時，自有資本投資於企業可能遭受的風險，因而敢於放手投資。

　　把以上列舉的所有考慮加在一起，我相信讀者對國內企業能否有效消化每年一百億美元貸款的問題定會有一個明白的答案。

● 疑點四　又是一次產業救濟

　　除了前面指陳的疑點之外，可能還有人懷疑，「中央發展外匯基金」

的設置又是一次有悖於自由經濟原則的產業救濟。爲著消除這個疑慮，我們不妨設想央行現有的超額外匯原來就是由私人企業擁有。這些企業對其外匯資產的處理，自然有完全的自由。它們可以把這些外匯資產存入外國銀行或投資於外國證券，它們也可以選擇適當時機將其外匯資本收回，用以進口最新機器設備或轉移技術，使其企業基礎更臻於穩固。在後一場合，企業家顯然寧願犧牲其外匯資產在國外利用可能賺得的報酬，以換取提升技術水準的長期利益。

雖然在多年來施行的外匯管制政策之下，本來應該由民間擁有的外匯都集中於中央銀行，以致民間企業對外匯的支配不能過問；但在央行支配超額外匯時，還是應該顧及民間企業的長期利益。「中央發展外匯基金」的目的也正是如此，它也是在最具關鍵性的時刻爲國內企業的長期利益，催生一次迫切需要的技術革命。它與政府以前時常採取的產業救濟或紓困措施基本不同之處，在於後者是臨時性的，且其適用範圍是由執行當局武斷決定的(例如限於策略工業)，而前者則是前瞻性的，且其適用範圍是由企業自行選擇的。

筆者曾特別強調，「中央發展外匯基金」每年提出的一百億美元貸款，應交由商業銀行（最好包括外商銀行）直接貸放與個別企業，也就是爲著避免武斷；同時筆者建議貸款的利率和數額分配，亦應決定於國內所有企業對一百億美元貸款的自由競爭。在這種情況下，個別企業必能按照它們所願接受的利率受配它們所願借得的貸款數額；貸方除了徵信工作以外，既無需做任何武斷的決定，借方也用不上利益集團的壓力。這正是自由經濟原則最具體的表現，絕非政府以前時常採取的產業救濟或紓困措施所能比擬。

但前面提過，由於美元貸款的數額相當龐大，這樣決定的貸款利率在某些人看來可能偏低。如果他們因此批評這樣做未免過分偏袒資

本家的利益，筆者就不得不再次提醒他們，這樣做一部分也是爲著化解央行現今擁有過多的外匯資產所引起的外來沈重壓力。假設任何一個私人企業在倉庫裡積存了過多的存貨，最符合經濟原則的作法就是削價求售。現今央行的處境也是一樣。擁有過多的外匯資產顯然很不經濟，因而以降低利率的手段刺激國內企業對美元貸款的需求，也完全合乎經濟原則（因此外國亦不能視之爲補貼政策）。

可是大量提供低利美元貸款還有一個更重要的目的，這就是前文再三強調希望藉此激發一次波瀾壯闊的技術革命，使我國在不太長的期間成爲實質上的經濟大國。這一個重大影響，是在評估低利美元貸款時必須加以特別注意的。

四、國內投資、海外投資及外人投資

我個人深深覺得，在不違反自由經濟的大原則下，此時此地實在太需要用「重賞」來激勵「勇夫」。如其不然，我非常擔心我們的企業家多數將成爲「懦夫」。也許我有些神經過敏，我發現當前經濟的和非經濟的因素，已經替臺灣經濟前途交織成一幅灰色的畫面，使許多企業家感到無可奈何；而不在少數的企業家已開始轉向海外發展，以致突然掀起海外投資的熱潮（明的或暗的）。如果他們到海外投資的目的是開發國內企業所需要的資源或藉以提升國內企業的技術，那當然值得鼓勵。但是如果他們的目的只是轉移陣地，而任國內企業自生自滅，那就值得愼重檢討。

令人費解的是：政府本來可採取類似「中央發展外匯基金」的措施以激勵國內投資，卻吝於撥用一筆數額雖大但可自動週轉的外匯；而對海外投資的心態，則又有些像點金術的迷夢破滅後的米達斯

(Midas)國王，對現有的外匯資產揮之唯恐不及。前不久中央銀行正式宣佈，凡有意從事海外投資的廠商，將不限制投資項目充分供應外匯。我不知道有沒有人擔心，如果這種心態繼續發展下去，再多的外匯資產也會很快的被掏光了，同時臺灣經濟的基礎也可能很快的被挖空了！

　　也許有人以為，縱然國內企業大多數都被淘汰，只要開放外人投資，經濟繁榮仍舊可以維持，出口競爭能力可能更為提高。我一向不贊成民族工業的論調，但是在當前情況之下，我還是認為政府應該公平對待由於它的長期政策誤導以致經不起自由競爭考驗的國內企業；在它們接受最後判決以前，政府應該藉「中央發展外匯基金」之類的措施給它們一個「自新」的機會和公平競爭的新起點。否則我擔心表面上的經濟繁榮並不真正代表「天下太平」！

五、我的政策理念與政府態度有什麼不同

　　我預料我的一些朋友可能驚訝於我對經濟政策態度的「改變」——一個一向堅決主張自由經濟和強烈反對政府扶持企業的經濟學人，正當政府積極落實「自由化、國際化」的政策時，卻反而執著的要求政府設置「中央發展外匯基金」，以減緩自由競爭對國內企業的衝擊，實在有些不可思議。

　　不過，事實上我對經濟政策的態度一點也沒有變。在原則上，我衷心歡迎政府現今積極落實「自由化、國際化」的政策；只是這個改變來得太過突然，以致多年來一直在高度保護之下養成的企業一時竟然措手不及。進一步追究，現今政府之所以積極落實「自由化、國際化」的政策，並不是因為政府對自由經濟政策的優越性真正有所認知；

否則繼1960年代初期外貿改革成功之後，政府早已逐步放棄保護政策而轉向自由開放政策。

坦白的說，政府現今之所以改變政策的方向，完全是迫於外來的壓力，而不得不逆來順受。我們也可以說，政府對政策的態度只不過是隨波逐流。因為政府抱著這樣的態度，所以它現今所採取的策略只是消極的因應，希望國內企業奇蹟般的克服當前的困難，雖然明知道這個希望只是一個夢想。

反之，我雖然也認為外來的壓力不可抗拒，但是卻主張積極的因勢利導，藉「中央發展外匯基金」的設置，使國內企業每年增加一百億美元的機器設備進口，並由此引發原料材料以及消費品進口的擴大。如此一方面可望立即縮減我國對西方主要工業國家（尤其是美國）的貿易順差，因而可望立即緩和外來壓力對國內企業的衝擊；一方面藉每年增加一百億美元的機器設備進口，使國內企業在短期內脫胎換骨，而提升其長期競爭能力。容我講一句不大得體的話，這個構想完全是用「四兩撥千斤」的手法化解外來的壓力，並進而扭劣勢為優勢，化危機為轉機。

依我看來，臺灣經濟前途有無希望，很可能主要決定於政府現今採取的「隨波逐流」的政策態度和我主張的「因勢利導」的政策態度的取捨。我曾經寫了這樣一段話：「如果政府繼續採取逆來順受的因應態度，縱能爭得一時的利益，國內企業終將不免長期掙扎於困苦的邊緣而難以自拔，臺灣經濟前途亦將不免日趨黯淡。反之，如果政府採取挑戰的積極態度，靈活運用現在成為國內外爭論焦點的龐大外匯資產，以推動促使國內企業脫胎換骨的技術革命，則我國躋入先進工業國家的行列指日可期。」這一段話仍然代表筆者現今的看法。

也許將來事實證明筆者對臺灣經濟前途的憂慮只不過是「杞人憂

天」，也許政府現今採取的「隨波逐流」的政策態度眞能解決問題。但是目前一切言之過早，且待時間證明吧。

（《天下雜誌》，1987年9月1日）

臺灣當前經濟問題的
兩個重要層面

1987年4月4日及4月29日，筆者先後在《中國時報》發表了兩篇專論，倡議「中央發展外匯基金」（以下簡稱「基金」）的設置，並討論有關的問題。同年10月筆者又在《天下雜誌》第76期發表了另一篇專論，其目的也是就同一建議所涉及的各方面問題進一步加以澄清。在不到半年之內，就同一題旨連續撰寫三篇專論，在筆者還是首次。這是因為，筆者深信這個建議對當前經濟困局的突破，以及對未來遠景的開擴，都是非常重要，所以不憚反覆申論。

本文的目的，是進一步強調這三篇專論的主旨。希望讀者對前指「基金」的設置如何有助於臺灣經濟當前困局的突破和未來遠景的開擴，有一個完整了解。除此以外，我也想趁這個機會補充一些以前未曾發揮的意見和未曾提到的有關技術問題。可以想像，本文不可能對前三篇專論所涉及的一切論點一一重述。讀者如有興趣，不妨先把那三篇專論瀏覽一下，或許有助於掌握本文的真正意義。

一、問題的由來

這裡所要談的基本問題的由來，是國內產業經過三十多年的高度保護——關稅和非關稅壁壘以及臺幣價值相對低估，以致本身沒有產

生足夠的新抗體。由最近公布的幾種大同小異的有效外匯匯率指數可以看出，60年代初期以後持續呈現的高度出口繁榮，最主要的原因並不是國內產業結構眞正有所改善，或其對外競爭能力眞正有所增強，而是政府一直維持60年代初期所訂的外匯匯率，使臺幣價值一直相對偏低，從而形成實質的外銷補貼。在這種情況之下，加上國內市場高築的關稅和非關稅壁壘，終於導致央行外匯存底的遽速累積和因爲收購出口外匯所引起的貨幣供給的遽速增加。

在70年代結束以前，我們一直以外匯存底激增而未招致外人的嫉視（事實上，我們所得到的是世人的欽羨）和貨幣供給激增而未引發通貨膨脹而自我陶醉，外人亦因我們能同時維持高速成長與高度穩定而競相讚譽。曾幾何時，國內外情勢丕變。在工業國家中居於首要地位的美國終於發現——事實上早已發現，只是最後終於不能忍受——臺灣也像日本和南韓一樣，是在不公平的條件（相對於美元低估的幣值和國內市場對進口所設的種種限制）之下進行對外貿易，從而加深其國內外的經濟困難。這樣，它才決心對臺灣以及日本和南韓施以前所未有的壓力，迫使它們各自將其貨幣大幅升值，並大幅降低進口關稅及非關稅等貿易障礙。就臺灣而論，美元平均匯率已由1982—85年略低於臺幣四十元降到最近三十元以下——亦即臺幣已經升值33%；尤其在最近兩年之內，臺幣升值幅度竟高達30%。同樣，國內進口關稅及其他非關稅等貿易障礙在近兩年內也大幅降低；尤其是最近一次，平均關稅稅率已經降低到與工業先進國家不相上下的水準。根據一般推測，在美國的強大壓力下，今後臺幣還可能進一步大幅升值，同時對某些大宗進口貨品仍然偏高的關稅稅率還可能進一步大幅下降。

美國進一步對臺灣施壓的直接理由，是臺灣現在已經擁有七百餘

億美元的外匯存底，而且這些外匯存底至今仍因臺灣出超繼續增加而不斷上升。他們既不了解，也不願接受本年（1987年）臺灣出超繼續增加是因為出口廠商在1986年年底就根據臺幣升值的預期爭取大量的出口訂單，並通過遠期外匯市場的操作預售出口時實得的外匯；他們更不理會最近一年來臺幣大幅升值經過一段時差之後終必抑制對美國的出口。

對臺灣而言，太多的而且持續增加的外匯存底還不只引起外來的臺幣升值的壓力，而且迫使央行增發大量貨幣，以致產生可能一觸即發的通貨膨脹的潛在威脅。為著沖銷這個影響，央行本年曾以定期存單、儲蓄券等方式收回為數不少的貨幣，但是仍遠不能與增發的貨幣相比。而在這些債券到期時還本付息又是一個問題——現在用發行債券的方式收回的貨幣愈多，以後因為還本付息放出的貨幣也愈多，這樣陳陳相因，通貨膨脹的威脅永將揮之不去。

另一個問題，就是外匯存底因為臺幣升值而引起的巨額虧損。這個虧損，並不完全如政府官員所說的只是帳面問題，但因牽涉較為複雜，我不想在這裡加以討論。

總之，太多的和持續上升的外匯存底，已經給臺灣帶來極大的困擾，如果這個問題不能早日解決，外來的壓力勢將永無休止；而在國內，通貨膨脹的潛在威脅及因臺幣升值而造成的外匯存底的虧損亦將永無休止。

二、醫治上述問題的一帖藥方

為著解決上述問題，絕大多數經濟學人（包括筆者）早就主張政府取消外匯管制，讓匯率完全決定於自由外匯市場，同時將各類進口

貨品的關稅稅率降低到工業先進國家的相同水準（雖然筆者曾經從理論觀點主張單一稅率），並徹底開放國內市場。除此以外，他們也主張政府大刀闊斧推動公共建設（包括交通、環境、文娛、學術各方面）。如此，臺灣即可出現收支大致相抵的貿易平衡，央行不但無增發通貨之必要，而且原來增發的通貨一部分可望自動回籠，其餘一部分則爲融通公共建設及周轉有關的交易所必需，現今潛在的通貨膨脹的威脅即可化解於無形；至於外匯存底因爲臺幣升值所引起的損失，亦將由於匯率漸趨穩定而漸減少。

這些經濟學人都充分了解，這一帖加速「自由化、國際化」的藥方的綜合影響，是國內產業不免受損，尤其是那些低效率的企業在優勝劣敗的競爭中必將遭受淘汰；但是這不但是無可避免的，而且也是臺灣經濟轉型所必需的。

三、上開藥方還需要一味「藥引」

筆者所持的論點與一般經濟學家唯一不同之處，是以上所開的一帖藥方只照顧到當前臺灣經濟問題的一個重要層面——即上文提到的那些與當前經濟困局有關的迫切問題，而沒有考慮到關係未來經濟遠景開擴的長遠問題。現在時常有人提到，今後臺灣可能變成另一個香港，但是，如果這個層面問題不能解決，我敢斷言，臺灣經濟經過多年困苦掙扎之後較之1997年後的香港尚且不及。我們可以想像在徹底「自由化、國際化」之後，經過三十多年高度保護的國內產業還有多少可以倖存。現在有不少人對政府大規模推動公共建設似乎存有太多的幻想，在擴大公共建設與擴大國內需求之間幾乎劃了一個等號；他們好像不大了解，在徹底「自由化、國際化」之下，本國企業必須與

外國企業競爭政府推動公共建設的支出，因而只有少數競爭能力強的本國企業才能分享這些公共支出的實惠。老實說，在這一方面我們所能寄望於政府的，只是疏導泛濫的游資，及提高生活品質和改善投資環境，另外最多是使一部分失業的工人重行就業（這裡還要特別考慮到公共建設也不能長久進行）。如果有人希望藉公共建設以拯救在「自由化、國際化」的衝擊下面臨淘汰的企業命運，那就未免太天真了。

也許有人以為筆者在上面提到的問題不足為慮，因為被淘汰的廠商可以轉向服務業發展，正如香港近年來所發生的一樣。關於這個看法，我希望讀者特別留意：第一、香港製造業的地位近年來誠然漸被服務業取代，但是這個轉變是漸進的，而不是在短期內突然發生的。第二、香港的服務業決不是被淘汰的廠商的收容所。事實上，香港的服務業可能是全世界競爭能力最強的行業之一，如果有些廠商轉向服務業發展，那決不是因為它們在製造業中被淘汰了，而是因為它們有能力脫離投資報酬較低的行業而加入投資報酬較高的行業，這和某些人的了解完全不同。再從發展服務業的角度看，臺灣也不具備香港所有的條件。香港不但是中國大陸和東南亞對外貿易的轉運站，而且也是這個地區的金融和技術服務中心，而臺灣幾乎什麼都談不上，所以發展服務業以取代將來被淘汰的廠商的構想，實在是毫無根據。我倒擔心，當多數廠商被淘汰時，高級服務業反可能因而萎縮。最近美國大陸銀行撤離臺北，也許正是「一葉知秋」！

另外，還有人寄望於外人投資，以為在這一方面臺灣較之香港更具有吸引力。這個看法，在以前臺灣的工資成本低於香港時還可以接受。現在這兩個地方的工資成本已經不相上下，同時由於香港沒有工會組織的壓力，而臺灣工會已經崛起，今後臺港工資成本必將完全易

勢，所以就對外人投資的吸引力而論，在所有優惠條件隨著「自由化、國際化」而消失時，臺灣未必勝於香港，而相反的情況卻大有可能。

根據以上的觀察，我們大致可以判斷，除非在1997年後香港經濟的運作在某種程度上也像中國大陸一樣受政治的干擾，那時臺灣經濟恐將欲步香港後塵而不可得。我們至多只能希望臺灣經濟能夠維持一個緩慢發展的「小康」局面；至於更燦爛的遠景，那就可望而不可及了。

儘管如此，筆者還是認爲上開的一帖藥方是絕對正確的，因此現今正在進行的「自由化、國際化」的步驟還是應該繼續進行。更具體的說，政府仍應完全取消外匯管制，而讓外匯匯率決定於市場機能，利率的決定也是一樣，同時前述其他著眼於解決第一層面的問題的所有政策建議，仍然要在「自由化、國際化」的原則下積極推行。但是除上開藥方以外，我認爲應該加一味「藥引」。我們知道，中藥最講究「藥引」——每一帖藥方都要加一味「引子」，以配合各種藥物的效力，使之更爲有效。我在這裡所要加的「藥引」，就是近九個月以來我一直主張的「中央發展外匯基金」的設置。(註)

四、「中央發展外匯基金」的設置主旨

「基金」的構想極其簡單，要言之，就是由央行撥出三百億美元（筆者最初建議五百億美元）設置這個「基金」，每年由其中提出一百億美元交由全省商業銀行（最好包括外商銀行）貸予國內企業，指定專供機器設備輸入及技術引進，償還期限暫訂爲二至三年。（這個期限似嫌太短，可考慮延長爲五年，因爲這個改變所引起的技術問題，並不難解決。）

　　「基金」設置的目的有二：⑴每年貸予國內企業專供機器設備輸入及技術引進的一百億美元，連同因此誘發的原料、材料以及消費品（後者的分量愈往後而愈增加）合計，第一年由工業先進國家進口增加的總額就很可能不在一百五十億美元以下。假設其中三分之一是由幣值仍然相對偏高的美國進口，則美國對臺灣的貿易赤字第一年即可減少五十億美元。這樣，美國對臺灣所施的壓力立即可望減緩，因而國內企業也就有一段時間對「自由化、國際化」的衝擊從容調適。⑵國內企業每年由國外輸入價值高達一百億美元的機器設備及技術，不出數年，一般企業必能脫胎換骨，對外競爭能力必能大幅提高，終至引發一次波瀾壯闊的技術革命。屆時臺灣這一個「美麗之島」決不僅維持經濟小康的局面；我們幾乎可以斷言，在西元2000年來臨以前，它終必成為一個經濟大國。在生產力不斷提高及外匯匯率自由浮動之下，臺灣出口必將繼續增長而不虞滯銷，亦不必擔心進出口一如現今之不平衡。

　　當然，我們還要把政府大規模推行公共建設所需進口的用品與國內企業利用「基金」貸款輸入的機器設備和技術以及由此引發的其他貨物進口的增額合併計算。如此第一年臺灣由工業先進國家增加進口的總額，可能高達兩百億美元以上，同時美國對臺灣貿易赤字第一年即可能減少七、八十億美元；因而美國對臺幣升值的壓力可望更趨緩和，而國內企業對「自由化、國際化」的衝擊也就可以更從容的調適。我們在這裡要再度提醒讀者注意：上文曾經提到，政府大規模推動公共建設雖然一方面有助於疏導國內游資的泛濫，並使一部分因為企業倒閉或裁減員工而失業的人員重行就業，一方面有助生活品質的提高和投資環境的改善；然而在「自由化、國際化」之下，國內企業不一定能分享多少這些公共支出，因而對其技術升級只能提供間接的刺激

作用。從這個觀點看，國內企業利用「基金」貸款輸入機器設備及引進技術，正足以補充公共建設計畫之不足。由此可知，筆者建議的一味「藥引」，與前文所開的一帖藥方實有相互表裡之效。

這裡涉及的根本問題，顯然不在於政府有無能力設置這樣一個龐大數額的「基金」，而在於國內企業有無利用這個「基金」以求脫胎換骨的投資意願。照最近兩年國內企業投資的表現看來，這個「基金」的被接受性似不甚高。不過，我們應該特別著重的指出，最近兩年國內企業投資意願之所以如此不振，除了非經濟因素的影響之外，主要還是由於政策的誤導。首先，國內一般企業受到保護的期間實在太長，以致政府被迫改變政策取向時，它們便心存膽怯，不敢面對外來的挑戰。其次，政府雖然在三年前就喊出了「自由化、國際化」的口號，但是一直到1986年年底仍未見有何具體的行動，以致慣於被保護的國內企業誤解了政府的意向，因而在計畫投資時也就表現猶豫不決的心態；及至1987年初政府受美國強大壓力而不得不採取落實「自由化、國際化」的行動時，一般企業不免感到措手不及，以致投資信心更為動搖。

現今（1987年11月底）一美元兌換的臺幣僅略低於三十元；但是據報中小企業先後倒閉者已不在少數，同時出口亦已出現不穩定的減緩現象。最近美國仍在進一步迫使臺幣升值，同時新訂的大幅降低的進口稅則不久亦將實施，屆時中小企業倒風必將更盛，實力較大的中上游企業恐亦不免受其牽連。在這個展望之下，除極少數具有實力和遠見的大企業仍願擴大投資，以提升其長期競爭能力以外，多數企業只好被動接受命運的安排；如果希望它們為著自救而甘冒長期投資的風險，未免不切實際。

但是，這些企業並非完全不可救藥，由它們在當前的困境中仍然

苦撐待變的事實，可見它們具有高度的韌性，只不過要它們自願利用
上文建議的「基金」貸款，一定要有足夠的誘因。在筆者看來，這些
誘因一部分已經存在，一部分則可輕易獲致。第一、在可以預見的將
來，臺幣繼續升值勢所難免，而企業向「基金」借款的償還期限長達
二、三年之久，屆時必能以遠較現今有利的匯率購進償還借款的原幣。
第二、「基金」每年貸出高達一百億美元的進口投資貸款，而照前述一
般企業現今的投資意願看來，由供求決定的貸款利率必然很低（下文
將進一步解釋）；若將借款的企業由臺幣升值所得的利益一併計算，實
際所付的利率可能極其輕微，因而一般企業必將願意承擔借款投資的
風險。第三、政府一次拿出三百億美元設置「基金」，就表示政府為接
受「自由化、國際化」的挑戰而積極應戰的決心，所以「基金」的設
置計畫一經宣佈，在國內外必將立即產生戲劇化的反應，國內企業的
投資信心必將立即趨於熾熱。由上所述，可知關於「基金」被接受的
懷疑實屬過慮。至於這樣的「基金」貸款算不算是救濟性的措施，筆
者在《天下雜誌》的專論中已經有所辯白，這裡似無重述之必要。

五、「基金」設置與操作的技術問題

為著避免每次撰寫專論時都是空談原則的印象，我想趁這個機會
簡略討論「基金」設置與操作的技術問題。設置「基金」最簡便的辦
法，自然是讓「基金」直屬央行，並由央行直接操作。另一個較為妥
善的辦法，就是由央行、財政部、經濟部及經建會合組「基金」委員
會，並各派代表會同操作。在後一安排之下，最簡便的籌款方式是政
府授權央行對「基金」委員會貸予三百億美元，俟「基金」結束時由
「基金」委員會全數歸還，如此根本不涉及臺幣交易。另一個形式略

異而實質相同的方式，是由「基金」委員會向央行承借相當於三百億美元的臺幣，並以之向央行購進三百億美元，將來「基金」結束時，「基金」委員會再將原向央行購進的三百億美元向央行換回臺幣，同時將這些臺幣歸還央行。這個方式也不發生臺幣實際轉手，而僅涉及政府內部轉帳。（由此可見，「基金」設置既不影響央行實際擁有的外幣資產數額，亦不影響通貨發行數額。）至於上述交易涉及的應付利息以及因匯率改變而發生的帳面損益，究應如何處理，完全是政府內部轉帳的手續問題，似不宜在此討論。

關於「基金」貸款的分配和利率的決定，我建議是由「基金」委員會設計一套美元貸款申請表，其中包括申請廠商對其經營的現狀的陳述、借款期間（二至三年）的投資計畫（包括預防污染的細節），以及相當於若干不同設定利率（其中包含一定百分數的銀行服務費）──例如5%、4.5%、4%、3.5%、3%──各別廠商願意借入美金輸入機器設備及引進技術的數額。這一套表格，應由全省承辦貸款的商業銀行直接分發於新舊往來客戶。申請貸款的廠商的業別，不受任何限制；惟須具切結，保證進口機器設備全部為新製品，並保證切實履行預防污染的承諾。關於申請貸款的廠商的徵信工作及貸款到期時的償還責任，悉由各商業銀行承擔。（關於貸款抵押的規定，我個人主張從寬，利用貸款輸入的機器設備，似亦可作為抵押。）各商業銀行根據對申請廠商是否信實可靠的判斷，可自行決定接受或拒絕某些廠商的申請，並各以最迅速的資訊傳遞方式，將經其接受的申請廠商相當於各設定利率所願借款的總額通知「基金」委員會。後者接到全省承辦商業銀行的通知後，隨即將各銀行接受申請廠商相當於各設定利率所願借的總額再行加總。即得全體申請廠商相當於各設定利率所願借款的總額。假定相當於某一設定利率（例如3.5%）全體申請廠商所願借

款的總額接近一百億美元，則這個設定利率即為均衡利率或「準均衡」利率，因而「基金」委員會應即通知全省承辦商業銀行按照這個利率對各申請廠商貸放其所願借得的美元。很顯明的，儘管上述操作方式看起來與自由市場交易不大一樣，但是貸款分配和利率決定的結果卻完全相同，因而「基金」貸款可望獲致最有效用的利用。

也許有人懷疑：每年由「基金」貸出總額高達一百億美元的均衡利率會不會是負利率？我的答覆是：「決不可能」。這是因為，除前一節提到的「基金」貸款的誘因以外，我們還要考慮：縱然在最惡劣的情況下，一般廠商按照較低的利率借入「基金」貸款輸入機器設備及引進技術，以提升其長期競爭能力，而將其自有資金作為獲取較大的短期利益之用，還是頗為合算。事實上，臺灣經濟現今雖然面臨困境，但是多數企業仍然沒有放棄自救的努力；若政府在時機還不太遲以前決定設置「基金」，則在其開始運作的第一年「基金」貸款的均衡利率容或有某種程度的偏低，但是決不可能低到零以下的地步；而自第二年起，我們有理由相信樂觀的氣氛必將出現於全體企業，那時「基金」貸款的均衡利率反有上升的可能。明乎「基金」設置的積極意義及其可能產生戲劇性的效果，這個道理應該是不難接受的。

六、綜合摘要

為解救臺灣經濟當前的困境，筆者贊成加速推行「自由化、國際化」的政策及大力推動公共建設的主張；但為開擴臺灣經濟的遠景，筆者另建議政府從速設置「中央發展外匯基金」，每年貸予國內企業一百億美元，專供輸入機器設備及引進技術，從而提升其競爭能力。

我們預見，在以上政策聯合運用之下，⑴臺灣對外貿易順差必將

顯著下降，臺幣升值壓力可望立即緩和；(2)潛在的通貨膨脹壓力必將立即化解；(3)國內企業可望享有比較充裕的調適時間，因而得以利用「基金」貸款大量輸入的機器設備及技術，以推動一次波瀾壯闊的技術革命，如此必將使臺灣成爲經濟大國；(4)在生產力不斷上升及外匯匯率浮動調整之下，臺灣出口必將繼續增長而不虞滯銷，亦不必擔心進出口貿易一如現今之不平衡。

　　(註)事實上，關於這個主張的基本構想，筆者早已在1986年8月出版的《通俗經濟講話》(三民書局) 86頁明白提出。

(《經濟前瞻》，1988年1月)

臺灣經濟不能再創奇蹟嗎？

自1980年代初期，臺灣經濟對1979年發生的第二次石油恐慌及其後遺影響完成艱苦調整以後，國民生產和對外貿易雖然仍有優異的表現；但自去年起，即已露衰退之象。今年的展望似乎更不樂觀。官方已將國民經濟成長率減為7％，甚至暗示這個目標很難達到。不過，根據預測，全世界其他國家的經濟成長今年也將普遍減緩；所以臺灣經濟成長的步調暫時放緩，實在不足為奇。

一、中低度成長的震盪

值得注意的，倒是最近官方竟然宣佈：「今後我國面臨的將是一個中度成長的時代。」這就是說，7％以下的經濟成長不只今年一年，而是一個漫長的時期。

官方之所以降低未來經濟成長的預期，有許多原因。其中包括：⑴發展所需的工業用地不易取得；⑵環境保護已成為高度敏感問題；⑶勞動意識及工作態度顯著改變；⑷社會治安及脫序現象日趨惡化；⑸通貨膨脹壓力已漸浮現，而至今仍無有效解救之方；⑹國內產業的體質經不起全面自由化、國際化的考驗，而以美國為首的西方工業國家要求臺灣開放市場和臺幣升值的壓力卻有增無減。

事實上，正是基於這些考慮，國內廠商的投資意願一直沒有起色。據報載，不在少數的廠商，有的已經遣散大批員工或全部關閉；有的正計畫遷往外國，或直接對外投資（實際上是資本逃避），有的則由出口改營進口。根據1988年5月《天下雜誌》的調查，高達10%以上的企業負責人甚至對臺灣完全失去信心，表示即將移居海外。這些現象，預料今後仍將持續發生，且其規模可能更大更廣。

二、退縮不能解決問題

但是，這樣的退縮態度，能解決當前和未來的問題嗎？我提出這個問題，是因為過去二十多年來，除少數幾年受世界經濟衰退的影響以外，我們一直習慣於以工業為主導的高度經濟成長；現在突然由高度成長減緩為中低度成長，其所引發的強大結構變動，我們能否承受？如其不然，這樣的演變必將進一步影響社會治安和社會秩序。那時臺灣所面臨的將是什麼樣的局面？這樣的局面會不會進一步導向惡性循環？

再說，臺灣工業發展真已經「過頭」了嗎？諾貝爾獎金得主、美國麻省理工學院經濟學教授梭羅（Robert Solow）根據客觀的觀察，在接受中國時報記者王韻的訪問時就認為：「臺灣不應以目前的發展為滿足，臺灣的工業基礎還應該再擴大。」

老實說，像臺灣這樣一個小島，如果主要靠國內需求來維持經濟發展，無論如何也不能滿足人民對未來生活水準逐年升高的期望。為著避免人民的失望可能引起的動亂，我們還是要高度依賴對外貿易，還是要高度依賴工業出口，因而工業基礎還是要進一步擴大；而且只有如此才可望帶動高級服務業的健全發展，而不致讓「雜碎」服務業

泛濫成災。

　　從更高的層面來看，以臺灣現今在國際上的困難處境和內部的不穩定狀況，臺灣經濟尤其需要創造一波又一波的奇蹟，藉以振奮人心，鼓舞士氣，並使國際人士刮目相看；而這又要寄望於臺灣工業展現一波又一波的技術突破。但是，如果前文提到的六大問題不能同時解決，今後要維持中度經濟成長已很困難，至於不斷創造經濟奇蹟的構想，則只不過是虛無縹緲的夢想而已。

　　這裡涉及「解連環」的複雜問題。我認為要解開這個「連環」，首先要政府認真推動自由化、國際化。過去國內企業受到太多的管制與干涉，也受到太多的扶持與保護；如果這個政策不徹底改變，國內企業永遠不能與國外企業公平競爭。

三、如何回到高度成長？

　　為著突破臺灣經濟現今所面臨的困難，以及開拓未來發展的遠景，我們一定要採取一個非常的、化危機為轉機的策略。這個策略就是我曾撰寫四篇專論反覆申論的：設置「中央發展外匯基金」的建議。我在這裡不想重複以前提過的論點以及「基金」設置與運作的技術問題；我只想指出，這個「基金」的主旨是由中央銀行撥出三百億美元，每年由其中提出三分之一貸放給國內企業，專供進口機器設備及轉移技術之用。至於「基金」貸款的分配以及利率的高度，則完全由市場運作的方式決定。由於每年「基金」貸款的數額相當龐大（一百億美元），貸款利率必然低到足以吸引投資者的興趣。這個「基金」開始運作以後，可望立即產生下列效果：

　　⑴國內外戲劇性的反應——就國內而言，這個龐大「基金」的設

置，表示政府繼續維持臺灣經濟高度成長的決心，因而國內企業對臺灣經濟前途可望立即產生新的信心。這樣，近年來一直低落的投資意願就會轉趨熱絡。就國外而言，像這樣數額龐大、專爲進口機器設備及引進技術的「基金」貸款，必然使工業先進國家（尤其是困於巨額外貿赤字的美國）的企業對國內企業爭相兜售或尋求合作，這些國家原來對臺灣貿易的不平衡必將迅速改善，因而它們對臺灣開放市場和臺幣升值的壓力亦將緩和。其結果是：國內企業有足夠的時間對全面自由化、國際化的衝擊可以從容調適，而這又可能提供進一步投資的誘因。

(2)每年一百億美元「基金」貸款連續資助的機器設備進口和技術轉移，必將迅速促成國內產業的技術革命；在西元2000年前，臺灣必將呈現嶄新的面貌，成爲世界上的經濟大國。

(3)在與「海外經濟合作發展基金」密切配合之下，國內不再享有比較利益或在近期內展望不佳的工廠，必將加速遷往仍有發展前途的國家（這裡應有一套極具前瞻性的構想）；同時除完全新建的工廠外，爲安置進口的新設備，絕大多數工廠必將就原址改建，因而減少另覓工業用地的困難。

(4)另外，我特別強調「基金」貸款的申請廠商必須保證嚴格預防環境污染。因此原本不符合環保條件的工廠，勢必逐漸爲符合環保條件的工廠所取代。最後所有工廠不但在技術上換了一次健康的新血，而且在運作上也換了一個健康的新環境。

(5)在工資成本相對於其他新興工業國家迅速上升的情況下，「基金」貸款資助的機器設備進口和技術轉移，必將使工業生產導向於「技術密集」或「資本密集」。那時高品質的勞工必將供不應求，而品質較低的勞工則必須接受在職或轉業訓練，結果勞動生產力必將大幅提高。

同時由於勞工對高酬工作趨向於更高度的競爭，近年來稍見鬆弛的勤奮敬業精神必將重振。在這個新風氣感染之下，游手好閒的人必將因而減少，社會治安也可望有所改善。

(6)由於國內產業脫胎換骨再度推動高速經濟成長，國外高級服務業必將蜂擁而至，國內服務業的品質及多樣化亦必因而提升。到了相當地步，製造業在國民經濟中所占的比重可能漸趨減少，而服務業的比重則漸趨增加，表示臺灣經濟發展漸進於成熟。

(7)在這個發展階段尚未到達以前，臺灣進出口貿易仍將同時維持高度成長。在全面自由化、國際化實現之後，進出口貿易及國際收支必將維持大致平衡。無論如何，絕不可能出現長期出超，以致中央銀行為了要不斷吸進外匯而不斷釋放臺幣。至於過去由於外匯存底累積而造成的大量超額貨幣供給，其中一部分除由政府吸收以推動公共建設外，其餘將因為工商業恢復高速成長而自然消化。其結果是：原來的通貨膨脹壓力必將消失於無形。

(8)至於央行撥交「基金」的三百億美元，還是分毫不差屬於央行所有，只不過現在通過「基金」的運作使「呆」錢變成「活」錢。這些「呆」錢，原本是全體國民過去累積下來的一部分儲蓄，卻連年如梭羅教授所說「以出口的方式為國外運用，支持了國外的經濟發展」；現在則利用這些積蓄貸放給國內企業進口機器設備和引進技術，以「刺激自己國內的投資意願，和增加工業的產能」，從而促使臺灣經濟由中低度成長回到高度成長。

由以上的敘述，可知藉「中央發展外匯基金」的設置再創臺灣經濟奇蹟的建議，是著眼於通盤的考慮，並兼顧當前的問題和未來的遠景。這個建議可能尚有考慮欠周的地方，但決不是一件枝枝節節的「因應措施」。不幸在極具關鍵性的最近兩年，政府施政決策仍免不了枝枝

節節，以致缺乏全面性及前瞻性。最近有兩實例，可以作爲這個指陳的佐證。

第一個實例，是經濟部爲培養國內有待開發或未來發展潛力雄厚的產業，成爲我國產業的「明日之星」，特指定工業局成立「目標性產品推動小組」，自今年春開始，會同工研院、創新公司及業者每年挑選五一八項產業，全力輔導其發展。今年被挑選的產業，有航空太空工業、汽車工業（以引擎及車型自製爲主）、機械業（包含工具機）、消費性電子產品(包含數位化電視機)、汽電共生系統、塑膠製品業、遊艇業等。爲著推動這個計畫，工業局擬議以現有的獎勵辦法全力輔導，看來頗似多年前實施的「策略性工業發展方案」的翻版。頗富諷刺意味的，是由政府以種種優惠條件和高度保護刻意培養二、三十年而仍不成器的汽車工業，竟率先響應航空太空工業的發展！照這樣看，今後「目標性產品」的發展，勢非關起門來保護不可，而這樣的政策卻正與政府現今經濟政策的大方向背道而馳。

再說，這個計畫所倚重的工研院及國內其他研究機構和創新公司，近年來雖然確實有值得稱許的表現，但以它們的有限力量，如果希望它們協助推動每年以五一八項累增的產業發展，未免不切實際。我絕不懷疑經濟部提出這個計畫的苦心，但是我非常擔心這個計畫終不免於以前「策略性工業發展方案」所遭遇的同一命運。

依我個人的偏見，這個計畫很容易納入我所提出的「中央發展外匯基金」建議之中。我認爲開發新產品的主動力，應來自民間企業，而不應由政府挑選。政府所應該做的，只是提供新近國外重要工商動態和科技發展的資訊，以及全面性的既不干涉個別企業決定、也不干涉市場機能的協助。在我的建議中，工研院等研究機構及創新公司在協助經辦「基金」貸款的商業銀行審查貸款申請或個別企業自動要求

開發新產品和新技術方面，可能提供極有價值的服務，但絕不可由它們協助政府預先選定那些產品應該優先開發。在我看來，這個選擇性的發展策略，在政策上又是開倒車。

第二個實例，是政府爲有效緩和中美間緊張的經貿關係，決定由我方出資(暫定爲二億美元)，透過美國往來銀行轉貸給該國輸銷產品到我國的出口商。這個計畫，可以說與我方每年不定期組團前往美國採購計畫「異曲同工」。但是效果如何，尚待證明。最值得疑慮的，是這個計畫適用的對象只限於美國。這在我國雖然是存心「討好」，但在美國未必眞心「領情」。至於對其他國家而言，上述計畫可能引起的反感不問可知。如果1992年大歐洲計畫眞能實現，我們現在的作爲等於樹立一個幾年後的大敵，未免過分淺見。反之，假如政府採納我的「中央發展外匯基金」建議，則世界各國都有公平競爭的機會，分享臺灣每年一百億美元以上的機器設備進口和技術轉移。其結果是：世界各國都將成爲我們的朋友。

以上所舉的兩個實例，旨在闡明經濟政策的全面性和前瞻性的重要，而這也正是我所提出的設置「中央發展外匯基金」建議所極力顧到的。當然，我並不認爲我的建議是解決當前和未來臺灣經濟困難的唯一方法。如有高明之士提出更周全的建議而能爲政府接納，我一定舉雙手贊成。

(《天下雜誌》，1989年2月；爲配合該雜誌的風格，文題經改爲「脫出經濟的重圍」，文中小標題亦經改動)

臺灣「經濟大國」之夢在那裡?

一、由央行關於外匯運用的「淺談」說起

中央銀行於1989年8月編印了一件參考資料，題為「淺談外匯存底的意義、來源和運用」（以下簡稱「淺談」）。其目的是回答一個問題：近幾年來，由於我國的外匯存底快速累積，普遍引起大家的關心和討論；許多人甚至以為「既然我們擁有這麼多錢，為什麼不能直接用來進行全國性的經建計畫或地方上的基層建設呢?」

「淺談」的回答是：這裡涉及一個「關鍵性觀念」，那就是中央銀行的外匯資產與臺幣的負債必須平衡。

因此想動用外匯的人必須先準備等值的臺幣，然後依照結匯手續來動用；政府機關也不能例外。以「各級政府向國外購買防治公害設備、高科技的新產品、新技術」為例，如果中央銀行無償配給他們所需的外匯，那麼中央銀行的外匯資產固然是被消化了，但是中央銀行購買外匯所放出的臺幣無法回收，結果必會造成通貨膨脹。

坦白地說，央行的這一套解釋，我是半懂半不懂。例如：設想政府某部門由於緊急需要，向行政院提出特案申請、獲准進口價值一億美元的防治公害設備；而行政院卻沒有這一筆財源（我當然希望政府

發行公債，吸收游資，以便事先編列預算；但是政府有時也有緩不濟急或其他的考慮），於是只得命令央行撥付一億美元與某部門。

儘管央行原來購進這一億美元時放出了等值的臺幣，但在既已放出那些臺幣以後，撥付一億美元與某部門根本不影響既有的貨幣供給總量，怎麼會造成通貨膨脹呢？

至於由此所引起央行外匯資產與臺幣負債的帳面平衡問題，我認為由政府內部會計處理可以解決。我所想到的處理方式之一，是一方面「虛擬」政院授權央行增發一億美元的等值臺幣付與某部門，另一方面「虛擬」央行由某部門收回相當於一億美元的臺幣。

這個處理方式，涉及「一般政府」和央行的「資本帳」。設有關年度的經常帳已經平衡，因而沒有餘差（正或負）轉到各自的資本帳，同時這裡也不必考慮其他會計項目；但為顯示「淺談」中所強調的平衡問題，央行資本帳上特別保留原有外匯資產（設定為七百五十億美元）和相當的臺幣負債。於是上述特案撥款的會計處理方式，便表現為下列㈠帳和㈡帳。

㈠一般政府資本帳	（單位：臺幣元）
G1. 某部門特案進口價值一億美元之防治公害設備（B4）	G2.「虛擬」政院授權央行增發一億美元之等值臺幣（B3）
㈡中央銀行資本帳	
B1. 原有七百五十億美元資產 B3.「虛擬」央行由某部門收回一億美元之等值臺幣（G2）	B2. 原有七百五十億美元資產等值之臺幣負債 B4. 央行撥付某部門一億美元進口防治公害設備（G1）
㈠加㈡政府綜合資本帳	

（接下頁）

（承上頁）

G1. 某部門特案進口價值一億美元之防治公害設備（B4） B1. 央行原有七百五十億美元資產 減 B4: 央行撥付某部門一億美元進口防治公害設備（G1） 淨餘: 七百四十九億美元資產	B2. 央行原有七百五十億美元資產等值之臺幣負債

　　經過這樣的會計處理，一般政府和央行資本帳上的資產與負債在概念上都平衡了。同時進一步將這兩個帳加以綜合，則兩個「虛擬」項目彼此沖銷；剩下來的是：資產方面顯示某部門特案進口價值一億美元之防治公害設備，另加央行原有七百五十億美元資產，扣減央行撥付某部門一億美元進口防治公害設備後，淨餘七百四十九億美元；負債方面顯示原有七百五十億美元等值之臺幣負債，雙方正好相等。

　　由此也可以看出：資產方面「某部門特案進口價值一億美元之防治公害設備」，正好相當於負債方面央行原有七百五十億美元中一億美元等值之臺幣負債；因此，這裡既沒有資產與負債的平衡問題，也沒有造成通貨膨脹的問題。

　　我們之所以不厭其煩的闡釋「淺談」中強調的所謂「關鍵性觀念」，是因為它很可能構成政府動用外匯存底發展基本建設的障礙。

　　現在大家應該明白，這個觀念上的障礙沒有繼續存在的理由；真正值得重視的問題，是上列資本帳上未加考慮的國際收支差額（包括有形和無形貿易差額及資本流動差額）連年發生赤字時，對「安全」外匯存底可能產生的威脅。

　　不過，以現今央行外匯存底之龐大，只要善加利用，絕不致危及外匯的安全水準（為避免政府在預算外動用外匯資產的浮濫，可規定

某一數額以上的外匯動支計畫須經立法院批准。)

二、自由經濟是「自由放任」抑「懶散放任」

至於「淺談」中所提到的高科技新產品和新技術的取得，絕大部分並不要各級政府（直接）向國外購買，而只要央行以適當的方式貸予企業，由它們自行向國外採購。

自1987年4月初開始，我曾撰寫了一系列的專論，倡議由央行撥出三百億美元設置「中央發展外匯基金」（一個原則性的建議），並由該基金通過商業銀行每年貸予國內企業一百億美元，以促進全面技術升級，使臺灣在不久的將來成為世界上經濟大國之一（這樣大額的基金計畫，自然要經立法院通過）。

在1988年1月由《經濟前瞻》刊載的一篇專論裡面，我特別提出這一筆外匯撥款毫不影響央行「外匯資產與臺幣負債平衡」的會計處理方式，和基金通過商業銀行貸款的市場分配原則，以及附帶要求借款人履行改善環境的承諾；以後發表的專論中，並進一步指出借款人將進口新設備裝設工廠原址，而將原有舊設備移往第三世界，因而減少取得新廠址的困難。

但是，這個建議除了最初受到經建會當局注意以外，以後就一直無人再提。而正當政府長期採取進口代替和出口擴張的雙管政策使央行外匯存底快速累積、終於引起貿易對手國（尤其是美國）反彈的時候，政府當局眼見其長期保護因而沒有足夠競爭能力的國內產業，在臺幣被迫不斷升值和國內市場被迫不斷開放的壓力下急待調整結構和提升技術，卻一直無所作為。

儘管外國的評論家嘲笑我們面對龐大的外匯存底不知如何利用，

儘管國際著名的經濟學者勸告我們善用外匯存底，刺激正在衰退中的國內工業投資意願，政府當局卻仍然充耳不聞。幾年前政府所宣佈的自由經濟政策，其涵義究竟是「自由放任」(laissez faire)，抑或是「懶散放任」(lazy faire)，眞令人十分費解。

三、錯誤經社政策所付出的高昂代價

最近兩年，有識之士一直擔心的央行外匯存底快速累積所放出巨額貨幣的潛在通貨膨脹壓力，終於引發股票和房地產價格的狂飆；尤其是最近一年，每一個交易日（實際上只有半天）衝向股票市場的資金，高達臺幣一千億至二千億元。

一時之間，政府好像眞有理由讓企業自求多福，在股票市場上以極低廉的成本取得其所需的資金；而爲進口機器設備和轉移技術所需用的外匯，似亦可由股票市場籌措廉價資金以爲支應，因而好像眞的用不著政府操心。

不幸眼前的事實是：多數企業現在對風險投資已經不感興趣；它們（包括那些尚未發行股票的企業）參加股票或房地產的炒作，其目的多半不是藉此吸收資金，以厚植企業本身發展的實力，而是貪圖不勞而獲的非分之財。

對許多企業而言，我們甚至可以這樣說：用這個方式所賺的錢愈多，對發展企業的興趣愈少。據聞有些企業爲了參加容易賺錢的金錢遊戲，竟然放棄原有企業，或任其自生自滅；而對臺灣工業發展曾有重大貢獻的員工，現在也有不少受到金錢遊戲的吸引，離開了原來的崗位，因而導致企業界人力短缺，使原來已有持續上揚趨勢的薪資，竄升得更快。

　　至於全社會因此浪費的人力，由現今股票市場開戶人數多達四百萬即可想而知。在這個風氣之下，難怪物慾橫流，沛然莫之能禦，社會治安焉得不壞！可以想像，這個演變必然回過來進一步影響正當企業的投資意願，而這也正是最近一年以來「海外投資熱」的最大助因。

　　這裡有一點特別值得一提：有些聰明人用炒作股票和房地產以及其他不正當手段所撈到的錢，堂堂正正的換成外匯，也紛紛參加了海外投資的行列。企業界辛辛苦苦替國家賺得的外匯，政府一直如此珍惜，甚至遲遲不肯用以刺激企業投資，促進技術升級；而現在這些聰明人卻如此輕易地、幾乎毫無代價地把巨額外匯一年一年的以投資名義往海外搬。這個結果，對以「臺灣經驗」輸出見稱的中華民國而言，實在是一大刺諷。

　　假使在兩、三年前，臺灣被迫由進口代替與出口擴張的雙管政策走向「自由化、國際化」的最關鍵時刻，政府當局便斷然決定，利用龐大的外匯存底及可以吸取的游資，一方面促進國內產業升級，一方面積極推展社會基本建設和提升人民生活品質，那麼今天我們所看到的，應該是一個充滿朝氣的和諧社會，而不是一個缺乏信心的紊亂社會。錯誤政策所付代價之高昂，一至如此，為政者可不慎哉？

四、「漢江奇蹟」的新展現對臺灣的啓示

　　走筆至此，不禁使我們想到多年來一直與臺灣相提並論的南韓。南韓經濟發展序幕的拉開，雖然比臺灣遲了十年；但是其所採取的管制、保護與獎勵的進口代替與出口擴張的雙管政策，與臺灣所採行者並無二致。

　　唯一不同之處，是南韓自始即把重點放在大型企業的發展上面。

由於這些大型企業傾向於資本密集，而由投資到開始生產的期間又比較長，故在其不斷擴充的過程中，不免使南韓貿易發生長期入超，至1985年才將這個逆勢扭轉過來；然在此以前長期累積的巨額外債，卻非短期內所能償還，因而現在每年所付的外債利息仍然是相當沈重的負擔。

正是由於這個緣故，南韓在近幾年來，雖然也被迫提升幣值和開放市場，但其感受的壓力遠不如臺灣之重。不過對南韓而言，外來壓力的升高與國內工資的暴漲，已使其經濟發展前景出現陰霾。

爲突破這個困境，並爲使南韓在西元2000年時晉身世界十大高科技國之林，據1989年10月13日《工商時報》漢城報導，南韓商工部將在五年內投資三百八十八億美元（照下列數字相加，應該是三百九十億美元）發展高科技工業。計畫中將投資一百六十四億美元，用於研究及發展高科技（其中五十七億四千萬美元的經費將由政府提供）；另外將以二百二十六億美元，投資在製造工廠的設備上（其中將由政府準備提供三十七億四千萬美元十年以上的低利貸款）。

南韓商工部指出，這項計畫將使南韓在全球高科技市場中的占有率上升。1987年南韓在全球高科技市場的占有率爲1.4%，預計到1994年這個占有率將提升到2.3%，到西元2000年時將提升到3.2%。另外，1987年南韓高科技產品占製造品出口的11.1%，預計到1994年這個比率將可提升到24.4%。

這一段報導，我不知道政府當局（現在的和過去的）看了之後作何感想。過去南韓的經驗，是在債臺高築之下發展經濟，結果不但創造了經濟奇蹟，而且顯著提高了國際地位。這一次南韓政府展現了更大的魄力，宣佈即將實行三百八十八億美元的五年投資計劃，必然也要依賴外債。以南韓政府和人民的拚鬥精神，我深信他們必能在逐漸

開放的經濟體制下，達成預定的目標。那時南韓的國際地位之提高，自是不在話下。

雖然我們不一定要完全仿效南韓的作法（事實上我們至今還沒有關於南韓具體作法的報導），但是既然我們手上握有南韓所沒有的龐大外匯存底，我們至少也應該像南韓一樣，有一個「經濟大國」之夢。然而，我們的「經濟大國」之夢在那裡呢？什麼是我們的長程目標呢？我們實在不應該繼續迷失於過去的「臺灣經驗」了，倒是這兩個問題，特別值得我們長考深思。

五、對未來樂觀要有具體事實的支持

也許有人以為我在這裡危言聳聽，似乎只要指出最近幾年臺灣實質國內生產毛額仍在持續穩定成長和對美國貿易繼續大幅出超，便可反駁我的論調。不過，我希望反駁我的人注意兩個事實：

(1)國內生產毛額的計算，必然包括服務業的盈餘。最近幾年，國內服務業顯然呈現偏頗的發展——尤其是從事房地產和股票投機的金融業及其相關企業（合法的及非法的）畸形膨脹。如果把這些企業因為房地產和股票價格狂飆所賺的錢都計入國內生產毛額（由於這種看似大家只賺不賠的利得並非「零和」的移轉性質，好像找不到任何理由不予計入），則最近幾年來，後者的成長率必顯著高於沒有這些投機利得時的成長率。

同樣，如果把其他企業因為房地產和股票價格狂飆所賺得的營業外利得計入國內生產毛額，也會導致相同的結果。

我不知道主計處如何處理這一項利得，但是只要其中有一部分計入國內生產毛額，則後者成長率的估計就不能代表臺灣經濟實力成長

的指標。

在這裡我要順便提及，有些觀察家看見國民所得統計顯示，近年來服務業的比重相對於製造業的比重不斷提升，就以爲是正常的結構變動。但由上一段的討論，可知這樣的結構變動有一大部分是虛假的、不正常的。

實際上，只要我們仔細觀察近幾年來新發展的服務業種類和品質，即可看出在像臺灣這樣一個非城市經濟裡面，製造業尙未成熟發展以前，便跳進以服務業爲主的經濟階段，服務業不可能是高級的、足以與外國匹敵的行業。因而由此表現的經濟結構變動，並不值得我們感到安慰。

(2)關於臺灣對美國貿易繼續出超的辯證，我手上雖然沒有可以信賴的資料，但是根據許多態度嚴肅的報導，自數年前日幣相對於臺幣大幅升值和日本多項製造品出口遭受美國定額限制以後，日本許多製造商即以種種方式「假道」臺灣對美國輸出。這可能就是在臺幣連續升值後，臺灣製造商對美國貿易仍能維持大幅出超、而且產品品質在美國等級竟能提升的主因之一。

日本製造商所採用的假道方式，據說是在「技術合作」等好聽名義的掩護下進行「日製臺裝」之實。過去三十餘年來，臺灣製造業與日本製造業合作，無論是針對內銷或外銷，一直是用這個方式，因此臺灣製造業在技術上永遠沒有顯著的長進（裕隆汽車就是一個典型的實例）。

也正是由於相同的原因，南韓在上述高科技發展計畫中，特別規定將「以南韓的國內市場來迫使日本等外國企業將高級技術移轉給南韓」（見前引《工商時報》漢城報導）。現在臺灣製造業仍然以與日本技術合作的方式對美國持續維持貿易出超，並藉以提升臺灣產品在美

國的形象，是值得我們滿意的長久之計嗎？

在提出以上兩點疑問之後，我希望讀者不要誤會，我毫不懷疑過去臺灣經濟的成就，尤其欽佩國內仍有不少企業在臺幣升值、市場開放、及其他不利條件下繼續奮鬥。我所感到遺憾的是，臺灣經濟應該表現得更好，但卻沒有做到——尤其是在三十多年長期發展之後，臺灣製造業仍沒有更強的競爭能力。這正是我為什麼固執的倡議：在不違反自由經濟的大原則下，利用巨額外匯存底，協助國內產業全面技術升級的理由。

李登輝總統很可能是對的，「我們的未來不是夢」。但是，鑒於近幾年來政府有關當局的所作所為，以及最近兩年國內經濟和社會的不健康狀況，我仍然不禁要再問一次：臺灣「經濟大國」之夢在那裡呢？什麼是我們的長程目標呢？

（《遠見雜誌》，1989年12月）

政府應速訂高度前瞻性的
外匯融資政策

一、前　言

　　自1987年4月至1989年2月，我先後在《中國時報》、《經濟前瞻》及《天下雜誌》上發表了五篇專論，倡議由中央銀行外匯存底中提出三百億（最初提議五百億）美元設置「中央發展外匯基金」，一以解救當時由於「自由化、國際化」政策的突然衝擊所造成的經濟困境，一以促進多年來由於政策誤導以致積弱不振的國內產業的全面升級，使臺灣在不久的將來成為世界上的一個經濟大國。

　　這個建議，雖然沒有引起政府的反應；但是據1989年10月13日《工商時報》來自漢城的報導，在經濟上一直被認為是臺灣競爭對手、而外債負擔至今仍頗沈重的南韓，卻於前一日胸有成竹的宣佈，將在五年內投資三百八十八億美元（略等於我對政府先後建議的「基金」數額五百億美元及三百億美元之平均數）發展高科技工業，以期在西元2000年時晉身世界十大高科技國之林。

　　更巧的是，在1989年12月中《遠見雜誌》刊出拙文〈臺灣經濟大國之夢在那裡〉（其主旨在於評論現行運用外匯存底政策）之後，不到十天，中央銀行便一反過去的保守作風，主動邀集公民營企業主管以

及專家學者舉行一次協商會議,「會中原則決定: 央行將以現有外匯存底總額七百多億美元作爲種籽基金, 全面開放窗口供企業 (投資) 融資運用」(見1989年12月24日《經濟日報》)。

這兩件事何以發生如此巧合, 並不重要; 眞正重要的是, 央行對這一次集會的決議能否貫徹實行以及如何有效實行。以前政府對被邀專家學者所提建議「淡化處理」乃致「置之高閣」的次數實在太多了, 以致央行對這一次集會的決議能否貫徹實行, 我個人仍抱持保留態度。

不過, 我要在這裡正告政府: 臺灣經濟當前所面臨的問題, 比大家在表面上所看到的要嚴重得多; 零零碎碎的臨時因應措施, 決不足以解決這些問題, 更談不上把臺灣推向「經濟大國」的境界。老實說, 現今除了靈活運用存在央行的龐大外匯存底以外, 政府已經別無更好的同等重要的選擇。兩、三年前, 政府沒有遠見和魄力朝這個方向邁進, 以致產業界對臺灣經濟前途的信心降到今天這個地步; 今天縱然立即開始行動已嫌太遲, 若再因循下去, 後悔就來不及了。

二、一個大好時機的喪失

我特別著重「今天縱然立即開始行動已嫌太遲」這一句話, 是因爲以前存在的利用外匯存底激發企業投資的誘因現在大部分都消失了。在1987年4月初和同月底《中國時報》刊出我的第一篇和第二篇設置「中央發展外匯基金」建議時, 外匯匯率尙盤旋於美金一元對臺幣三十五~三十六元之間, 那時大家一致預期臺幣進一步大幅升值勢所難免; 如果國內企業那時有機會按照國際貸款利率或較低的利率借進中長期美元貸款, 即可肯定獲利, 因而必然願意借進美元貸款, 並藉以推進產業升級所必要的生產設備汰舊換新和技術轉移。其次, 那時

一般企業雖然已經開始感受「自由化、國際化」的壓力，但是業者的企業心仍極旺盛，一般員工的工作態度也很正常，因而大家都有「風雨同舟」的堅強鬥志。比較更重要的，是那時政局穩定，社會治安仍然相當良好，一般人生命財產的安全還是不成問題。這幾個條件，都大有助於利用外匯存底激發產業投資的誘因。假如政府在那時肯接受設置類似「中央發展外匯基金」的建議，臺灣經濟必能在不太長的期間內脫胎換骨，我當時期望在西元2000年時臺灣成為世界上的經濟大國，決不是一個虛無的夢想。

以後的情勢發展，不幸每下愈況。到了現在，原來存在的利用外匯存底激發產業投資的誘因已經迅速消失。臺幣升值的預期，已漸因資本大量外流而為臺幣貶值的預期所代替；我們雖然不能斷定臺幣沒有再升值的可能，但其升值幅度亦將極其有限。再就企業人員而論，雖然多數仍能堅守崗位，但其中不在少數原有的敬業精神，已漸被金錢遊戲所沖淡（而這個金錢遊戲，正是央行累積外匯存底造成游資泛濫所引起的）；這個金錢遊戲的參與者，現在已普及到社會大眾。同時「暴利之所在，暴力亦隨之」，這就是社會治安惡化到一般人（尤其是企業家）生命財產的安全沒有保障的主要原因。最近又因政治紛爭，引起人心惶惶；國內企業的外遷，遂隱然成了大勢所趨。到了這個地步，政府才想到利用外匯存底激發產業界的投資意願，其功效自遠不如兩、三年前。

三、從速開創經濟新局面

儘管如此，我們還是沒有理由感到悲觀。在過去三十年間，臺灣經濟究竟打下了相當穩固的基礎；故在逆境之中，國內仍有許多企業

繼續拚鬥，有些企業還拚出了值得誇耀的成績。而自證交稅引進以後，泛濫於股票市場及其他賭博場所的游資可望快速回籠；連同其他吸收游資的措施所產生的效果合計，預料在不久的將來金錢遊戲必漸趨於收歛。同時為確保大局穩定，政府除積極走向民主政治，凝聚全民向心力以外，勢非加緊維護治安不可，人民生命財產的威脅可望逐步減輕。所以現今利用外匯存底激發產業投資意願的時機，雖遠不如兩、三年前，但是如果政府決心提出一套具有實效的外匯融資辦法，以展現其加速開創經濟新局面的遠見和魄力，也並非完全不能彌補時機上的失誤。

四、如何「有效」運用外匯存底

　　現在的問題，是如何運用外匯存底對企業融資才算是「具有實效」。關於這一點，央行當局似乎沒有明白交代；他只表示利用外匯存底支援公民營企業到海外進行某些活動，這些活動與我的幾次建議先後提到的進口生產設備、轉移技術（包括直接轉移及技術合作），和為取得新科技及原料供應的海外投資並無不同，而其目的也都在促進國內產業升級。在實質上，央行的構想與我的建議唯一不同之處，似乎是前者主張外匯融資的利率水準「將比照國際行情」，而不考慮給予企業補貼性的優惠利率（見前引《經濟日報》的有關報導）。在這個構想之下，外匯貸款數額將由申請貸款的企業參照央行所定的利率自行決定（即所謂「以價制量」），因而毋須設置基金。而照我的建議，為確保全面產業升級所需外匯融資的穩定供應，設置一個三百億至五百億美元的基金實有必要；而基金的任務，則是協同承辦貸款的金融機構每年對國內企業貸出一定數額的外匯——例如一百億美元。由於貸款操作的

方式近乎「喊價拍賣」的原則（關於這個運作方式的解釋，請參閱1988年1月10日出版《經濟前瞻》第三卷第一期所載拙文〈臺灣當前經濟問題的兩個重要層面〉；至於有關次要技術問題，恕不能在此解釋），貸款利率將由企業根據各自考量達成的協議決定（這就是所謂「以量制價」）。可以想像，這樣龐大數額的貸款，在現今低落的投資意願之下，必將使貸款利率遠低於「比照海外行情」所定的利率。

五、兩個構想的「實效」比較

現在我們可以大略估量一下，以上兩個不同的構想究以何者比較「具有實效」。首先我要特別強調，在正常情況之下，我會贊成央行的構想。因為任何資源的利用都要考慮「機會成本」；而「比照海外行情」所定的利率——亦即國際資金市場的競爭利率，正是央行把可以投資於海外的外匯資產移用於國內的「機會成本」。但是在自由開放的壓力下，國內產業由於長期政策誤導以致欲振乏力，而兩、三年前存在的利用外匯存底激發投資的誘因又已經大部分消失之際，若在對企業展開外匯融資之初就要求它們負擔相當於國際資金市場的競爭利率，我幾乎可以肯定，央行的龐大外匯存底不會有很大的數額轉作企業投資，因而對產業升級也不可能發生顯著的效果。

反之，若依我的構想，則央行的外匯存底必能在遠低於「比照海外行情」所定的利率之下每年對企業貸出一百億美元，如此必將加速現有生產設備的汰舊換新和技術轉移，從而引發波瀾壯闊的產業革命。不出數年，臺灣必將邁向世界經濟大國之林。所以這兩個構想之差，不只是「比照海外行情」所定的利率與「以量制價」操作方式所決定的利率之差，而是缺乏信心的沈悶經濟局面與充滿活力的繁榮經濟局

面之差，是經濟低勢導向與經濟強勢導向之差。

六、眼前利益與長遠利益

兩相比較，即可知央行如果不用「比照海外行情」所定的利率，而改用「以量制價」操作方式決定的利率，其所犧牲的只不過是按照這兩個不同利率貸放外匯的眼前差額利益，而其所孳生的則是難以估計的促進國內產業升級使臺灣終將成爲經濟大國的長遠利益。前者不過是央行本身的利益，後者則是國家的整體利益。央行不是一家只顧本身利益的商業銀行，而是一個負責維持全國經濟穩定與成長的最高金融機構，自應以國家整體利益爲重。我在1987年4月初次建議設置「中央發展外匯基金」時，早已料到央行可能有這樣的考慮，所以我寫了這麼一段話：「公共政策的運作，永遠只考慮對整體經濟的效果。如果中央銀行運用其持有的外匯資產時也像私人企業一樣的計較利害得失，那麼，它首先就不應該承受臺幣相對於美元升值所發生的損失。」但在事實上，央行承受了這些損失；不管它作這個決定的理由是否值得商榷，它總是爲整體經濟的效果著想。那麼，現在央行構想利用外匯存底對企業投資融資時，又爲什麼斤斤計較毫釐之差的眼前得失，而不考慮長遠的整體利益呢？

七、「以量制價」決定外匯貸款利率的進一步辯護

也許有人懷疑，照前述「以量制價」的操作方式決定的外匯貸款利率，是否就是央行當局所指補貼性的優惠利率。爲著澄清這個誤解，我希望特別強調，在「以量制價」的操作方式之下，借款企業正如在

「以價制量」的操作方式之下一樣，各自比較增額投資對其生產的貢獻（邊際生產力）與增額投資的成本（邊際成本）——亦即借款利息。所不同的，是在前一方式之下，事先即有一個既定利率——即「比照海外行情」的利率，而由所有借款企業各自根據上述本益比較，決定願意借款的數額；而在後一方式之下，事先即有一個既定的貸款數額——即一百億美元，而由所有借款企業各自根據上述本益比較，在若干設定利率之下決定願意借款的數額，從而決定其中借款總額正好等於一百億美元貸款的利率。明白這個道理，即可看出「以量制價」方式所決定的利率，並沒有什麼「補貼」和「優惠」。這樣決定的利率之所以可能遠低於「比照海外行情」所定的利率，完全是因為在當前國內企業投資意願低落的情況之下，只有這樣低的利率才能吸收每年數額高達一百億美元的貸款，以促進國內產業全面升級。

我們預期，上述「以量制價」方式所決定的利率可能遠低於「比照海外行情」所定的利率只是過渡的現象。每年高達一百億美元投資貸款連續注入國內產業的結果，必將使國內產業的技術水準和競爭能力不斷提高；這個進步反映到企業投資的意願上面，就表現為相當於原來的借款數額、企業所願接受的利率亦不斷提高。若干年後，「以量制價」方式所決定的利率很可能與「比照海外行情」所定的利率不相上下。那時我建議設置的「中央發展外匯基金」也就很自然的「功成身退」，而臺灣經濟很可能已經進入世界經濟大國之林了。

八、配合外匯融資政策的幾點建議

在以上的討論裡面，我已經陳述了對央行關於外匯融資構想的看法和我個人對這個政策的意見，以供央行及政府其他有關部門參考，

希望從速訂定一套具有高度前瞻性和實效性的可行辦法，以促進國內產業全面升級。

在結束本文以前，我想提出幾點配合外匯融資政策的建議：

⑴對企業融資時，切不可因「策略工業」或「關鍵工業」等先入之見而限制企業的自由發展。

⑵對企業融資時，切不可因「懼大症」而限制某些企業的經營規模，尤不可偏袒公營企業，而歧視民營企業。(在原則上，沒有改組為獨立公營公司或在近期內不擬轉移民營的公營企業，應不予外匯融資。)

⑶接受外匯融資的企業，對其進口設備可能帶來的環境污染的預防，應作確切的承諾。

⑷政府負責單位與企業協調融資計畫時，應配合國內產業升級同時有系統的訂定不適於在臺繼續經營的現有工廠撤遷計畫；至於這些工廠遷至大陸或其他國家，則不加限制。

⑸在上述舊換新計畫進行時，各企業進口的新設備應儘可能裝設於原廠地址，以減少另覓工業用地的困難。(我們當然期望政府能夠清理出大量的現有公地及營造大量的海埔新生地，以供工業發展之用。)

⑹「自由化、國際化」雖為我國全力以赴的目標，但在目前現實世界上國際貿易的完全自由還是遙不可及的理想；尤其是先進國家對尖端科技的外流，幾乎都有嚴格的限制。在這種情況之下，國內尖端科技的開發，只有寄望於國內科學的長期紮根，以及學術機構與有關企業的研究合作。但是，先進國家的企業對不屬於限制級的高級技術亦往往加以壟斷，以致嚴重妨害新興工業國家的進一步發展。現在南韓有一個新構想，即「以國內市場迫使外國企業轉移高級技術」(見前引《工商時報》漢城報導)。這個構想很值得我們參考。

臺灣的廣大國內市場，早已成爲先進國家企業的爭取對象；現在國內企業在外匯融資政策之下每年又可進口高達一百億美元的機器設備，更是一大吸引力。我們應該認清並珍惜這個交易上的優勢，在國內企業向先進國家的企業採購機器設備時，應堅持對方轉移技術，否則即改向其他國家的企業採購。如此，對方縱然不能完全接受，誠意的技術合作則大有可能。爲強化我方的立場，國內企業自資進口機器設備時亦應與政府有關部門密切連繫，以便協議達成技術轉移或技術合作的要求。這實在是一個既公平又互惠而且不悖於自由貿易基本原則的好辦法，決不可輕易放棄。

我個人深信，這幾點建議如能密切配合高度前瞻性的外匯融資政策，必將大有助於開創經濟新局面；臺灣「經濟大國」夢想的實現，爲期亦將不遠了。

（《經濟前瞻》，1990年4月）

臺灣經濟發展
政策的反省

重刊弁言

在以上所列多篇文字中，我已對臺灣經濟發展政策之理念、問題、與建議有所陳述。〈一個長期參與臺灣經濟發展政策討論者的感想〉一文，在基本上實為前列各文之綜合。由此可以看出，何以在1960年代初期以後二十年間，臺灣經濟雖然持續發展，但始終未能突破產業升級之瓶頸，以致在1980年代經不起自由化、國際化（包括臺幣大幅升值）之壓力而陷於極度困難。尤可憾者，政府有關當局既無積極解救之方，又不接受他人建議，坐令臺灣經濟在中央銀行快速累積美元外匯存底之巨富中與臺灣社會風氣同趨下游，殊足慨歎。

1986年，若干有心人士感於政府有關當局對日趨危殆之臺灣經濟徘徊瞻顧，一籌莫展，因而撰文懷念尹仲容先生在1950年代對經濟問題所展現之果斷作風。我對彼等憂時憤世之心情十分諒解，但對彼等對尹先生之誤解不能不辯，故根據我個人與尹先生接觸之經驗撰寫〈尹仲容先生與我的一段交往——早期自由經濟觀念的溝通〉一文。

自〈一個長期參與臺灣經濟發展政策討論者的感想〉發表後，我已決定投筆，不再撰寫討論臺灣經濟發展政策方面之文字。但因自1960年代之初即與臺灣在經濟發展上並駕齊驅之南韓，近年來遍受國際重視，今年8月中共亦與之正式建交。感慨之餘，乃撰寫〈南韓在經濟上較之臺灣強在那裡？〉一文，闡釋兩國經濟轉型及產業升級因決策者之態度而有重大差別。

長久以來，我深感經濟現代化與政治現代化密不可分，並在1985年初撰寫之〈米已熟矣，僅欠一篩耳〉一文中明白闡示。同年，一代大師、諾貝爾獎金得主顧志耐教授逝世，乃撰寫〈政治與社會的創新

對現代經濟成長的重要——顧志耐教授的研究留給我們的啓示〉一文，對同一論點再加申述。顧志耐教授素以學識淵博及精於利用統計資料分析長期經濟成長見稱，彼曾於1977年撰寫〈臺灣經濟成長與結構變動〉一文，對影響各階段臺灣經濟成長之有關因素進行有系統之深入分析。其中若干觀點，與拙見頗為契合。至於其所強調政治與社會制度不斷創新之重要性，在檢討臺灣經濟發展政策時，尤宜屏息深思。

一個長期參與臺灣經濟發展
政策討論者的感想

一、臺灣當前經濟問題的由來

現在也許大家都能同意，1950年代後期至60年代初期政府所採取的第一階段經濟自由化政策，實為以後二十餘年臺灣經濟快速成長的契機。但是很少人認清──因而不肯接受──最近幾年來臺灣經濟(乃至全社會) 所遭遇的許多困難，基本上是由第一階段經濟自由化完成以後，政府沒有進一步撤除50年代所留下來的反自由化措施──包括以關稅和非關稅的保護方式限制進口，及以賦稅和金融的獎勵方式擴展出口；益以僵硬的外匯管制，長期壓低臺幣價值，更使出口利上加利。其結果是:

(1)大多數企業因為易獲近利而不求長進，以致沒有適時養成對外競爭的意識與能力。及至80年代中期，上述反自由化的政策措施終於引起美國的強烈反彈、臺灣經濟終於被迫走向第二階段自由化時，出口企業最初尚能根據臺幣升值的預期進行類似遠期外匯操作的接單方式，藉以勉強維持業績；但是這樣的掙扎究難持久，於是大多數企業很快的喪失了對發展前途的信心和謀求自救的投資意願。這是臺灣產業現今如此疲弱不振的最根本原因。

⑵臺灣對外貿易，在70年代初期即已由入超轉爲出超。在嚴格的結匯制度之下，央行外匯存底開始累積；而在幾乎完全固定的匯率之下，央行發行的強力貨幣亦相應增加。這樣滾雪球似的外匯存底累積和相應的貨幣供給量累增，至80年代上半期更趨加速，終於使這個小島成爲全世界第二個外匯存底最多的國家。同時相應的貨幣供給量大幅增加也終於導致國內游資泛濫，因而掀起房地產和股票市場的瘋狂投機。這時一般對發展前途沒有信心的企業正好轉向加入投機的行列，同時那些本來刻苦耐勞的員工也多離開原來的生產崗位，而從事一夕致富的金錢遊戲，以致許多辛苦撐持的產業反而受到不正常的勞工短缺和工資上漲的壓力；加上金融和保險等服務業（包括投資公司）復乘勢推波助瀾，遂使臺灣以「賭國」之名騰笑萬邦。在這種情勢之下，社會治安焉得不壞？能走的企業焉得不走？整個經濟情況焉得不「江河日下」？

二、「臺灣經驗」──一切榮耀歸於？

儘管以上關於臺灣經濟興衰的敍述都是事實，儘管現今臺灣所面臨的經濟問題和有關的社會問題都是由於60年代初期以後經濟政策的誤導，海內外知名的觀察家（包括學者）還是把60年代之初以至80年代中期臺灣的表現稱爲「經濟奇蹟」，並且把這個「奇蹟」歸功於少數幾位領導人。他們卻不知道，這幾位領導人正是在60年代初期第一次經濟自由化成功之後繼續50年代所留下的反自由化政策的堅決執行者（雖然也有人做了一些無關宏旨的修補工作）。他們似乎完全不了解，臺灣現今所面臨的許多經濟和社會問題，並不是80年代中期突然冒出來的，而是這幾位經濟發展領航者種了二十多年的「因」，才結了今天

的「果」。(請參閱〈趁早拋棄「新重商主義」的包袱〉一文。)美國迫使臺灣經濟自由化所施的壓力,只不過使這個「果」比較突出的浮現而已。

假如這幾位經濟發展領航者在60年代初期第一次經濟自由化成功之後,便即有計畫的逐步撤除50年代所留下的反自由化措施,則在國內企業面對逐步加強的外來競爭、以及後來國內工資節節升高的壓力時,為求繼續生存,就必須積極改進生產和管理技術。如此,臺灣經濟成長率開始雖然不免較低,但是隨著一般企業不斷提升技術水準,臺灣經濟的基礎亦必不斷的加深加強,結果一般企業在國際競爭上必將立於穩固地步,臺灣經濟成長必將迅速提高,如此美國也將找不到藉口而對臺灣強施壓力。同時在新的自由化政策之下,外匯匯率不再受央行管制,因而臺灣對外貿易決不致發生不可控制的出超。那時臺灣縱然擁有較大數量的外匯資產,大部分也是由企業暫行存入商業銀行,以備隨時提用;或由一般金融機構暫行購進而待機賣出,決不可能全部集中在央行之手,更不可能繼續單向累積,以致央行不斷釋出大量的強力貨幣,終致引起後患無窮的「多金」之災。

可是60年代初期以後經濟發展的領航者卻不能領悟臺灣第一次經濟自由化成功的教訓,而執著於50年代所留下來的反自由化政策,結果所創造的所謂「經濟奇蹟」,事實證明不過是「經濟虛肥」。以致經過二、三十年的蓬勃成長之後,不但臺灣產業經不起外來的競爭,而且全社會的健康也受「經濟虛肥」之累。如果還有人侈談這個期間的「臺灣經驗」,未免令有識之士啼笑皆非。

我應該特別強調,60年代至80年代中期的經濟領航者,都是秉持高尚人格和無私奉獻精神的可敬人士,在其他方面他們也都有許多不可磨滅的貢獻;不過因為他們都是「技術官僚」,以致不能從社會經濟

的觀點高瞻遠矚，因而不能看出應該遵循的大方向，結果把「經濟虛肥」當做「實質成長」，終致師心自用，不肯接受經濟學人的忠告（例如他們在表面上頗重視的1974年至1978年間「中央研究院諸院士共同建議」──見1985年蔣碩傑著《臺灣經濟發展的啓示》所列「附錄」；以及本文作者在1981年8月和1983年2月關於臺灣經濟長期發展政策的兩次演講──講詞刊載於中央研究院《對外貿易會議專輯》及《工業發展會議專輯》）；甚至認爲「經濟無用」，「實用主義」(pragmaticism)才是眞正重要。他們沒有料想到，「實用主義」領了二、三十年風騷之後，臺灣經濟竟然變成現在這個樣子，實在令人感慨萬千。

三、金元誠可貴，活用價更高

80年代下半期，雖然接收了以前留下的後遺症，但是並非沒有化危機爲轉機的機會。以臺灣經濟「虛肥」的體質，自然承受不起美國強施的自由化、國際化的壓力；但是央行手中擁有六、七百億美元的外匯存底，卻是一大筆極有價值的資本。這一筆資本如能善加利用，應該可使體質衰弱的產業脫胎換骨，以對付外來競爭的挑戰。同時這些產業體質之所以如此衰弱，完全是由於60年代初期第一次經濟自由化成功之後經濟領航者堅持繼續採取50年代所留下的反自由化政策的誤導，政府也有責任運用這些產業在當年共同賺取的外匯存底挽救它們後來的厄運。因此，筆者自1987年4月起撰寫了一系列的專論，倡議設置「中央發展外匯基金」，以不違反市場自由運作的方式，每年對競爭貸款的企業總共貸放一百億美元，使之更新機器設備及轉移新技術。（關於設置及操作「基金」的技術問題，請參閱〈臺灣當前經濟問題的兩個重要層面〉一文。）我個人始終相信，如果自1987年起政府接受

了這個建議，國內產業必已掀起了一次波瀾壯闊的技術革命，至西元2000年時臺灣很可能成爲世界上一個經濟大國，臺灣的實質國際地位亦將因而提升。

就燃眉之急的短期問題而論，這個建議在當時如被接受，輸入必將立即大增，貿易出超必將立即大減（尤其是對美國），因而可望立即緩和美國要求臺幣升值的壓力，使國內產業對「自由化、國際化」的衝擊享有比較寬裕的調適時間。

另一個極其重要的效果：在國內產業獲得「基金」貸款之同時，它們也要進口原料及其他必要的物品與之配合，因而必須自籌資金以換取所需的進口外匯；而且在「基金」貸款的誘因之下，許多企業很可能乘機擴大生產規模，因而必須擴建廠房及業務機構，這樣又需要更多的營運資金。如此相激相盪，國內產業的資金需求必將不斷的邃速增加。其結果必將使原來在市場上已經開始興風作浪的過剩資金很自然的被產業吸收利用，及時阻止後來國人趨之若鶩的金錢遊戲。同時在樂觀進取的氣氛感染之下，後來衍生的社會風氣敗壞自亦可望避免。所以「基金」建議很可能達成「一石數鳥」的目的。

然而，在這個建議提出之後，除了經建會當局最初表現正面的回應以外，即如石沈大海。尤其使我大惑不解的，是國內經濟學界對這個建議竟也保持沈默。理由之一，可能是如少數朋友私下坦誠指出：「央行外匯存底屬於全體國民所有，不能任意動用」。他們的話雖然說得含糊不清，但是我猜想與央行在〈淺談外匯存底的意義、來源和運用〉一文（1989年8月）中的解釋大致相近。根據這個解釋推論，「想動用外匯的人必須先準備好等值的臺幣，然後依照結匯手續來動用，政府機關也不能例外。」關於這一點，我已在〈臺灣「經濟大國」之夢在那裡？〉一文中加以駁斥。而且「基金」的建議，只涉及外匯借貸而

非外匯買賣，因而不影響央行的外匯擁有權，所以上述顧慮實屬多餘。

我想大多數經濟學家還是一直認爲：既然臺灣經濟正朝著自由化的方向推展，又何必要由央行會同有關部會成立一個「基金」，來決定每年以一百億美元貸予那些企業，而不由各別企業自行利用在市場上泛濫成災的資金，向央行換取進口機器設備或轉移技術所需要的外匯，以兼收緊縮貨幣供給之效。關於這個問題，在我撰寫的一系列專論中已經談得太多。我再三強調，自80年代中期以來，國內大多數企業對未來發展的遠景都沒有信心，而市場貸款利率又因房地產和股票投機而居高不下。事實上，縱然企業自己手中有足夠的資金換取進口機器設備或轉移技術所需用的外匯，它們還是不敢貿然進行高風險的投資，而寧願將其資金暫時存入銀行，坐待臺幣升值，甚至從事更易獲利的投機。這個特殊情況已使當時成爲「非常時期」，如果還有人希望各別企業自行籌集資金向央行換取進口機器設備或轉移技術所需要的外匯，未免昧於事實。至於政府一直採取的對指定的產業適用低於通行利率兩個百分點以及賦稅減免等優待辦法，希望藉以激發投資意願，亦決不足以濟事。要化危機爲轉機，勢非另闢途徑以加強全體產業對發展前途的信心不可。

在我看來，設置類似「中央發展外匯基金」的辦法，正是足以解決上述問題而無悖於自由經濟原則的一個重要途徑。1987年4月這個建議提出之後，政府一直沒有考慮採取行動，已經喪失了寶貴的時機，以致轉危爲安易如反掌的局面反而繼續惡化。現今如再不此之圖，而仍依賴傳統的金融和其他反自由化的措施，以求提升國內產業的技術層次，縱然在推動公共投資及改善投資環境策略的配合之下可望小有所成，亦將遠遠落在競爭對手之後。至於「經濟大國之夢」以及由此提升臺灣實質國際地位的構想，只怕到西元2000年時還是可望而不可

即了。

四、對政府和學術界的幾點勸告

我在上面所講的一些話，只不過是一個長期參與臺灣經濟發展政策討論者的感想。老病之身，以後再也沒有精力向政府建言。不過我倒要趁這個機會向政府官員和經濟同道提出幾點勸告。

我對政府官員的勸告是：不要蔑視經濟原則作為政策指導的重要性。若一味迷信「實用主義」，凡事都採取臨時性的因應措施以為應付，則長遠一致的重要政策目標斷然無法達成，而且短期的利益很可能成為長期的災害。臺灣過去三十餘年成功和失敗的經驗，以及蘇聯和東歐社會主義陣營一向奉為至高無上的集體計畫經濟理念在最近短短一兩年之內竟如風掃殘葉的崩潰，而代之以從前認為混亂失序的自由市場經濟理念，都值得深思和警惕。

在這個關鍵的經濟發展階段，經濟學家的智慧對政府特別重要。因此我也要奉勸經濟同道：在沈潛理論研究的同時，也值得偶爾走出象牙之塔，了解實際經濟狀況。在作政策建議時，似乎不宜掉太多的書袋，而應儘量發揮經由理論思考和實際觀察所養成的領悟（intuition），靈活運用不變的真理，以面對易變的實際狀況所引發的問題。而在同道之間，尤應養成交換意見的習慣及善意批評與虛心答辯的雅量。倘若經濟學家之間對一些本來應有共識的重要問題，或者漠不關心，或者刻意排拒，甚至流於意氣之爭，以致政府官員及一般讀者不知誰是誰非，無所適從，那就難怪有人批評「經濟無用」了。

（《經濟前瞻》，1991年1月）

尹仲容先生與我的一段交往
——早期自由經濟觀念的溝通

自1963年尹仲容先生逝世以後，我讀過許多關於他的品德和事功的文章，雖然我和尹先生也有一段交往，可是一直不想動筆。最近幾年，臺灣經濟自盛而衰，又使許多人想起這一位50年代以至60年代初期領導臺灣經濟發展的風雲人物。因爲我與尹先生的交往始於經濟政策的辯論，而在這一場辯論以後也偶有機會交換關於經濟政策的意見，現在敍述這一段往事也許還有一定的意義。

1949年初，我由南京資源委員會調到臺灣糖業公司。在這以後四年多的期間，可以說「無所事事」，只偶爾替公司當局做一些文書工作。但在這一段期間，我卻有機會接觸最重要的幾位經濟領導人；其中之一就是尹仲容先生。

尹先生自1949年6月起就擔任臺灣區生產事業管理委員會副主任委員，1950年底又兼任中央信託局局長。記不清1951年的那一個月，他應外國某雜誌之邀撰寫一篇關於臺灣糖業的文章。這件差事，由當時臺糖公司協理雷孝實（寶華）先生派我擔任。交卷不久，雷先生告訴我，說尹先生很欣賞這篇文字（實際上，其中有些看法後來經人修改，當然是尹先生授意），同時他猜想我是學經濟的，因此希望同我談談。我早就聽說尹先生爲人傲慢，本不想去看他的臉色；但是礙於雷先生的情面，只得按照約定時間前往中央信託局晉見。

　　我一進他的辦公室，就證實了外人對他的傳說果然不虛。記得他端坐在辦公桌前批閱公文，只對我說一聲「請坐」，便繼續做他的工作。我不斷的看手錶，五分鐘、十分鐘、二十分鐘……很艱澀的挨過去了。我始而感到不耐，繼而忍不住憤怒。我知道尹先生是學工程的，同時又深受西方文化的熏陶，照說他應該絕對守時，而按約定的時間同我談話；但是他現在竟無視於我的存在，我自己固然感受一生未曾受過的屈辱，他在我的心目中也立即降到「比舊官僚還不如的新官僚」。

　　我正待不辭而去的時候，忽然抬頭看見牆壁上掛的一副譚伯羽送給尹先生的對聯：上聯是「豈能盡如人意」，下聯是「但求無愧我心」。我的火氣頓時消了一半。心裏想：「這個人雖然傲慢無禮，但是還不失為一個有心人。」這一帖清涼劑，才使我有耐心再等下去。

　　大約過了四十分鐘，尹先生才批完了公文。這時他還是坐著不動，只抬一抬手，指著辦公桌前的一張椅子說：「請坐過來」，於是我就同他對面而坐。他既不寒暄，也不問問我的工作，就劈頭談起我替他寫的那一篇關於臺灣糖業的文稿。因為那篇文稿的最後一節討論當時廣受人注意的「糖米爭地」的問題，我在那裏批評當局干涉農民自由選種稻米和甘蔗的作法以及武斷限制這兩種主要農作物價格的不當，所以他一開始就為政府的政策辯護。接著話鋒一轉，他就暢談政府當時採取的工業保護和扶持政策以及進出口貿易、管制和外匯配給政策。憑我當時的印象，尹先生只不過是一個剛愎自用滿腦子都是經濟管制的官僚；他要我去見他的目的，只是給我這個學經濟的人「上課」，而不是要聽我的意見。同時他講話時滔滔不絕，聲勢逼人，我根本沒有插話的機會。我的火氣又上升了，但是事已至此，也只好盡力抑制。

　　他一個人足足講了半個鐘點，才意有未盡的勉強煞住。我再看看錶，離下班的時間還不到五十分鐘。我站起來準備告辭，我說：「我對

尹先生剛才講的話有很多意見，可是我想我不應該花費你的寶貴時間。」這時他才說：「我就是要聽你的意見。」現在我要求了：「尹先生剛才講了半小時，能不能也給我半小時？」這一次他很爽快的答應了。於是，我先解釋政府限制糖米爭地的做法如何不當。關於這一點，他很快就聽懂了(當時有些人根本不能了解)。接著我針對他談到的關於工業保護和扶持以及貿易和外匯管制等政策一點一點的批評，重點無非是這些政策必然造成生產資源的浪費和生產效率的低落，終致嚴重影響出口競爭能力和臺灣經濟發展的前途。他幾次想打斷我的談話，但是每一次我都揚手制止：「請你等我說完」。

等我一口氣講完將近半小時的時候，尹先生迫不及待的說：「你講的這一套都是理論，完全不切實際。」我聽了這句話，實在氣極了。因此丟開了原來一直勉強保持的尊敬，也顧不了對一位長輩講話時應有的適當修辭，就衝口說：「尹先生，我非常懷疑，沒有理論根據的經濟政策，能不能算是經濟政策！」他當時愣了一下，然後站起來送客。他似乎很費勁的擠出一點笑容，一邊同我握手，一邊說：「今天我們談得很好，希望以後多有機會談談。」出乎意料之外，當我走出他的辦公室時，他竟送到門口。

我回到臺糖辦公室後，便將同尹先生會晤的情形告訴雷孝實先生。他似乎頗感洩氣；同時我也看得出，他對我這樣一個倔強的後生顯得有幾分「無奈」。我當時真不了解，尹先生何以有這樣大的威嚴，竟使第一號國營企業的臺糖公司的資深協理對他如此懾服！

幾天之後，雷先生很興奮的來看我，笑咪咪的說：「尹先生真有容人之量，他不但沒有怪你那一天同他談話時對他不敬，而且還說你是他見過的對當前經濟問題真正說得出一套道理的人。」雷先生的為人一向溫文有禮，我當時對他的話只當是「姑妄言之」，而我也就「姑妄聽

之」。不過，後來據同我比較熟的張麗門 (茲閭) 先生見告，尹先生對我的印象的確不壞。這也許是因為我也有一點騾子脾氣吧！

1952年，我和幾位朋友商議籌設一個私人經濟研究機構。因經費無著，只得冒昧試探尹先生對此事的態度。不料尹先生竟慨允支持，並且立即要當時的紡織業公會捐出臺幣五萬元作為開辦費 (這在當時是一個不小的數額)。他這樣做自然是肯定(1)經濟研究的重要，(2)這幾個人頗可信賴。後來我們之中的一位朋友在美國另有高就，人力更感薄弱，終使這個研究機構沒有辦成，捐款也退還了紡織業公會。但是這一件事在我的心上對尹先生記下了第一筆負債。

1953年初，我就得到了尹先生即將就任行政院經濟安定委員會工業委員會召集人的消息。承尹先生垂愛，我幾乎有機會追隨他到工業委員會。但是我有自知之明，深信自己決不是一塊做官的材料。基於這個理由，我謝絕了張麗門先生在1952年就任經濟部長時的邀約於前，現在自然也就不能追隨尹先生於後。承尹先生諒解，使我內心減少了許多負擔。

以後尹先生的責任愈來愈重，而我自1953年秋季起到臺大任教，課業上也感到比較忙迫，因而彼此接觸的機會更比以前減少。1954年暑假，是我最難得的一段清閒時間。因為當時政府施行的經濟政策還是沒有多少改進，所以我利用這一段時間把過去二、三年來與包括尹先生在內的幾位經濟首長關於經濟政策的辯論整理成為一篇文稿，題為〈經濟較量與經濟政策〉，其中對農業、工業、貿易、和外匯各方面的問題都有比較有系統的討論。此文寫成後，當即投送《自由中國之工業》月刊，同年10月由該刊發表。那時適逢劉大中、蔣碩傑二位先生以國際貨幣基金專家的身分被政府邀請來臺提供關於經濟政策的意見，他們看到這篇文章以後，立即趕到臺北市溫州街臺大宿舍來看我。

他們說：他們向政府的建議照約定不得公開發表，而我在拙文中表示的政策意見與他們的見解不謀而合；因此要我把手上所有的抽印本都交給他們，以便送請有關政府官員參閱。

我想他們一定也送了一份拙文抽印本給尹仲容先生──雖然我相信尹先生原先已經看過。無論如何，在那一件事發生以後沒有多久，尹先生突然光臨寒舍。那時他已經貴為經濟部長，並繼續兼任中央信託局局長及經安會工業委員會召集人，他的光臨雖然沒有使我感到「受寵」，但是像他那樣一個大忙人，竟然能抽出時間來看我，實在使我十分吃驚。

記得他進門之後，朝我那一房一廳的破舊蝸居打量了一下，便坐下來「開門見山」的談起我的那篇文章。這一次他不但沒有一點幾乎成為他的標誌的傲慢神色，而且對拙文還稱讚有加。接著他談了一些問題，而對人口迅速增加所引起的就業困難尤其關心。我告訴他：這個問題的解決，除有待於提倡節育以外，還是要解除經濟桎梏，以吸收待業的人口。因此我更加強調自由經濟方針對臺灣經濟發展的重要，希望他大力推動。他叮囑我不要性急：「在當前的環境之下，一定要穩紮穩打，急也急不來的。」臨走的時候，他問我有沒有見到劉大中和蔣碩傑先生，他說：「他們這一次回來也提出了很多有用的建議。」

大概是因為他親眼看見我家裏的寒傖情形，自此以後有好多年我在生活上一直得到他的照顧，而我卻沒有什麼報答，只是焦急的等待他的政策抱負的施展。

正當政府的經濟政策朝著比較合理的方向穩定前進時，1955年突然發生「揚子案」的風波，使尹先生的政策施展遭受了將近兩年的頓挫。一直等到案情大白以後他的生命只剩下不到六年的時間，他才又回到重要的決策崗位──經安會秘書長、外匯貿易審議委員會主任委

員、美援運用委員會副主任委員、和臺灣銀行董事長，這時他的政策施展才真正放出晚霞般的異彩。在這個期間，我們看到外匯和貿易管制大幅放寬，外匯匯率的差別逐步縮小以至於完全消滅，外匯匯率的水準亦逐步提高以至與差能代表市場均衡的黑市匯率漸趨接近；此外，還有許多穩定經濟和改善投資環境的輔助措施，也都紛紛出籠。後來事實證明，這一連串的政策改革，開闢了臺灣經濟由進口代替導向轉為出口擴張導向的坦途，從而創造了60年代以後臺灣經濟成長的奇蹟。

我真懷疑老天也不免忌才，在「揚子案」以後，尹先生僅僅渡過了不到六年可以放手作為的歲月，便與世長辭。假如他再活十年，以他的遠見與魄力，我深信臺灣經濟早已走上了自由化、國際化的道路，而不至於到今天仍然趑趄不前。

在1963年1月尹先生逝世時，我送了一副輓聯：

「拯經濟於艱難，勞怨交集一身，獨挽中流擎砥柱；

　傷老成之凋謝，憂患方思來日，豈惟下纛泣焦桐。」

這副輓聯裏面所擔心的「來日憂患」，在臺灣經濟經過將近十年的穩定成長繼以十年的起伏波動之後終於來了。現今又是需要像尹先生這樣堅強的中流砥柱的時候；這一支中流砥柱，將是阻擋一切妨礙「自由化、國際化」的力量，一如50年代後期以至60年代初年阻擋一切妨礙外匯貿易自由化的力量。如果現今還有人因為尹先生的果斷作風而想像他是我們當前所需要的不大理會市場法則的「經濟獨裁者」，那麼，他們一定是昧於當前的情勢，而對尹先生也太不了解了。

（《傳記文學》，1986年6月）

南韓在經濟上較之臺灣
強在那裏?

近年來南韓一連串的外交勝利——包括去年底進入聯合國和最近與中共正式建交，使它的國際地位不斷竄升。根據各方面的觀察，南韓之所以如此受到國際重視，最基本的原因還是它具有經濟實力。有人甚至預測，在不久的將來，南韓可能成為亞洲另一個日本。

相形之下，自1960年代初期起在經濟發展上一直與南韓並駕齊驅的中華民國臺灣地區，不免顯得黯然無光。我們不禁要問：南韓在經濟上較之臺灣到底強在那裏?

一、臺灣每人平均 GNP 及 GNP 成長率
足以傲視南韓

為著回答這個問題,讓我們看看本文附表中所列的一些重要數據。就附表(1)、(2)兩行所列南韓與臺灣每人平均國民生產毛額（折合為美元數）比較：在1962—91三十年間前者一直低於後者，雖其間之差不斷縮小，但至1991年前者仍低於後者36%。所以如果南韓在經濟上較之臺灣更受世人重視，那決不是因為南韓每人平均國民生產毛額已經超過臺灣。

再比較附表(3)、(4)兩行所列南韓與臺灣國民生產毛額年成長率,

我們可以清楚看出：在1965—72年間，臺灣國民生產毛額平均每年以9%以上的成長率穩定上升；而在同一期間，南韓雖亦有優異的表現，但較之臺灣仍遜一籌。在兩次石油恐慌期間(1973—79)，除1974—75兩年臺灣比南韓較為重視物價穩定以致GNP成長率大受影響以外，其他各年臺灣的表現平均並不下於南韓。1980年代前半期，兩國GNP成長率起伏互見，但平均仍不相上下；此後兩國GNP成長率均顯示下降的趨勢，但至1988年後的最後幾年，南韓的表現則顯然優於臺灣的7%。最後一點雖然值得注意，但GNP成長率的短期變動，似不足據以推斷兩國經濟實力的消長。

二、南韓在與臺灣競賽中急起直追

真正值得注意的，是附表(5)、(6)所列兩國製造業在GDP中所佔比重的相對變動。在1962—73年間，臺灣GDP中製造業所佔比重逐年增加，尤以1971—73年間增加最快。以後兩年雖隨經濟衰退而大幅縮減，但旋即恢復上升；不過自1979年起臺灣製造業比重突呈停頓，1984—88年間雖又上升至新高點(註一)，但此後則連年下降，1990—91年又回到1972年的比重。由以上觀察，我們可以斷言：自1973年後，臺灣以製造業為中心的產業升級一直遭遇到重大困難；1988—91年間製造業比重相對於「商業、金融、保險及商業服務」的比重連續上升而連續下降（見行政院主計處《中華民國臺灣地區國民所得統計提要》），是表示工業升級困難未能克服，以致製造業尚未發展成熟以前即趨萎縮。這是一種極不健康的現象，我們在後面還要提到。

現在讓我們反觀南韓GDP中製造業所佔的比重。我們發現整個觀察期間南韓雖有完整的官方資料，但是1962、1966、1971、1979四

年另有一套也是官方發表的數字(括弧內)。因爲我們不能判斷何者較爲可信，只得二者並存。這四年的數字，較之完整系列相當年份的數字超出甚多，1962及1966年後者僅及前者二分之一，然而前者仍遠低於相當年份臺灣的數字。所以我們大致可以肯定的說，在1980年以前，南韓製造業的比重一直低於臺灣製造業的比重；但除1982─84三年以外，前者遞增趨勢從未間歇，以致兩國製造業比重之差不斷縮小，1973年後二者縮小趨勢尤其顯著，1991年前者反較後者略微超前。由此可以推斷，自1973年後，南韓以製造業爲中心的產業升級不像臺灣遭遇到那麼大的困難；而且我們可以合理的預測，南韓的製造業尚在趨向於成熟發展之中(註二)，它在國民經濟中所佔的比重可能還有一段時間繼續提高，而使南韓成爲名實相符的經濟大國。我們認爲，這個邁向經濟大國的產業結構變動，才是近年來南韓如此受到國際重視的基本原因。

三、兩國投資率與儲蓄率的比較

那麼，爲什麼南韓能做到這個地步而經濟發展起步較早的臺灣反而不能呢？要回答這個問題，讓我們先比較附表中(7)、(8)兩行所列兩國國內投資（國內資本形成毛額）對 GNP 的比率。雖然二者在1967─71年間大致相等，但在1976以前各年南韓國內投資的比率一般低於臺灣國內投資的比率。1977─81年是一個重要轉捩點，自此時起二者適成反向變動。1980年代初期全球經濟衰退的影響雖然都反映於兩國投資比率的下降，但臺灣降幅較大；且在1985年後南韓已漸恢復1977─81年期間的水準，1988年後即扶搖直上，1991年竟高達39%，而臺灣則一蹶不振，直到1991年仍落居22.4%，較1983年的23.4%猶

低。由這個簡單對照，即可看出前述表現於兩國製造業比重的產業結構在1980年代中期以後何以會發生彼長此消的相對變動。

最後，讓我們進一步比較附表中(9)、(10)兩行所列南韓與臺灣國內儲蓄對 GNP 的比率。我們發現，1985年前南韓國民儲蓄一直不夠應付國內投資的需要，而必待外援、外債及外人投資的彌補。1986年後，雖然情況好轉，南韓國內投資似已不必仰賴外資的協助；但因每年仍須對外債還本付息，故預計南韓縱然不保留分文國外資產，也要到1991年始能清償全部外債（請參閱金克宜，1989年2月，p.51）。

反之，自1962年以至1976年，臺灣國內儲蓄平均已足夠融通國內投資；1977─81年間，國民儲蓄即已出現淨餘。1982─87年間，國民儲蓄比率大幅提高，而國內投資比率反而大幅減少，故國民儲蓄遠超過國內投資之需，因而連同外資投入及移入合併計算，國外資產（即中央銀行擁有的外匯存底）在此期間快速增長。1989─91年間，國民儲蓄比率較之前期雖然大降，1989─91三年平均尚不及1982年的30％；但因同期間國內投資比率平均僅維持22％的低點，故超額儲蓄仍甚可觀，以致國外資產賡續累積。

綜合以上關於南韓與臺灣國內投資與國民儲蓄對 GNP 比率變動的觀察，我們發現南韓自始即奮力提高國內投資比率（尤其在最具關鍵性的1970年代以後），雖然國民儲蓄不足以支應投資，但南韓寧願向國外大量舉債（參閱金克宜1989年2月，p.39，請特別注意1959─82年間劇速增加的製造業的商業借款），而不放棄擴大投資發展經濟（尤其是製造業）的決心。

反觀臺灣，雖然國內投資自始即有足夠國民儲蓄的供應，且自1977─81年以後，國民儲蓄對國內投資的超額不斷擴大，至1980年代中期，連同外資一併計算已累積成為名列全球第二的五、六百億美元

外匯存底，臺灣卻任由國內投資比率繼續下降，而不願將大部分投資於國外的外匯資產轉化爲國內投資，以濟國內企業投資意願低落之窮。結果是：南韓雖然遭遇許多困難，但在1980年代終於推動了產業升級，同時也逐漸改善了國際收支狀況；臺灣則如前所述，產業升級的瓶頸始終難以突破，以致製造業尚未成熟發展以前即已於1980年代末期趨於萎縮。尤有進者，外匯存底的快速累積（尤其在1980年代的中期，現在已高達八百餘億美元，位居全球第一），使臺灣的中央銀行不斷釋出強力貨幣，以致市場上游資泛濫，幾年前曾引起房地產及股票投機狂熱，結果不但敗壞了原本純樸勤儉的社會風氣，而且也腐蝕了許多原來對臺灣經濟發展頗有貢獻的企業家及其員工的工作倫理。其遺害之深遠，誠非筆墨所能形容。

四、兩國因應1970年代以後經濟逆境 所採取的不同投資政策及其影響

　　前述關於南韓與臺灣在1962－1991年間經濟發展的消長比較，涉及兩國政府所採的經濟發展政策。本文對這些政策雖然不擬詳加評論（有興趣的讀者可參閱 Lawrence J. Lau, ed. (1986) 及 Tibor Scitovsky (1985)，請注意後者與 Lau, ed.中所載 Tibor Scitovsky 之文似無不同之處），但是必須指出，兩國所採取的政策，都是政府干涉的成分多於企業自主的成分，尤以南韓所採取的政策爲然。例如，兩國都編製經濟計畫——南韓有「五年經濟開發計畫」，臺灣則有「四年經建計畫」，但是南韓的「五年計畫」大都是強制性的，而臺灣的「四年計畫」則多半是指導性的。所以儘管兩國用以達成經濟計畫的手段同樣是租稅減免和融資優惠，但在運用這兩種手段時，南韓企圖強制

所有企業遵照政府的規定，而臺灣則僅誘導企業接受政府的規定。所以南韓的「五年計畫」實行結果與計畫目標往往相去不遠，而臺灣的「四年計畫」實行結果與計畫目標則時常相差懸殊。

實例之一，是南韓經濟計畫當局基於新興開發國家的低工資競爭及工業先進國家的進口設限等考慮，在1977年全球經濟景氣低迷時毅然將第四期「五年計畫」(1977－81) 修改爲在1977－79三年內完成原計畫的80%，並將重點改放在重工業上面。修正結果，金屬、化學、中間財貨、機器、運輸設備及電子等重點工業的投資在投資總額中所佔的比重，由1975年的48.2%提高到1977－79年的78.9%(Scitovsky 1985, p.258)。這個修正投資計畫，竟通盤由南韓企業貫徹執行。這種情形，在臺灣是不可思議的。

南韓改採上述投資政策的結果，雖然使其鋼鐵外銷到正面臨鋼鐵生產過剩的日本，其汽車亦先後在加拿大和美國建立外銷陣地，因而名噪一時，但是這樣武斷的投資政策自然也要負擔重大的代價(例如，通貨膨脹、國際收支惡化及所得分配更趨不均)。不過南韓政府也因此得到了適當的教訓，故在1980年代初期，南韓政府即改採比較穩健的投資政策及相關的矯正措施 (Scitovsky 1985, pp.251－80)。其中最重要的是「一向以政府主導爲主的經濟型態，也轉而依循指示性計畫原則，政府盡可能減少對民間經濟活動的干涉或介入，僅設定基本的政策目標與政策方針，樹立進口自由化與公平交易制度，由市場機能來決定經濟活動，以強化經濟競爭力。」(金克宜，1989年2月，p.28)。這一個政策的大轉變，也是著眼於因應第二次石油恐慌引發的全球經濟衰退以及美國乘機對東亞幾個國家所施自由化、國際化的壓力，同時也是代表南韓當局對國家經濟發展前途的自信。事實證明，這個政策轉變，對1980年代南韓經濟轉型與產業升級具有絕對的重要性。

　　這裏有一件被一般觀察家完全忽略的事值得一提：在南韓政府調整經濟發展政策以因應國際經濟情勢變動的同時，靈巧的利用南韓過去二十年經濟發展的成就——尤其是新近打出的鋼鐵、汽車、半導體、消費性電子等產品外銷到工業先進國家及大多數開發中國家的知名度，爭得了1982年亞運的主辦權；復因這一次亞運舉辦的成功，南韓竟又輕易的爭得了1988年奧運的舉辦權，結果又是一次成功的表演。這兩次國際運動會，使南韓名利雙收。一方面，南韓藉此向全世界做了兩次超大型的活動廣告，成功塑造了南韓已經成爲一個現代化工業國家的印象，因而南韓政府與人民對前途更充滿信心與朝氣。另一方面，亞運及奧運（尤其是後者）所需國際級的場地及配合設施，乃至漢城及鄰近地區的面貌美化和周邊的環境淨化，正是兩項「反衰退」的公共工程。1986—88三年南韓 GNP 成長率連續穩定於12%的高度，與奧運有關的公共工程肯定有其貢獻。

　　在相同期間，臺灣沒有南韓那樣幸運，而且臺幣被迫升值的幅度遠大於韓圜，以致臺灣企業在沈重的自由化、國際化的壓力下漸感不勝負荷，因而投資意願亦漸趨薄弱。然而政府除消極因應以外，竟無任何振衰起敝的作爲。當時曾有不少經濟學家建議，及早展開公共工程的投資，以擴大內需，當局卻置若罔聞。1986年，情勢更見惡化，國內投資對 GNP 的比率由已較偏低的1982年的25%逐年劇降至17%。那時我認爲臺灣經濟已經到了十分危急的地步，乃於次年4月初提出「中央發展外匯基金」的建議，主張政府儘速利用一部分的形同閒置的五、六百億美元的外匯存底設置一個「基金」，每年由其中撥出一百億美元，經由商業銀行貸與所有能夠提出合理投資計畫競借貸款的企業，作爲向國外購置新式機器設備及轉移技術之用，希望不但化危機爲轉機，且將引發波瀾壯闊的產業革命，從而使臺灣成爲經濟大

國。如果一向勇於向國外舉債的南韓政府在同一期間同一情況下擁有
這麼多外匯存底，必然早就朝這方向邁進。可是我們的政府官員素來
慣於「膠柱鼓瑟」，不知外匯資產可以轉化爲對國內生產極有價值的資
本。儘管我自1987年4月初發表第一篇倡議設置「中央發展外匯基金」
的專論以後，又陸續寫了一系列的專論，從各方面對我的提議加以解
釋，仍舊得不到政府的回應。

　　無論政府對我的建議或對臺灣經濟的遠景有何看法，眼前的事實
是，國內企業大多數已無心戀棧，而向大陸出走的狂熱則有增無已。
且據街頭耳語傳聞，早已有不少「上市」企業以「增資」或「炒作」
方式在股票市場上吸收大量資金，然後換成美元移到大陸投資於彼岸
的企業。這個傳聞是否屬實，姑且不談；不過就眼前的事實判斷，我
可以大膽的說，除非政府在不太晚以前拿出一套宏觀的踏實辦法，使
國內產業的根厚植深盤，從而使其業務對外的擴展（包括對大陸）猶
如其觸角的延伸，否則兩岸經貿關係的自然發展決不可能避免某些人
極力否認國內產業空洞化的冷酷現實，更不要談與南韓繼續進行經濟
發展競賽了。

五、結　語

　　Scitovsky 教授在比較兩國經濟政策的哲學時，講了幾句意義深
長的話:「韓國與臺灣經濟政策的主要差異,不在於兩國的目標或成就,
而在韓國決策人員追逐目標所表現的遠較堅強和進取的精神。」
(Scitovsky 1985, p.228)

　　在南韓追逐經濟發展目標的過程中，由於國民儲蓄多年來不足以
支應其發展目標所需要的國內投資，以致必須連年冒險向國外大量舉

債。全賴南韓政府決策人員高度堅強和進取的精神，以及在1980年代適時調整經濟發展政策，並機智的爭取兩次國際運動會舉辦權，南韓經濟發展才有今天如此受人重視的成就。

反之，臺灣的決策人員比較穩健務實，故兼重經濟發展與經濟穩定，因而臺灣從來沒有發生國民儲蓄不足以支應經濟發展所需要國內投資的問題。這也說明在整個觀察期間，無論是每人平均 GNP、GNP 成長率乃至製造業在 GDP 中所佔的比重，臺灣較南韓都有過之而無不及。然而南韓在兩國經濟發展的競賽中追趕得快，而在動盪的1970年代，南韓決策人員不計代價而斷然決定修改原已定案的第四次「五年計畫」，以提升產業結構，而在1980年代又適時改採自由開放的經濟政策，並機智的利用兩次國際運動會的舉辦，兼收推銷南韓國際形象和「反衰退」公共工程之效。其結果是：自1977—81年以後，臺灣國內投資比率迅即落於南韓之後；尤其是在1980年代中期，臺灣企業投資意願已顯明趨於下降，而我們的穩健決策者卻無任何積極的作為，更不願利用手中的龐大外匯存底，以濟企業投資意願不振之窮，從而提升產業結構，邁向經濟大國之路。復因外匯存底加速累積引發強力貨幣供給的同步擴張，終於導致瘋狂的房地產及股票投機，轉而戕害二十餘年來奠定的經濟發展基礎，甚至迫使國內企業紛紛出走大陸，逐漸導致臺灣產業的空洞化。以與南韓決策人員相較，臺灣的決策者顯然缺乏他們那一份高度堅強和進取的精神。所以後者對兩國經濟發展目標與成就的終極影響，並非完全如 Scitovsky 教授所想像的無足輕重。至於他所未提到的決策者的遠見和機智，那就更是重要了。

未來的歷史將會更明白告訴我們：南韓在經濟上較之臺灣究竟強在那裡。

（本文完稿於1992年9月24日）

(註一)請注意：1984—1988年間臺灣製造業毛產值在 GDP 中所佔比重逐年上升，且達新高點，其主要原因爲：在此期間，日幣被迫升值的幅度超過臺幣，同時多項日製品遭受美國定額進口限制，日商乃借與臺灣業者「技術合作」之名，行「日製臺裝」之實，「假道」向美國出口。請參閱〈臺灣「經濟大國」之夢在那裏?〉第五節。

(註二)爲例證上文中所陳之觀點,特在此指出：南韓與臺灣之「機器及運輸設備」的出口比重,在1965年各爲3%及15%,1978年各爲21%及27%, 1989年各爲38%及36%, 這表示南韓「機器及運輸設備」的出口比重在1965年僅及臺灣五分之一, 到1989年即已凌駕臺灣之上！(見 World Development Bank, *World Development Report*, 1981, p.151; 1992, p. 249。)這裡筆者順便想到，在南韓1989年的運輸設備出口中，必定包括全世界奔馳的「小馬」；但在臺灣1978和1989年運輸設備出口中，肯定見不到1960年代早期起即受政府全力保護和扶持而在國內市場上獨佔二十餘年的裝配次貨「靑鳥」或其代替品牌！

參考文獻

金克宜，《韓國之經濟發展》，中華經濟研究院經濟專論 (121)，1989
　　年2月。

Lawrence J. Lau, ed. *A Comparative Study of Economic
　　Growth in South Korea and Taiwan,* Institute for
　　Comptempory Studies, 1986.

Tibor Scitovsky, "Economic Development in Taiwan and
　　South Korea, 1965-1981," *Food Research Studies,* Vol.
　　XIX, No. 3, 1985. (注意此文與 Lau (ed. 1986) 中所包含
　　Scitovsky 之文在內容上似無不同。)

附表　南韓與臺灣經濟成長資料摘要

	每人GNP(美元)		GNP年成長率		GDP中製造業比重		國內投資對GNP比率		國民儲蓄對GNP比率	
	南韓	臺灣	南韓	臺灣	南韓	臺灣	南韓	臺灣	南韓	臺灣
	(1)	(2)	(3)	(4)	(5)	(6)	(7)	(8)	(9)	(10)
1962					(14.3)					
	81	196	—	7.9	3.8	19.9				
1965	105	217	5.8	10.0	9.4	22.3				
1966					(18.4)		16.3	19.7	8.0	19.7
	125	237	12.7	9.0	9.9	22.5				
1967	142	267	6.6	10.6	11.6	24.9				
1968	169	304	11.3	9.1	13.1	26.5				
1969	210	345	13.8	9.0	14.1	29.1				
1970	242	389	7.6	11.3	15.6	29.2	25.4	25.3	15.4	24.7
1971					(20.0)					
	277	443	9.4	13.0	17.0	31.5				
1972	304	552	5.8	13.4	18.3	34.3				
1973	383	695	14.9	12.8	20.6	36.8				
1974	519	920	8.0	1.2	22.1	32.8	27.0	31.0	20.4	31.1
1975	565	964	7.1	4.4	23.0	30.9				
1976	752	1,132	15.1	13.7	24.9	33.8				
1977	944	1,301	10.3	10.3	26.0	34.2				
1978	1,279	1,577	11.6	14.0	28.3	35.6				
1979					(27.5)					
	1,640	1,920	7.0	3.5	29.1	35.9	31.0	30.6	25.5	32.8
1980	1,589	2,344	4.8	7.1	29.6	36.0				
1981	1,719	2,669	6.6	5.8	29.2	35.6				
1982	1,773	2,653	5.4	4.1	28.3	35.2	27.0	25.2	22.4	30.1
1983	1,914	2,823	11.9	8.6	28.4	36.0	27.8	23.4	24.8	32.1
1984	2,004	3,167	8.4	11.6	29.1	37.6	29.7	21.9	27.3	33.8
1985	2,179	3,297	5.4	5.6	30.3	37.6	31.1	18.7	28.6	33.6
1986	2,496	3,993	12.3	12.6	31.9	39.7	29.5	17.1	32.5	38.5
1987	3,101	5,275	12.2	11.9	33.9	39.5	30.0	20.1	36.0	38.5
1988	4,112	6,333	11.5	7.8	34.4	37.8	30.6	22.8	37.5	34.5
1989	4,983	7,512	6.2	7.3	33.6	35.6	33.4	22.3	35.1	30.8
1990	5,652	7,954	9.2	5.0	33.5	34.4	36.9	21.9	35.7	29.2
1991	6,493	8,815	8.4	7.3	34.9	34.2	39.1	22.4	36.0	29.9

(1)、(3)、(5)、(7)、(9)各行資料，主要根據金克宜（1989年2月）所引資料：

　(1)1962─84年資料，見韓國銀行《1988年經濟統計年報》；1985─91年數字，另據 *International Financial Statistics,* August, 1992所引韓國銀行及經濟企劃院有關資料。

　(3)1965─87年資料，見《1988年經濟統計年報》；1988─91年數字，係國內生產毛額成長率，另據 *International Financial Statistics,* August, 1992所引韓國銀行及經濟企劃院有關資料。

　(5)1962及1965─79（括弧外）數字，見韓國銀行《1982年韓國國民所得》（根據1975年固定價格資料

計算);1980—84年數字,見韓國銀行《1986年新國民計定》(根據當期價格資料計算);1985—91年數字,見韓國銀行《1991年經濟動向主要指標》(根據1985年固定價格資料計算)。金著所引韓國銀行《1984年國民所得計定》中1962、1966、1971、1979及1980—86數字,前四年(括弧內)與韓國銀行《1982年韓國國民所得》估算頗不相同;1980—86年則與韓國銀行《1986年新國民計定》及《1991年經濟動向主要指標》完全一致。

(7)、(9)1962—87年數字,見韓國經濟企劃院《1986年韓國經濟指標》及林元澤等著《韓國經濟의理解》,比峰出版社,漢城,1987,p.471;1988—91數字,根據 *International Financial Statistics,* August, 1992所引韓國銀行及經濟企劃院有關資料。

(2)、(4)、(6)、(8)、(10)各行資料,見行政院主計處有關各期《中華民國臺灣地區國民所得統計提要》。

政治與社會的創新對
現代經濟成長的重要
——顧志耐教授的研究留給我們的啟示

一、現代經濟成長的創格研究

在1966年問世的創格巨著《現代經濟成長》(耶魯大學出版社出版)裏面，諾貝爾獎金得主顧志耐（Simon Kuznets）教授根據大量的統計資料有系統的剖析經歷現代經濟成長的十五個先進國家（包括西方的十四個國家和東方的日本）的經濟成長與結構變動，並且深入的觀察第二次世界大戰以後現代經濟成長在前所未開發的國家之間逐漸擴散的趨勢。在討論已發展的國家進入現代經濟成長的先後和快慢以及開發中的國家進入現代經濟成長所遭遇的困難時，他特別強調非經濟因素——尤其是政治與社會制度——的重要。這對企求迎頭趕上已發展的國家的我國，自然有一定的啟示意義。

不過，本文討論的重點不在這本巨著，而在這本巨著出版後十年顧志耐教授專為我國撰寫的一篇論文——〈臺灣經濟成長與結構變動〉，因為我們從這篇論文所能得到的啟示更為直接。這篇論文是由 Walter Galenson 教授主編的 *Economic Growth and Structural Change in Taiwan* 的第一章（該書由康乃爾大學出版社於1979年出版），全文長達百餘頁，且涵蓋較廣，很多人可能沒有耐心閱讀。茲趁

顧志耐教授去世未久, 本文作者特就其中最値得注意的部分作一簡介, 並就所見略加引伸, 希望對讀者有一點幫助。

二、臺灣經濟成長的四個時期

顧志耐教授將臺灣經濟成長分為四個時期, 即(1)殖民地時期: 1895至1940(因為資料缺乏, 故未包括1941—44), (2)過渡時期: 1945至1950年代初期, (3)穩定快速成長時期: 1951—53至1971—73, (4)下向調整時期: 1973—76 (1976為顧氏所蒐集的資料概括的最後一年)。

在討論過渡時期的一小節中, 顧志耐教授提到了一些我們所熟悉的對當時及日後都有重要影響的因素——例如一個亟欲為人民謀求福利而對本省既得利益集團毫無偏袒的政府、和一大批由大陸遷來臺灣而與本省人具有相同的文化和歷史背景但各有不同的社會和經濟經驗的菁英人員——特別是日本人撤離臺灣之後在政府中及較高的技術崗位上填補空缺的決策者, 都有助於形成經濟成長所依賴的政治與制度的條件和政策趨向, 以及由此所導致的影響深遠的改革 (例如土地改革和穩定經濟的種種強烈措施); 另外, 日治時代遺留下來的基本設施和在戰時雖受破壞但能修復利用的生產設備, 以及其他許多農業和非農業方面的輔助條件, 對過渡期間的經濟復原和日後的經濟發展也都有很大的幫助。(見原文27—29頁。)

很顯明的, 顧志耐教授更大的興趣是在臺灣經濟由1951—53至1961—63年間的穩定成長(國內生產毛額年增長率8.6%, 每人國內生產毛額年增長率4.7%) 到1961—63至1971—73年間的加速成長 (國內生產毛額年增長率11.3%, 每人國內生產毛額年增長率8.5%)和相應的結構變動。但是他也注意到這個期間菲律賓以外的其他亞洲國家以

及世界上其他地區的許多已發展的和發展中的國家也都有不同程度的優異表現，因而特別強調國際貿易和國際分工與各國經濟成長的關係（尤其是對面積較小的國家而言）。

在這裏，我們似乎應該作一點補充。這就是，在關稅與貿易總協定（GATT）全球性的減稅及其他降低國際貿易障礙談判的推動之下，1961—63至1971—73年間國際貿易總量擴張之速，前所未有。臺灣經濟在這十年內加速成長，也正因爲臺灣適時的把握住這個國際貿易迅速擴張的機會。這一點對下文的討論極關重要。

關於1973—76年間臺灣經濟的下向調整（每人國內生產毛額年增長率3—4%），顧志耐教授認爲只是暫時的現象。這個期間臺灣經濟成長的幅度平均雖遠低於前二十年——尤其是最近十年——的表現，但是較之幾個表現最好的其他國家仍無遜色；而且這個期間臺灣經濟結構仍繼續前期的變動方向，且變動幅度更大。

三、臺灣經濟持續高度成長的原因

顧志耐教授就以上分期根據大量統計資料細心分析的結果，最後作了兩點重要的綜合觀察。即(1)臺灣經濟持續高度成長的原因，(2)持續高度成長與產品、資源、和人口結構變動的關係。（見原文126—131頁及49—54頁。）

關於第一點，顧志耐教授特別謹愼的選用字句。他說：「假如我們不把在高幅度內並在足夠長的期間持續的全國生產總額——尤其是每人平均生產額——的成長率看做暫時的離軌，那就可以推定這個國家曾經擁有異常的成長機會」。

、這個成長機會的發生，顧志耐教授認爲可能是由於前所未發現的

資源或某種未曾預見的大衆生產拚勁的轉變，或前所累積而尚待開發的生產知識的有效利用。就我們所知，在這個期間臺灣境內並未發現多少以前未曾發現的資源，也沒有多少前所累積而尚待開發的生產知識可供利用。不過在這個期間臺灣倒是出現了未曾預見的大衆生產拚勁的轉變。這個轉變與上文指出臺灣適時把握住1961—63至1971—73年間世界貿易迅速擴張的機會有密切關係；正是因爲這個機會的出現，臺灣得以通過國際貿易和投資的關係有效利用先進國家的資源及其有關生產的新知識。關於這一段解釋，我們將在本文第六節中進一步討論。

四、持續經濟成長與產品、資源、和人口結構變動的關係

在另一方面，關於上述第二點——亦即持續高度經濟成長與產品、資源、和人口結構變動的關係，顧志耐教授特別強調有效利用以前未經開發的生產知識所促成的持續高度經濟成長是一個連續性的破壞過程，因爲前者對全國各部門（亦即構成總人口的各集團）的影響並不一致。由於國內對各種消費品的需求彈性、工具品需求和終極需求之間的關係、以及對外貿易迅速擴張所引起的比較利益等等情況不斷改變，每人平均或每一人工平均生產額的持續增長必然導致全國各部門分享額的大量改變。假如勞動及其他資源由一部門移到另一部門，由一種用途移到另一種用途，而在移動時發生重大的阻礙，結果所造成的瓶頸必將使全國及每人平均生產額大爲降低。同時，在高速成長的過程中，成長較慢部門的人口集團較之成長較快部門的人口集團必將相對受損；而新的產業也將使原有的個人企業難於生存（例如搶奪市

場和搶奪勞工等等)。此外，新興部門往往要求勞動人員及其家屬適應新的工作和生活條件。由此所引起的困難和代價，往往非少數受惠者獲得的利益所能補償，因而可能發生摩擦和抗拒。爲著減輕結構變動所引起的困難，政府和其他決策的機構以及民間自願的社團和經濟團體都要共同努力，以導致適當的政策行動和制度改變。然而就上述期間臺灣的情況而論，這些結構調整的困難在事實上並不顯著，由此似可反證我國政府和其他決策的機構及民間自願的社團和經濟團體在促成必要的政策行動和制度改變方面相當成功。

五、1976—85年間的發展趨勢可能影響顧志耐教授對以往二十五年的觀察嗎?

上文已經提到，顧志耐教授把1973—76年間臺灣經濟的下向調整視爲暫時的現象。可是自1976年以後，國際經濟依然動盪不安，臺灣經濟在大多數年份雖然表現不錯，但是在鄰近發展中的國家的劇烈競爭和已發展的國家的進口設限的夾擊之下，臺灣經濟持續成長所遭受的困難顯已與年俱增。尤其是最近幾年，事態的嚴重似乎已經開始動搖多年建立起來的投資信心。

面對著這樣的情況，我們不禁要問: 假如顧志耐教授的〈臺灣經濟成長與結構變動〉重寫於今日，他的綜合觀察會不會有所改變? 依我個人推測，由於1951—73年間臺灣經濟成長是如此的穩定和持續，同時經濟結構變動的特徵是如此的明顯，他仍然有理由把最近十年的經濟波動歸因於外在的全球性的不利因素，因而不會改變他的主要結論。

在另一方面，也許顧志耐教授會更謹慎的選用字句，更強調前面

提到的「假如不把在高幅度內並在足夠長的期間持續的全國生產總額
——尤其是每人平均生產額——的成長率看做暫時的離軌」這句話。
無論如何,三十年的時間在他的心目中的「成長紀元」(growth epoch)
——通常都在百年以上——中只是一個相當小的時段。他在《現代經
濟成長》一書中討論後進國家步入先進國家行列的困難時說:「現代經
濟成長一經開始,尚須觀察一段很長的時間,看看成長的過程是否已
經成功的累積,而沒有陷於嚴重的瓶頸。所以,一個國家只有在過渡
時期經歷了數十年後才能說是步入了已發展的國家的行列」(原文472
頁)。

　　根據這樣的態度,我們有理由相信:如果顧志耐教授現在有機會
重寫〈臺灣經濟成長與結構變動〉一文,他一定會很小心的觀察
1976—85年間 (尤其是最近幾年) 臺灣經濟是否陷入了嚴重的瓶頸,
並尋求某些有關的重要政策的長遠涵義 (在原文中他根據分工合作的
原則把後者交給同書中其他各章的作者)。事實上,他在檢討1951—53
至1971—73年間快速經濟成長可能是由於那些有助於發掘前所未經開
發的生產機會的基本條件之後,曾經坦白承認:「所有這些 (觀察),
自然都是初步的一般的推測,對指點方向雖然有用,但不一定有助於
建立堅強的分析論據。持別是,這些推測忽略了:縱然具備了這些有
利的條件,政策上也可能犯了錯誤,以致發生瓶頸,終於導致較預期
為低的成長」(原文54頁)。我們深信,如果他現在重寫他的文章,這
一段話很可能移到對1973—85年整個期間的觀察之後,同時也很可能
明白指出這個政策錯誤大概是什麼。

　　在這裏,我想嘗試追索顧志耐教授的思路,希望能替他回答這個
問題。

六、1950年代以至1960年代基本政策方向的檢討

　　爲達到這個目的，我們必須檢討1950年代以至1960年代基本政策的方向。

　　1950年代，政府採取「進口代替」的工業發展政策。這個政策所表現的主要形式，是對外高築關稅壁壘，並嚴格管制貨品輸入；對內限制設廠，並將有限的外匯資源（包括美援）和公營金融機構所能控制的投資資金按照遠低於市場可能反映的差別價格配給政府認爲應該優先發展的產業。其結果是，當時尚很狹小的國內市場很快的便呈飽和。如果我們翻閱1950年代後期經濟部發表的工礦調查報告或當時報紙所載的經濟新聞，就知道當時一般工廠的設備利用率低到什麼程度。在這種情況之下，就業機會自然遠落於不斷增長的待業人群之後。在更直接的意義上，我們也可以說這是1960年代初期臺灣經濟擁有的一部分「前所累積而未經開發的生產機會」。

　　一方面鑒於這種情況的嚴重，一方面鑒於美援不能久恃，臺灣經濟管制在1950年代末期終於網開一面──這就是，外匯管制逐漸放鬆，外匯匯率亦逐步簡化，至1963年終於達成單一匯率。這個結果，可以說是又一次成功的改革。自此以後，出口導向遂成爲工業發展政策的主幹。恰巧那時全球性的國際貿易迅速擴張（已爲前述），臺灣正好搭上了這一艘順風順水的普渡慈航。結果不但得以開發了上述在1950年代「累積而未經開發的生產機會」，並且激起了工業發展的信心和衝勁，從而奠定了勞動密集的出口工業的基礎。

　　在我看來，這一次外匯改革以及有限度的其他配合政策措施，是在顧志耐教授所強調的經濟成長的基本條件以外、把臺灣經濟由

1951—53至1961—63年間的艱難起步推到1961—63至1971—73年間的
高速成長最直接的單一原因。

關於1950年代政府所採取的進口代替的工業發展政策，以當時的
特殊環境，容有見仁見智之處。但是關於1960年代初期政府所採取的
出口導向的工業發展政策，其成功則已成為顯明的事實，應無可置疑。
假如主管當局能充分吸收這一次成功的經驗，而在1960年代後期就開
始大步走向現今高唱的「自由化、國際化」，其所遭遇的阻力必然較小。
因為被保護的工業雖不免因「自由化、國際化」而遭受「優勝劣敗」
的磨鍊，但因新的發展機會較多，由此所引起的衝擊也比較易於吸收，
因而勞工和其他生產資源的重新配置決不會有太大的摩擦。同時，那
時雖亦有特權的既得利益，但是持之未久，在一個動態發展的社會裏
面，這些少數特權和既得利益的犧牲也比較易於接受。從更積極的方
面看，我們深信「自由化、國際化」必將帶動內銷和外銷工業的全面
蓬勃發展。在國內工資不斷上升和國外市場不斷遭受工資更低的發展
中國家的競爭壓力之下，對前景充滿信心的企業家必將逐步由勞動密
集移向資本密集和技術密集的生產技術，這樣，我們一定能夠更有效
的利用先進國家可能提供的而為我們以前未加利用的成長機會。果如
此，臺灣也許在1970年代初期便已步入已發展國家的預備行列。

可惜政府當局未能充分吸收1960年代因為外貿改革而導致出口工
業蓬勃發展的經驗，而仍堅持其他方面的經濟管制和干預（包括縱容
無效率的公營企業和金融機構繼續經營，而無視於水泥等少數公營企
業轉移民營後的成功實例以及在民間存款利率遠高於官定利率的情況
下地下錢莊生意興旺的理由），以致國內市場成為不受國際競爭的長期
避風港，甚至外銷工業還要依賴以「內銷津貼外銷」的支持，以維持
在國際市場上的競爭能力。在這種情況之下，個人的自發力和拚勁自

然打了一個很大的折扣，技術進步的層次自然也受到了嚴重的局限。其結果不但是1973－76年間乃至整個1970年代臺灣經濟成長受到了比外在的不利因素所加上的更多的抑制，而且在1980年代上半期陷入更深的困境。我深深相信，如果顧志耐教授現今仍然健在，他一定贊同我的看法，而對1960年代政府的失策表示惋惜與遺憾。

七、顧志耐教授可能給我們什麼啓示？

現在國內投資意願低落，國際經濟疲弱不振，兼之內則既得利益囂張，外則保護主義盛行；此時如果推行「自由化、國際化」，較之1960年代何止加倍困難？但是鑒於國內市場過於狹小，除借助於國際分工以開創新的成長機會以外，實在別無選擇。同時，假如我們冷靜思考，我們對臺灣經濟的前途也實在沒有理由感到悲觀。

在他的《現代經濟成長》一書中，顧志耐教授特別提醒我們，世界上沒有一個國家一帆風順的經歷現代經濟成長。我們在前面已經提到，他把持續高度經濟成長看作連續性的破壞和調整過程。所以在他的心目中，現代經濟成長的過程是一連串的「開經濟成長新紀元的革命性突破」，而「所有這些革命性的突破，都是單獨或同時來自對當前經濟技術的重要瓶頸和足夠幅度的新機會的反應」（原書465頁）。無疑的，臺灣經濟現今正是陷於「技術的重要瓶頸」——這就是我所擔心的技術升級問題。而更重要的問題，則是我們有沒有足夠的新機會和對面臨的技術瓶頸和新機會的必要反應。

關於有沒有足夠的新機會的問題，我的回答又是樂觀的。臺灣工業已有相當良好的基礎；同時國民教育的水準現在遠較1960年代爲高，而企業家的數量和品質現在亦遠非1960年代可比。所以現在先進

國家所能提供的任何可以利用的新機會，臺灣工業都更有能力加以利用。而在現今國際經濟疲弱的狀況之下，先進國家似乎也更願意對後進國家提供新的生產知識和技術。

真正的問題是：我們對面臨的新機會能否適時作必要的反應，以導致革命性的技術瓶頸的突破。前面提到的「自由化、國際化」，表示政府正在尋求政策上的突破。假如這一次突破順利完成，必定能普遍激起私人的自發心和拚勁，其他的問題也就會迎刃而解。

不過，自由化與國際化涉及政治和社會制度的全面創新（也就是全面現代化）。因為只有這樣纔能促進工業技術升級所必要的「社會技術」升級，從而充分發揮個人與社會的智巧和創造潛力。1960年代我們成功的發展出口導向的工業，除了早期引進的政治和社會創新的影響以外，最直接的主要原因是適時放鬆外匯管制和統一匯率以及採行一些配合措施。現在的情況比那時複雜多了。要突破現今面臨的重要技術瓶頸，從而擠入工業先進國家的行列，如不適時尋求更深更廣的政治和社會制度的創新，則無異「緣木求魚」，結果進入現代經濟成長的時機必不免於延誤。證之以與現代經濟成長創導者的英國地緣最近而歷史關係也最密切的歐洲國家的經驗，以及曾是這些國家殖民地的新興國家的發展過程，這些話似乎一點也沒有誇張（參閱《現代經濟成長》472頁）。

在進行必要的政治和社會制度的創新時，顧志耐教授給我們的下述啟示似乎值得特別加以注意：就現今的落後國家而言，「許多構成現代前期經濟成長的基礎的社會創新早已失去了它們的實用，而成為情況大不相同的現今經濟成長必要的改革的障礙」（同書457頁）。至於原來就構成政治和社會制度創新的障礙因素，那就更不必提。無論如何，現在是我們慎重檢討成為現代經濟成長障礙的一切政治和社會制度的

時候了！

（中央研究院經濟研究所《經濟論文》，1985年9月）

［附錄］兩個極端經濟
體制的演變

重刊弁言

儘管香港在經濟上屢雜「正面干涉」(positive intervention)，在政治上亦乏民主，但此一港都在現今世界上仍是最接近自由放任型資本主義制度之城市。我居港將近十年，對其政府效率之高、經濟表現之優異、以及低收入階層所受照顧之周到，均有極其深刻之印象。1982年，我自香港中文大學退休，暫養病於新界之沙田，每日必閱臺灣寄來之報紙。是時以美國爲首之西方工業國家，以保護主義之手段迫使臺灣（及日本、南韓等國）走向經濟自由化之路。然一向習慣於經濟管制與干涉之政府當局，對經濟自由化之觀念尚不甚了了，甚至完全從負面看自由化對經濟之影響。乃以喻諷方式撰寫〈一塊石頭的奇蹟——香港經濟成長的故事〉一文，寄交《中國時報》發表。張麗門先生閱讀此文後，曾爲文譏笑我「把香港説得太好」，可見其對香港成見之深，由此亦可猜想其他讀者或亦不解文中喻諷之意。惟時隔十年，香港之本質未變，而其重要性反而有增無減。希望重刊之後，讀者對〈一塊石頭的奇蹟〉多幾分好奇，少幾分誤解。頗堪自慰者，爲本文之主旨與中國大陸對改革開放之堅持在某種程度上似有密切契合之處；尤其是本文最後一段關於香港與當時尚在前途渺茫中開闢之「深圳特區」雙方關係可能發展之推測，以及香港本身之進一步發展，幾乎完全中的。因此，在本文重刊時，我對之亦多幾分自信。

在另一層面上，〈自由經濟理念壓倒集體經濟理念以後〉亦爲一喻諷之文，惟其喻諷對象爲現今在形式上仍保留共產體制之少數國家。近年來東歐共產集團及其精神堡壘之前蘇聯相繼土崩瓦解以後，我即欲撰寫一文向半世紀前即認定集體計劃型之共產經濟制度決不可能成

功之海耶克教授表示敬意。但因礙於老病及瑣碎之事，以致遲遲未能動筆。今年2月23日海耶克教授逝世，再無任何理由拖延此文之撰寫。文成後，交付香港《廿一世紀》發表。但因此文在最後付印時其副標題——「爲紀念一代宗師海耶克教授逝世而作」——誤被刪去，以致文意不彰。該刊後來雖特別聲明更正，但一般人對此類聲明向不留意。此次重刊，特補上原有之副標題，希望略新讀者之觀感。讀者由本文或許可得一印象，即現今在形式上仍保留社會主義體制之少數國家，在繼續擴大開放改革時，形式上之社會主義體制必將漸由褪色之外衣變成進一步發展之累贅。此一矛盾如何統一，現在似乎已可看出端倪，唯尚不能預測其所須付出代價之大小而已。

（1992年10月）

一塊石頭的奇蹟

——香港經濟成長的故事

一、從一塊石頭說起

有人說香港只是一塊石頭，也有人說香港是一顆鑽石，兩種說法似乎都對。

在這個四百平方英里的島嶼（包括港島、九龍和新界）上面，絕大部分都是山地。除了石頭以外，幾乎沒有任何可以數得上的天然資源。可是自1842至1898年間，先後成為英國的殖民地以後，這塊石頭經歷了無形的「風化」；尤其是最近三十年的變遷，更使它的外貌顯得多姿多采。晚上從太平山頂縱目四望，或是站在尖沙嘴維多利亞港之濱凝視海市蜃樓般的倒影，那五光十色閃爍耀眼的一片，不是鑽石是什麼？

本文不是敍述香港由一塊頑石變成一顆鑽石的經歷的「石頭記」，而是撿拾最近三十年間香港經濟成長的一些浮光掠影。假如這裏所寫的有少許可供「借鏡」之處，筆者所花的時間就沒有白費了。

二、三十年前的印象

我到香港最早的一次，是在1947年8月。那一次是由美國舊金山搭乘輪船到上海，在香港不過停留半天。在這半天裏面，香港給我一個極壞的印象。儘管我搭乘的那一艘輪船只在香港臨時停泊，而且上岸觀光的乘客照規定不得攜帶行李，海關人員還是堅持要上船檢查。記得我的行李一件件被翻得顛三倒四，而我的一個同伴卻站在一旁悠然自得。我問他：「你認識那位朋友？」他說：「不，他認識林肯總統。」原來剛才他同那位檢查員握手時塞給他一張五元美金的鈔票。

那時尖沙嘴還很荒涼。我們一行幾個人在尖沙嘴碼頭搭輪渡過海，正在售票窗口等候買票的時候，忽然有幾個小孩打起架來。他們東衝西撞，正好從我身邊擦過。在渡輪上，我發現離美前才買的一枝「派克」金筆不翼而飛。這時才知道小孩打架原來是「樑上君子」設計的表演。

我清楚記得，港島那邊那時也只有戰前留下來的一些古老建築，市中心以外破舊不堪，真不相信十九世紀下半期開始便足以控制中國經濟命脈的香港竟是這個樣子！

三、人口問題的橫側面

「嶺南風物尚依然，膡水殘山別有天，
　　不道桃源原可借，龍蛇犬馬盡成仙。」

二十多年後（1973年）再到香港，頗驚訝於香港已經變成一個現

代化城市，據說這主要歸功於佔香港人口總數90％以上的中國人。而在中國人之中，大部分又是自1947年後從中國大陸遷出來的。據說這些人的成分非常複雜，但是看來各有道行，所以都能在香港興基立業。這就是本節開頭所錄的一首歪詩的背景。

毫無疑問，「人」對香港的發展非常重要。我們可以說：「香港什麼都沒有，有的只是腦和手」。所以有道行──頭腦靈活、身手敏捷──的人實在是香港最寶貴的資產。但是香港只不過是一個四百平方英里的小島，它容納和吸收人口的能力到底有限。近三十年來，這個小島可以說一直感受「人口超載」的壓力。雖然有時覺得它終於成功的容納和吸收了「超載」的人口，但在事實上舊的問題還未完全解決，新的問題又接踵而至。其間所經歷的困難，非這篇短文所能盡述。

根據官方統計，1947年香港人口總數已高達一百七十五萬，這個數字比前一年多了二十萬。這是因為那時中國大陸戰火蔓延，華東（包括上海）、華南（尤其是廣東）一帶已經有人開始遷到香港。以後三年之間，由中國大陸湧進香港的人數竟多達五十萬以上。自1951年以至1963年，難民潮從未間歇，香港人口亦直線上升，1963年已達三百五十萬以上──即較1947年增加了一倍。在中共進行文化大革命期間，香港難民潮曾一度減退，但至1970年代又趨洶湧。1979─80兩年之內，經香港准許居留的大陸偷渡客竟達十五萬之多。至於漏網之魚，更是不可勝數。

自1975年起，香港又多了一批不速之客──越南難民。近幾年來，這些難民似乎滔滔不絕，而香港政府也總是「當仁不讓」，因此人口壓力更加沈重。

據官方統計，1981年竟有五百二十萬人擠在這個四百平方英里的小島上面，而很多人還懷疑這個統計數字太過偏低。無論如何，如果

我們進一步考慮這個島嶼大部分是不能利用的山地，就會同意這個小島上面的人口密度高得太可怕了。

實際上，這樣的敍述還有些過分簡化。這是因爲，縱然歷年新加的人口與原來的人口具有完全相同的勤勞意願，在像香港這一個小島上面人口不斷的增加，必然帶來遞增的「邊際社會成本」——移山塡海的「拓地」成本、改善交通擁擠的成本、防止環境衛生進一步惡化的成本、維護社會治安的成本……等等，都會超過人口增加的比例繼續提高，如果某些方面因爲限於資源而未得到充分的照顧，這個社會的發展必將愈趨失衡——而這也是「邊際社會成本」遞增的另一面表現。至於後面將要提到的人口激增阻礙技術進步的長遠影響，那就更加嚴重了。

除開這些考慮以外，我們還要觀察歷年新增的人口是否與原來的人口具有相同的勤勞意願。這是一個非常難回答的問題，不過就香港的移民而論，我們大概可以這樣說：1940年代後期以至1950年代初期的移民，大多數都是刻苦耐勞，而且卓具遠識，現在大家公認這些人對香港各方面都有重大貢獻。至於1950年代後期和1960年代的移民，一般而論也都能適應環境，力求上進，仍不失中國人傳統的美德。可是到了1970年代，移民的心態幾乎完全變了。其中不在少數的年輕人竟把香港看成遍地黃金俯仰即拾的天堂，甚至當作強取豪奪恣意揮霍的寶庫。而在1975年後來到香港的越南難民也多惹是生非，甚至在這個流亡的異鄉各據「南越」和「北越」的壁壘展開鬥爭。這些人在正面對香港毫無貢獻，在反面卻對香港大有損害。正如其他正在發展中的社會一樣，香港社會治安本來一直成爲大家關心的問題。不過在1970年以前，這些問題還在可以容忍的範圍之內，以後就愈來愈超出這個範圍了。

這一段說明，無非強調我們不能單從人口數字估量人口負擔。假如要計算「人口依賴比率」，我們一方面必須把這些游手好閒的無業游民統統加進依賴他人為生的人口裏面，另一方面還要將力能謀生的人口就其所受的社會治安惡化的影響打一個折扣。照這樣計算的「人口依賴比率」，香港在1970年代的人口負擔必然較表面上所顯示的要沈重得很多。在實際上，「人口依賴比率」當然不可能這樣計算。不過有這麼一點觀念，我們就可以比較正確了解香港經濟成長的實際表現。

四、經濟成長的紀錄

香港政府所發表的「國內生產毛額」估計，最早只上溯到1966年。我同香港中文大學一位同事曾試編1950—75年香港的國民會計，其中關於國內生產毛額的估計與相當年份的官方估計頗有出入，但是根據兩套估計算出的成長率卻相差不大。因此我決定1950至1970年間每隔五年的平均成長率用我們自己的數字，1971至1980年的逐年成長率則用香港政府的數字。

表一、按照固定(1973)市場價格計算之國內生產毛額每年成長率(%)

	國內生產毛額總值	國內生產毛額每人平均值
1950—55	5.6	3.4
1955—60	8.3	4.4
1960—65	10.6	6.5
1965—70	8.5	6.4
1971	5.0	2.7
1972	9.7	7.8
1973	15.8	13.1
1974	1.8	−0.7

1975	2.2	0.5
1976	18.8	17.5
1977	10.2	8.6
1978	10.3	8.2
1979	11.8	6.2
1980（預估）	9.8	6.3

　　由上表所列的數字，我們可以看出：在1950—55年間，香港經濟成長並不特別輝煌。這是因為香港轉口貿易受韓戰後美國對中國大陸封鎖的影響，而香港工業發展也不過剛剛起步。但在以後十五年內，香港經濟成長照任何標準都算得上出類拔萃。值得注意的，是1965—70年間平均成長率已較1960—65年間降低，這是因為1967年香港發生了一次大暴動，造成嚴重的資金外流，以致影響同年與下年的投資和生產。如果沒有這一次事件，1965—70年間平均成長率很可能與前期頗為相近。

　　再由「國內生產毛額總值」與「國內生產毛額每人平均值」的成長率比較，我們可以清楚看出香港人口壓力之沈重。儘管香港人口在1950年以前已因大量移民而迅速增加，但除1951年出現嚴重吸收問題而使一部分人口遷出以外，以後五年人口增加率一直停留在5%以上。1950年代後期以至1963年，人口增加率也很少低過4%。自1964年後，人口增加率才開始銳減，以致1960—70年的平均人口增加率降到2%。因此之故，1950—60年間香港每人國內生產毛額平均成長率較之其他開發中國家的表現並無驚人之處。而就最光輝的1960年代而言，後期每人國內生產毛額平均成長率之所以能夠維持前期的高水準，主要還是由於後期人口增加率大幅下降。假如後期人口增加率仍然維持前期的高度（4%），那麼後期每人國內生產毛額平均成長率就會回降到

1955—60年的平均成長率4.4%。

　　現在再看1970年代香港經濟成長的表現。因為這個年代對香港和世界各國都是劇烈變動的時期，所以我認為分年觀察較有意義。首先我希望指出，1960年代後期已經出現幾種不利的情況：⑴主要工業原料進口價格和工資都已開始大幅上升，而勞力密集的主要工業產品的出口價格卻因新興工業國家之間的強烈競爭轉趨停滯；⑵香港及其他新興工業國家對少數主要工業國家大量輸出勞力密集的產品，已開始引起這些國家工業結構的調整問題，以致它們對若干類勞力密集的產品的進口開始設限。這些不利情況的影響，已經反映於1970及1971兩年香港國內生產毛額成長率的低落上面。

　　不過1960年代已經證明，香港工業的適應能力極其敏銳，所以1972及1973年經濟成長率迅即大幅回升。可是在這以後又發生了幾件大事：首先是1974年爆發了「石油危機」，接踵而來的又是世界經濟衰退，香港經濟因而又陷低潮。另外一件特別值得注意的事，就是1973年香港發生了一次極具破壞性的股市風暴。這一件事的影響，是一方面股票價格瘋狂上漲所造成的帳面盈餘，虛偽的膨脹了同年國內生產毛額的成長率；另一方面正常投資受到了重大損害，因而削弱了以後兩年香港工業的應變能力。這就是說，假如沒有這一次股市大風暴，1973年香港國內生產毛額的成長率不可能高達15.8%，而1974及1975年的表現也不致低到2%（相同三年新加坡每人國民生產毛額成長率是9.6%，4.7%，2.5%。若香港經濟成長的表現與新加坡的表現大致相同，則在調整人口增加率後，這三年的國民生產毛額總值成長率應該接近12.3%，7.2%，4.2%）。由此推斷，若1975年的表現較好，則1976年的成長率也不會高到18.8%。但是無論如何，經過1974—75兩年經濟衰退以後，香港經濟又立即恢復高速成長。以後幾年，西方主要工業

國家雖深陷於「滯脹」的窘境，且在1979年再度爆發了「石油危機」，香港經濟成長仍能繼續維持10%以上的速率。其結果是：縱然連同1974—75年的低成長率一併計算，1971—80年的平均成長率仍高達9.6%，較之黃金的1960年代毫不相讓。

現在再比較1970年代香港國內生產毛額總值成長率和每人國內生產毛額平均成長率，我們也可以清楚看出本期內人口增加的影響。尤其是1979及1980兩年，儘管國內生產毛額總值成長率各為12.8%及9.8%，但是每人平均值成長率卻只有6%。就全期而論，人口成長率亦高達2.6%，以致每人平均成長率只有7%。然而這個結果卻超過了1960年代的表現(6.5%)！所以從表面的長期趨勢觀察，我們可以說：過去三十年來，香港經濟一直保持高速的成長。

但是在上面列舉的經濟成長率裏面，都沒有考慮以前提到的一些反面影響——尤其是人口劇增和後期移民顯著變質的嚴重後果。這些影響當然無法計算，不過我們可以想像：扣除這些反面影響之後，1970年代的每人國內生產毛額平均成長率，決不高於1960年代的平均成長率。在另一方面，我們也得承認：在這個人口激增的四百平方英里小島上面，三十年來能夠維持這樣高度的經濟成長，實在不能不算是一個奇蹟。

五、政府扮演的角色

現在我們要問：香港如何能在前述不算太好的「地」與「人」的條件之下創造出舉世矚目的經濟奇蹟呢？我想一個最誠實的答覆，必然使這個奇蹟變得平凡無奇。這個答覆是：香港政府在大體上知道什麼應該由政府做，什麼不應該由政府做。

　　一般人對香港都有一個誤解，以爲香港是自由放任主義（laissez faire）的最後一個堡壘，或者譏諷香港政府是一個「懶管事」（lazy faire)的殖民地政府。實際上，這兩個說法都不客觀：前者不符事實，後者不太公平。我在這裏只希望簡略列舉香港政府做了那些它認爲應該做的事。

　　首先，我必須強調，香港政府所做的事決不限於亞丹・史密斯所界定的符合於自由放任主義的範圍——亦即對內維持治安（包括法律與秩序），對外維持「國防」。香港政府當然把這兩件事列爲首要，而現在對外維持「國防」在實際上也就是加強對內維持治安。不說別的，香港政府每年用在防止偷渡的邊防費用就是一個駭人聽聞的數字；而偷渡對香港治安及其他方面的影響，前面已經提過了。

　　在實質上，香港政府還做了一件忠於亞丹・史密斯所界定的分內的事：這就是保持一個廉潔的政府。老實說，以前香港政府官員（尤其是警察人員）的操守並不高明，集體貪污也很平常。但自1974年廉政公署成立以後，對於懲肅貪污雷厲風行。現在雖然還不能說香港政府已經做到了弊絕風清的地步，但是政府官員現在可以說已經相當清廉，這是許多開發中的國家應該效法的。

　　除此以外，香港政府又做了許多由維護社會治安延伸到改進社會福利和社會公平的事。最突出的一個實例，就是「公屋」計劃。在難民和偷渡客不斷湧進的情勢之下，香港「住」的問題自1950年代之始便極其嚴重。關於「難民營」的許多悲慘故事，我們早已耳熟能詳。而木屋區的治安、衛生和災害(尤其是火災)，多年來亦已成爲社會大衆關心的問題。爲解決這些問題，香港政府在1960年代即已開始建設「徙置區」，以安置居住條件太差的家庭。及至1970年代，「公屋」計劃進一步發展爲「廉租屋」及「低價居屋」（又稱「居者有其屋」）計

劃。特別值得稱道的，是這些「公屋」都按照預定規劃，分別形成新的市鎮，每一個新市鎮由市政廳到學校、教堂、娛樂場所、餐廳、商店、菜場、停車場……等等，無一不備。根據1982年「香港年報」，「公屋」所容納的人口在長期居留香港的人口總數中佔43%。如果不是因為1974—75年的經濟衰退和70年代後期的新難民潮，這個比例很可能提高到50%以上。香港政府坦白承認，這些「公屋」大部分還嫌太小，其中還有一部分沒有足夠的衛生設備。但是我們可以想像，假如香港政府沒有積極推行「公屋」計劃，這個小島會亂成什麼樣子。所以香港「公屋」計劃名為促進社會公平，實為維護社會治安。不過「公屋」計劃中確實有一部分主要著眼於前一目標。例如「低價居屋」的對象，就是中等收入的下層家庭。這些家庭既不能享受「廉租屋」的配給，又沒有能力購買或租用私人的房屋，「低價居屋」計劃對他們實在是一項德政。但是這與亞丹·史密斯主張的「最少政府管理」的原則距離就更遠了。

比「公屋」計劃還要遠離上述原則的，有教育（包括職業訓練）、社會基層設施（包括交通系統的發展和淡水庫的興建）、經濟基層設施（包括海港碼頭的擴建和工業園地的開闢），及其他直接間接著眼於促進經濟與文化發展的活動。最令人驚異的，是這個一向以自由經濟著稱的城市竟有規模龐大的公營企業——鐵路運輸（地面和地下）與海埔造地；同時政府對不少涉及公眾利益的民營企業加以管制——例如水、電、煤氣、電車、公共汽車、計程車、輪渡等企業的訂價必須由政府批准，而除計程車以外，這些企業的經營方針在不同的程度上都要受政府的監督。至於房租管制，對篤信「不可見之手」的人而言，更像是巨無霸的「鐵手」了。我們無法逐項列舉香港政府所做的事。但是由政府支出（包括經常支出和資本支出）在國民生產毛額中所佔

的比重由1970－71年的13％上升至1981－82年的23％，就可看出香港政府所扮演的角色的相對分量與年俱增。所以如果有人仍舊以爲香港是自由放任主義的最後堡壘，或把香港政府看成「懶管事」的殖民地政府，那麼他必定是被欺騙了。

六、積極的不干涉政策

特別值得注意的，是香港政府與年俱增的龐大預算在近年來雖已引起政府內外人士的關心，但是很少有人批評香港政府缺乏效率；同時香港政府的所作所爲，雖亦有「見仁見智」，但在大體上可說獲得相當高度的支持。這是因爲香港政府的作爲是爲著維持一個安定的社會和利於發展的環境。至於如何利用這樣一個社會環境生財致豐，進而推動經濟發展與成長，香港政府則認爲完全屬於私人範圍的事，所以不加干預。這就是香港政府所強調的「積極的不干涉政策」（Positive non-intervention）。

在這個政策之下，私人企業只要是符合一般工商法規，都可以自由設立，自由經營，自由退出。即就上面提到的那些受政府管制或監督的少數企業而言，在原則上也都有這種自由。如果它們賺不到正常利潤，至少可以自由停業，而另闢途徑。這種自由實際上包含資金移動的自由和資源配置的自由。同樣，任何個人也都有選擇就業機會和調換工作處所的自由。

對於這種自由的典型辯護，是經濟關係太複雜了，只有私人自己知道他們的利益所在，也只有他們自己知道如何趨利避損，同時也只有他們自己能夠隨時隨地把握機會、負擔風險。政府官員無論如何精明能幹，也不知道私人的切身利害，所以對私人的經濟活動最好是「任

之聽之」。

在香港，這種態度的具體表現，就是政府所採取的「中性」財政政策和金融政策。香港政府的財政支出，雖然有很大一部分用在創造和培養促進工商業發展的條件上面，但是從沒有偏袒某些特別的企業。在財政收入方面，香港政府只對煙、酒、汽油征課關稅和內地稅。所定的稅率雖然對本地生產及由「大英國協」輸入較為有利，但在實際上對本地生產沒有多少「保護」作用。同樣，港府征課車輛稅，也只是著眼於收入（雖然近年來大幅提高稅率是為著減少車輛過分擁擠）。至於其他的間接稅，更談不上有任何政策性的考慮或對任何企業優待或歧視。在直接稅方面，個人所得稅雖然對低收入者也有減免，而對高收入者的稅率在形式上也是「累進」，但是最高稅率僅及15％。公司利得稅和利息稅的稅率，原來也都是15％，現在前者已經提高到17％。但在另一方面，所有工廠從海外新近購進的生產設備現在可按較大的百分比攤提折舊，所以實際公司利得的課稅率可能還是在15％上下。這種情形，對個別企業似乎不可能有太大的差別。

關於金融活動，香港政府並不如想像中的自由放任。自1965年「金融風潮」以後，香港政府對新銀行的設立嚴加限制。1970年代最後兩年，港府對銀行牌照應否開放的態度仍然游移不定，直到1981年年中才恢復海外銀行設立分行的申請。

可能由於行政的方便，香港沒有中央銀行，因而港府特設「外匯基金」，由該「基金」與一家授權發行鈔票的英資銀行協同操作，以節制鈔票的發行數量（鈔票發行須有百分之百的外匯準備）。至於「基本」利率，在1981年以前由少數外匯銀行商承港府決定；後來外匯銀行公會改組為包括所有銀行在內的銀行公會，但是決定利率時仍須與港府磋商。關於港幣匯率，在1974年前一直都是與一重要外幣（先是英鎊，

後是美元）「掛鈎」。自1974年起，港府決定港幣匯率自由浮動。但在另一方面，港府又不願意港幣對外價值下降太多，因而偶或迫令銀行公會提高利率，以致不免引起政策上的矛盾。結果一般工商業既受損失，而銀行以高利吸收的存款一時又難以消化。不過香港的銀行絕大多數都有變相經營銀行業務的「財務公司」，其存放款利率有較大的伸縮性，而且花招百出，深得市場機能運用之妙。

儘管香港政府對金融活動諸多干涉，甚至對銀行和財務公司的經營一步一步的加強管制，但是除在1970年代後期由於出口工業的要脅而給予短暫的利率優惠以外，可以說從不揷手干預資金的分配，這大概也是港府信奉的「積極不干涉」的哲學：只有藉助於市場的自動調節，資金的利用才能達到最有效的分配。

七、「不可見之手」究竟變什麼戲法？

在上述「積極的不干涉政策」之下，所有私人企業（新設的和已有的）除了盼望香港政府積極改善一般經濟發展的環境以外，都不期待任何形式的保護和獎勵。結果它們都必須自力更生，在本地市場和海外市場與全世界的相同企業進行無情的競爭。因此在一個企業家決定設立企業以前，必須對它可能面臨的機會和風險深思熟慮；而在既已設立企業以後，更須隨時注意國際市場的動向。如果他的判斷大致正確，而他的企業經營又有績效，他就能賺大錢，因而能夠繼續擴充業務；反之，如果他的判斷離譜太遠，而他的企業經營又無效率，他就要賠大錢，因而被迫縮減業務，甚至關門大吉。同樣，每一個工作人員必須隨時發憤努力，才能上進而免淘汰。由此可見，說起來好像很神秘的「不可見之手」，實際上不過是假借市場機能決定企業和個人

「適者生存、不適者淘汰」的力量。如果這個力量能充分發揮，那麼一個社會就應該達到「人盡其才，地盡其利、物盡其用、貨暢其流」的地步。在實際上，香港或其他任何社會都沒有達到這個地步。不過在上述限制之內，香港可能比較接近這個地步。

同集體經濟比較，香港政府可以說完全避免用強大而笨拙的「可見之手」（由上而下強制執行的集體經濟計劃）代替靈活的「不可見之手」，因而不發生集體經濟計劃所引起的資源浪費和工作懶散的問題。同採取較多干涉的新興工業國家比較，香港政府也避免了用保護和獎勵的手段誘導私人投資於某些特定工業，因而在市場情況變動時，政府不會受到壓力，而東扶西護，使原來本無競爭能力的病態工業苟延殘喘。香港的企業家，在對前景的判斷上不可避免的也會犯錯，但是這樣的錯誤只限於個別企業，而不涉及由個別企業構成的集團；而且這樣的錯誤通常會及時改正，決不會因為政府的「呵護」而長久拖延累積。所以香港雖然也可能發生資源浪費的問題，但是完全無助的私人企業，決不可能讓這個問題發展到十分嚴重的地步。

過去有太多的例子，指出在國際市場上某些產品暢銷時，香港可能在兩三個星期之內出現幾十家製造這些產品的企業；而在這些產品的時髦成為過去時，這些企業也可能在兩三個星期之內變得無影無蹤。這一件事，看起來很小，但是充分證明香港企業的靈活適應能力。最近兩年，香港的外銷工業也受到世界經濟不景氣的影響，若干工業領袖也大聲疾呼，要求港府改變不干涉政策，但是以前擔任過怡和洋行董事長的現任財政司卻絲毫不為所動。在劣勢的競爭情況下，有些製造較低級紡織品的廠家，已經不聲不響的把全套生產設備賣給鄰近的地區，而另行購置最新的生產設備，生產高級紡織品或其他銷路好的產品；另外還有不少廠家甚至暫時放棄工業生產，從事比較有利的轉

口貿易或其他服務。假如香港企業家的心目中沒有新界租約將於1997年到期的陰影，我相信「不可見之手」一定會變出更多的戲法，使香港經濟仍能保持相當穩定的成長。

八、工資緩升一定是好現象嗎？

我希望前文沒有給讀者一個印象——香港的經濟「奇蹟」是由資本家一手造成。事實上，勞動者對香港的經濟成長也有極大的貢獻。正如亞洲其他幾個成功的新興工業國家一樣，過去三十年來香港的經濟成長主要是奠基於出口工業的發展，而後者又是主要依賴廉價勞力。1940年代末期開始由中國大陸不斷逃往香港的難民，雖曾使香港發生嚴重的容納和吸收問題，但是假如沒有這些難民湧向香港勞動市場，使企業家能夠利用廉價勞力發展勞力密集的工業，香港經濟決沒有今天的成就。

不過在這個主要由「不可見之手」操縱的市場制度之下，工資增長必然比較緩慢，終致勞動者不能比例分享香港經濟成長的成果。即就持續成長二十年之後的1970年代而言，開始由於勞動需求迅速增加，而勞動的移入較緩，所以工資增加率亦較高。但在經濟衰退的1973—75年間，工資不升反降，1974年的降幅竟高達9％。以後香港經濟復甦，並保持高速成長，勞動需求轉趨強勁，因而工資又大幅上升。但因主要外銷市場一直陷於「滯脹」，不免影響香港的經濟前景；同時在1970年代最後數年，外來移民（包括合法的與非法的）又現高潮，而勞動品質反有下降之勢（前已提及），以致1980年後工資略無起色。就1970—80年間工資增加率平均計算，每年僅及3.6％，與「表一」所列同期間每人國內生產毛額平均成長率相較，前者僅略高於後者之半。

以體力勞動者在香港全體經濟活動人口中所佔比例之大，像這樣工資成長率較之每人國內生產毛額平均成長率遠遠落後的情形，必然表示所得分配狀況的惡化。這種情形，香港政府自然了解，但是無法控制。它所能做到的，只是盡力推動前面提到的種種社會福利計劃——尤其是「公屋」計劃，使低收入的勞動者得以分享一小部分經濟成長的成果。

表二、香港實質工資變動情況（根據官方統計編算）

	工資指數	工資變動率（%）
1970	100.0	
1971	109.4	9.4
1972	115.4	5.5
1973	113.9	−1.3
1974	103.8	−8.9
1975	102.7	−1.0
1976	113.8	10.8
1977	120.6	6.0
1978	131.7	9.2
1979	141.7	7.6
1980	141.2	−0.4

一般人比較不大留意的，是工資緩慢上升的另一面影響——即香港工業技術的進步受到了阻礙。在1950年代，香港首先成功的發展勞力密集的出口工業。那時亞洲其他開發中國家的工業發展差不多都是朝著進口代替的方向，因而香港工業品的出口在國際市場上得以享有高度的比較利益。及至1960年代，亞洲若干開發的國家也開始轉向，發展勞力密集的出口工業。但是那時香港出口工業已奠定優勢，同時1962—63年間難民潮繼續增高，廉價勞工不虞缺乏，所以香港出產的

勞力密集的工業品在國際市場的競爭上可以說立於不敗之地。

　　但是勞力密集的出口工業的持續發展，也表示技術革新受到了很大的限制。現在回想，假如香港的難民潮自1950年代早期即已完全受到控制，以後人口增加只反映自然增長，那麼香港工資在1950年代後期可能已經開始顯著上升，而在1960年代亞洲其他新興工業國家開始發展勞力密集的出口工業時，香港的勞力密集出口工業在國際市場的競爭上可能已漸由優勢轉為劣勢。假如當時的情況確是這樣，則以1960年代有利的世界經濟環境，和香港企業家的高度適應能力，香港工業發展早已逐漸走上降低勞力密集、提高技術密集的方向，因而香港經濟在1970年代可能表現得更好，同時所得分配亦可望顯著改善。不幸香港無法控制難民的湧進，而香港的工業家反因廉價勞工的源源供應而沾沾自喜，以致遲到現在才開始進行艱苦的調整，這眞應了「塞翁得馬焉知非禍」的敎訓。

九、另一個亞洲城市經濟成長經驗的對照

　　寫到這裏，筆者不禁想到另一個亞洲城市——新加坡——的經濟成長經驗。新加坡比香港更小，它的面積僅及香港的56.6%，但是平地多而坡地少，同時因為坡地比較低坦，幾乎全部可以利用。在另一方面，新加坡的人口原來僅略超過香港人口之半數，近年來由於香港非法入境的移民大量增加，新加坡的人口現在可能只佔香港人口的一小半了。至於其他有關經濟發展的條件，這兩個城市可以說大同小異：二者都佔據特有的轉口貿易的地利，二者原來都有優良港口設備以及與之配合的基層結構——包括倉庫、運輸、船舶修理、通訊、保險、金融等等，尤其重要的是二者原來都有一批對國際貿易頗有經驗而習

慣於投機冒險的商人。這些條件，對這兩個城市後來的發展同樣重要。

　　不過就最初的發展環境而言，新加坡沒有香港幸運。香港自1945年太平洋戰爭結束以後，即無外患，亦無內憂，移民迅速增加雖一度成為困擾，但未危及社會安定，因而在1950年代得以順利步入穩定發展的正軌。反之，新加坡在戰後以至1960年代末期，一直陷於種族和政黨的紛爭（當地居民嚴重失業亦為其主要原因之一），社會安定深受威脅，以致經濟發展的起步至少比香港落後十年。但自1959年人民行動黨執政以後，新加坡的局面終於化險為夷。就在這以後短短二十年間，新加坡在與香港經濟發展的競賽中得以迎頭趕上，說起來應該是一個更大的奇蹟。

　　現在有些人談起新加坡和香港的經濟成長，似乎把二者看作兩個不同的模式，尤其特別強調新加坡政府對經濟發展積極參與，好像新加坡的經濟成長主要是由政府「計畫塑造」。這種看法，未免過分單純，恐怕新加坡政府也覺得可笑。

　　我們現在看看新加坡政府究竟做了那些香港政府所沒有做的或者根本上不必做（乃至做不通）的事。前面說過，香港政府對私人經濟活動採取完全自由放任的態度，而集中全力發展經濟成長所必須的經濟基層設施和社會基層設施。在大體上，新加坡政府也是採取相同的態度。它明白宣佈，發展經濟基層設施和社會基層設施是政府的責任，而發展企業則是私人部門的事。

　　但是新加坡政府對私人企業活動不遵循「積極不干涉」的政策，而採取「積極參預」的政策。這個政策的具體表現，是新加坡在1963年參加馬來西亞聯邦以前及1963─65年參加馬來西亞聯邦的期間，極力鼓勵進口代替工業的發展，希望充分利用馬來西亞內地的廣大市場，以培養當地的工業。但在1965年退出馬來西亞聯邦以後，出口導向的

工業發展立即成為新加坡政府全力以赴的政策目標。後來事實證明，以前依賴關稅及進口限額保護的進口代替工業，多數都是要繼續保護的低效率工業，而真正推動新加坡經濟加速成長的卻是不依賴保護的出口工業。

　　特別值得注意的，是香港對私人企業的不干涉政策，在實際上扶植了1950年代後期來到香港的上海企業家所開創的當地工業；反之，新加坡政府為著急於「迎頭趕上」，自始即獎勵外人直接投資。不過獎勵的對象有一定的範圍，包括明確指定的「前導工業」，以及須經個別核准的出口工業。為獎勵這些工業，新加坡政府特別頒佈賦稅減免條例。不過這個條例適用的期限不算太長；超過這個期限之後，原來享受賦稅優惠的企業，都要按照相當高度的累進稅率繳納利得稅。同時新加坡政府關於一般企業（包括受獎勵的）僱用員工的工時、假期，以及女工童工的工作條件，都有嚴格的規定，而且強制所有企業為其僱用員工支付相當薪資12—14%的「中央儲蓄基金」。合併考慮，受獎勵的工業到底得了多少好處，實在很難說。

　　就這些情況同香港比較，香港一方面沒有保護當地工業的關稅和進口限制，因而也沒有依賴保護的低效率工業。另一方面，香港沒有獎勵工業投資的賦稅優待（雖然近年來對新近進口的工業設備也有加速折舊的辦法），但是對企業征課的利得稅率不但不加累進，而且一般很低（近十年來經提高後亦只有15—17%）。至於勞保立法，也只限於最低的要求。所以單是就這些情況而論，新加坡政府對經濟發展所採取的「積極參預」政策是否一定比香港政府的「積極不干預」政策對工業發展更為有效，也非常難說。

　　也許有人認為，新加坡自始即能發展煉油、船舶修造、及機器等重工業，而不像香港至今仍然依賴紡織、成衣、塑膠、電器等勞力密

集的輕工業,應該歸功於新加坡政府所採取的選擇性的獎勵投資政策。在這一方面, 我個人雖然欽佩新加坡政府的高瞻遠矚, 但是相信這個政策之成功, 主要是由於時機與地利。因為對新加坡經濟發展極關重要的1960年代後半期, 正值越戰節節升高, 美軍需用的油料、船舶、和機械用具等等物資亦隨之激增。同時越戰的長期進行, 也使全世界進一步認識東南亞的重要。以新加坡所在地位對越南及其他東南亞國家之近便、及其本身所具條件之優越(包括較高品質的勞工供應), 我相信只要新加坡政府有效的提供適當的情報, 外國的石油、造船、機器等製造廠商也很可能不待獎勵而自願到新加坡設廠。因此我認為, 這些工業的發展, 與新加坡政府的選擇性的獎勵投資政策沒有太大的關係 (尤其是考慮到前述關於企業僱用勞工之規定的可能影響)。

當然, 我們在這裏不能不提更能代表新加坡政府「積極參預」經濟發展的「經濟發展局」和「開發銀行」。前者除對海外投資者提供情報以外, 並採取有效的步驟協助海外投資者到新加坡設廠, 必要時並直接或洽由「開發銀行」提供一部分投資資金。值得注意的, 是新加坡政府通過「經濟發展局」和「開發銀行」的投資, 主要著眼於扶持有前途的工業, 期能與之分利。新加坡政府曾公開宣佈, 如果政府投資的企業不能獲利, 它寧願這些企業破產。由這個態度, 我們可以看出新加坡政府通過「經濟發展局」和「開發銀行」的投資, 在基本上與斤斤計較盈虧的私人投資沒有什麼不同。至於「經濟發展局」對海外投資者所提供的各種服務, 在一個有組織的自由企業社會裏面, 本來都有專業供應。現在新加坡政府特設「經濟發展局」提供這些服務, 正是說明在這一方面新加坡原有的基層結構還不夠強。所以新加坡政府所做的, 只不過是加強原有的基層結構。這個工作, 對任何一個發展的地區都是非常重要。

　　我認為新加坡政府做得更好的，是使1965年新加坡退出馬來西亞聯邦以前動輒罷工的好戰工會與政府之間的關係臻於融洽。為著維持工作秩序和工作報酬的穩定，新加坡政府自1965年起即大力推行「公屋」計劃，以解決低收入者的居住問題。其成效之佳，使香港瞠乎其後。新加坡人的「歸屬感」，一半與此有關。

　　新加坡政府深深了解，維持穩定的較低工資是吸引外資的一個重要條件。所以在1970年代之初經濟快速成長引起工資大幅上升時，便立即允許成萬的馬來亞「客工」入境工作。這種措施，雖然切合新加坡當時的實際需要，但是政府對工會卻有些難以交代，這可以說是後來政策轉變原因之一。更重要的原因，是新加坡政府預見勞力密集的工業沒有前途。為使新加坡的工業出口在國際市場上保持高度競爭的能力，它堅持技術密集才是正確的方向。因此新加坡政府在進入1970年代以後，迅即加強高品質勞工的訓練和應用科學的研究。及至1970年代後期，新加坡政府終於作了一個大膽的決定，即一方面禁止馬來亞的「客工」入境（只有一度因為建築業的壓力而破例），同時武斷規定大幅提高工資，以促使工業轉向於技術密集。

　　這種近乎「車馬側置」的做法，雖然受到工會的強烈支持，現有的工業卻不免難於適應。正如新加坡政府的預料和期望，那些負擔不起高工資的勞力密集工業（例如紡織工業）先後移到鄰近工資較低的國家。但是願意留在新加坡的那些較高級工業，也覺得工資提高的幅度與勞工的生產力有些脫節。儘管所有的企業都可以自由解僱品質不合要求的工人，但是不少工廠仍然抱怨一般勞工的生產力都不夠高。為著應付這個新的局面，新加坡政府除努力加速提高一般勞工的品質以外，最近又使出一個意想不到的「絕招」——即模仿日本刺激勞工生產力的方法。這個「絕招」的具體表現，是政府先選擇十餘家公司

示範，特許這些公司減少一部分原來爲其僱用員工支付的「中央儲蓄基金」，使之將這一部分資金自由運用於員工福利上面，藉以促進員工對其所屬公司的認同與效忠，希望因此提高勞工的生產力。如行之有效，這個辦法必將逐步推廣。現在已經有人預測，如果新加坡的構想完全成功，那麼新加坡的工會就會變成無足輕重。一個值得推敲的問題，是假如新加坡政府在禁止馬來亞「客工」入境的時候，不對企業採取上述先擒後縱的辦法，而逕自減少企業爲其僱用員工支付的「中央儲蓄基金」，工資將會如何調整？我想這個問題的答案一定是有趣味的。

無論如何，由以上的敍述，我們不能不佩服新加坡政府的機敏與果斷。在另一方面，我們也很容易看出：在新加坡所能做到的事，在香港肯定做不到。撇開香港政府對自由經濟的先入之見，它對中國大陸的移民，就無法像新加坡政府對馬來亞的「客工」那麼輕易控制——幾乎像開關自來水一樣的方便。它所能做到的只是盡可能加強有助於一般社會安定與經濟成長的設施（包括「公屋」計劃），希望在要求最低的勞保立法之下，企業與工人自動安排彼此之間的工作關係。香港政府在欣賞新加坡政府的優異表現之餘，也許暗中感到安慰：新加坡政府的所作所爲，終究沒有違反市場法則，尤其是剛才提到的「絕招」，更是靈活運用市場法則的明證。新加坡政府所不同於香港政府的表現，實際上只是在一些短暫的措施方面。就其對經濟成長的長期效果比較而言，目前似乎還不是下定論的時候。在本文最後一節裏面，筆者對香港經濟前景的可能演變還有一些申述。

我個人認爲，新加坡政府對經濟成長最大的貢獻，是在一批清廉的和朝氣蓬勃的各級政府官員努力之下，能以最高效率利用政府所能控制的資源，積極建設現代社會發展所必需的經濟基層設施和社會基

層設施──包括成為香港模範的「屋邨城市化」計劃，因而在短短二十年之內使新加坡不但成為東南亞工商業的中心，而且成為亞洲社會治安和居住環境最好的都市。平心而論，盱衡香港政府必須面對新加坡所沒有的許多困擾問題──特別是無法控制的移民問題，它的施政成績也頗可觀。不過香港政府只談「公共預算」、「公共工程」和「積極不干預」的政策，而新加坡政府除了大談「公共預算」、「公共工程」以外，還大力推動和宣揚它對全面經濟發展所採取的「積極參預」政策。由於新加坡政府一向顯示的優越行政效率以及各級政府人員與民間的密切溝通，一般人幾乎不知不覺的誇大了新加坡政府企圖以「可見之手」輔助「不可見之手」的成就，我想這也許就是近二十年來新加坡的經濟成長竟被認為是由政府「塑造」的原因。政治藝術巧妙運用的效果，於此可見一斑。

十、香港經濟前景的可能演變

前一節討論的新加坡經濟成長的經驗，至少有一點可供香港借鏡。這就是，香港的工業必須儘快由勞力密集轉向技術密集。為達到這個目的，第一步必須儘快遷出現有勞力密集程度過高的工業設備，同時儘快添置技術密集程度較高的工業設備。

前面提到，這個必要轉變的阻力之一，是香港的廉價勞工供給太多，以致工資上升過於緩慢，而使企業家們仍然依依留戀於勞力密集的「夕陽工業」。另一個更大的阻力，是新界租約將於1997年到期的陰影，以致企業家們不願冒險大量投資，以發展技術密集的「晨曦工業」。但是近年來世界經濟不景氣的長期拖延，終於使那些高度依賴廉價勞工的「夕陽」工業日近黃昏，因而企業家們不得不尋求變通之道。假

如沒有一九九七的陰影，他們可能早已開始改變工業發展的方向。現在有許多跡象顯示，香港企業家們終於醒悟，過去幾年在一九九七的問題上面實在浪費了太多的時間。他們現在已經不聲不響的開始行動，除將勞力密集程度過高的工業設備逐漸售予中共以外，並積極參加鄰近的「深圳特區」的發展。如果在不久的將來香港政府在緊靠「深圳特區」的新界邊緣地帶發展配合的基層設施，以加強香港企業對「深圳特區」的參與，我個人一點也不感到驚奇。

假如以上的觀察大致不差，那麼香港原有的勞力密集工業今後勢將繼續移向「深圳特區」，而取代它們的必定是技術密集程度較高的新興工業。假如今後中共方面沒有新的動亂（這一點特別值得強調），我預料「深圳特區」將來可能繼續擴大，其結果將是不斷從香港吸收新的和更新的工業技術──由不同層次的勞力密集的工業技術逐漸提升到不同層次的技術密集的工業技術，而香港本身的工業則不斷的朝著適合於當地環境的高級技術前進，因而可望長久保持在國際市場上的競爭能力。

這個有利於中共和香港雙方的如意算盤，完全是根據最近的一些跡象的推測。至於這個如意算盤在實際上打不打得通，還有許多未知數（這一點也值得強調）。無論如何，未來五年實際情況的進展，將是一個決定性的關鍵。如果進展方向離我的推測不遠，那麼上述如意算盤就可以說有「五分光」了。到了那個地步，一九九七的問題如何解決，將是政治權術的運用，我們只好拭目以待。

此外，我們也不要忽視香港正在與新加坡競爭成為國際中心的金融業和最近六、七年來又趨活潑的商品轉口貿易。實際上，這兩方面的發展和工業創新今後將是香港經濟成長的三大支柱。它們的表現，非常可能凌駕新加坡之上。

信不信由你，香港這一塊石頭到1997年將會出現更大的經濟奇蹟！

（《中國時報》，1982年8月18—21日）

自由主義經濟理念壓倒
集體主義經濟理念以後
——爲紀念一代宗師海耶克逝世而作

一、馬克思是近代歷史演進的先知嗎?

　　自十八世紀下半期資本主義制度逐漸由雛形蛻變爲現代形式時起，亞丹・史密斯（Adam Smith）以下的偉大思想史家對資本主義面臨的一些嚴重問題即已表示憂慮，甚至對其未來也抱持高度懷疑。例如馬爾薩斯（Thomas Malthus）和李嘉圖（David Ricardo）都曾對人口遞增報酬遞減的現象提出預警；而馬爾薩斯並擔心儲蓄過度引起有效需求不足，以致市場滯銷工人失業；約翰・穆勒（John Stuart Mill）尤其關心分配不均的後果，明白顯示以社會主義政策修正自由放任的資本主義的傾向。

　　對資本主義最不信任的，自然是社會主義者。但是在這些人之中，沒有一個像共產主義——科學的社會主義——創導人馬克思（Karl Marx）那樣肯定資本主義制度的階級矛盾終將導致其本身的毀滅，而爲共產主義制度所取代。

　　然而，正如許多觀察家密切注意而爲馬克思主義者極力辯解的一項重要事實所顯示，早於1917年共產制度代替舊有制度的國家，不是當時資本主義發展已經相當成熟，而且並未因社會主義思想的影響而

在政策上有所修正的英國，而是由沙皇統治的遠較落後的封建俄國；而且沙俄的解體，並不是由於甚麼資本主義制度內在的階級矛盾的自然演變，而是由馬克思主義者列寧等人有組織的自外而內挑起農奴礦工與地主礦主之間的仇恨（雖然這樣的仇恨原來已經存在），然後把他們武裝起來，以推翻沙俄政權。更具體的說，1917年俄國發生的無產階級革命，完全是由馬克思主義者依其先入的意識形態所導演的——其過程正如第二次世界大戰後由蘇聯和當地馬克思主義者有計劃的策動東歐和亞洲南美的共產革命一樣。所以，如果把馬克思作為一個思想家看待，他關於資本主義內在矛盾終必導致自身毀滅的預言，決不能算是先知。

然而我們感覺興趣的，卻不是這個預言靈驗與否的爭論，而是關於馬克思另一個預言的印證——即馬克思設想的取代資本主義制度的共產主義制度，是否就是人類社會演進最後的和最完美的形式。不論是由於巧合還是由於某種必然，這個印證現在已經有了肯定的結論。1917年馬克思主義者依其先入意識形態所建立的工人祖國——蘇維埃聯邦，在第二次世界大戰後一口氣依同一模式塑造了東歐共產集團，以與西方資本主義國家對抗；想不到她在渡過七十年風光歲月之後，竟隨同東歐共產國家「風掃殘葉」似的崩潰，成為支離破碎而傾向於資本主義的「獨立國家聯合體」；而剩下的亞洲及南美的幾個共產國家，現在也都汲汲引進資本主義國家的經濟手段，以抗拒蘇聯和東歐共產國家崩潰以後可能引發的「骨牌效應」。無論現存的馬克思主義者如何辯解，馬克思肯定共產制度就是人類社會演變最後和最完美的形式的預言，正如他肯定資本主義制度的內在矛盾終必導致其本身的毀滅而為共產主義制度所取代的預言一樣，也是徹頭徹尾的失敗了。

二、海耶克預見的集體計劃經濟的後果

　　這一次關乎人類命運的偉大實驗的失敗，其實在第二次世界大戰前已爲一些被馬克思主義者斥爲反動的思想家——特別是經濟學家——所預見。我在這裏要特別介紹的，是在1992年3月23日逝世的海耶克 (Friedrich Hayek) 的觀點。海耶克著作等身，其中涉及共產主義與資本主義的評論亦難一一加以介紹。我在這裏只想簡介其中的兩件著作，即(1)1935年由海耶克主編出版的《集體經濟計劃》(*Collectivist Economic Planning*, George Routledge & Sons, Ltd., London) 中一篇總結性的論文〈關於集體經濟計劃辯論的現狀〉(中譯附錄於本文作者撰寫的《通俗經濟講話》，臺北三民書局，1986年)；(2)1944年出版的《到奴役之路》(*The Road to Serfdom*, Chicago University Press；殷海光中文節譯本，臺北文星出版社，1953年)。

　　前一篇論文的著眼點，是馬克思主義者建立共產社會的主要支柱——集體經濟計劃。在這篇論文中，海耶克首先指出蘇聯實行計劃經濟十五年 (1918—1933) 的經驗，是反覆多變的採行武斷而不相關聯的決定，以致1933年俄國大眾的生活狀況猶遜於第一次世界大戰以前。經過這一段時間的教訓以後，儘管馬克思主義者以前一直輕視計劃經濟所受到的理性批判，現在則很少人否認，在保留消費者選擇自由和職業選擇自由的社會，尤其是在複雜生活情況之下，所有經濟決定由中央武斷指令在理性上是不可能的。但是他們仍然企圖證明「在原則上」可能仍有解決方法。因此海耶克對一些可能想到的馬克思主義者的設計進行有系統的檢討。

　　這些設計包括：(1)數學方式的解決：在完全掌握一切有關資料之

假定下，各種等待生產的商品價值與數量，可應用數理經濟學中競爭的價格形成和生產方向的分析工具加以解決。(2)放棄消費者主權的競爭：擬定計劃時，可撇開不可預測的重要變數之一的消費者嗜好變動，而由中央計劃當局依其對全社會成員的價值評估，決定各種需要的順序；其餘的決定，則通過競爭的方式。(3)模擬的競爭：在獨立自主的企業或各別廠商的經理（均非其所用生產工具的所有者）之間創造競爭條件，但各種產品（包括中間品及製成品）的售價必須訂在僅夠成本而不賺錢的高度，或根據邊際成本的標準。(4)眾多的獨佔產業相互競爭：將各類產業分別合併為獨佔的產業，然後由這些獨佔者照中央指令競爭消費者的光顧和生產要素的僱用。(5)真正競爭的社會主義制度：各別企業之間的資源分配，最初可依據過去的產業結構，或對後者即行加以調整；至於經理人員的選擇，則基於某種效率測驗以及過去的經驗。在這個基礎上，各別企業之間及其內部展開競爭。除此以外，海耶克也曾提到擬定計劃時為防止在競爭情況下可能導致資源浪費、以達成經濟「合理化」的構想。但是這個構想可容納於(5)之內，故不另列。

關於上述各種設計的構想，海耶克根據理性的分析和實際的考量一一加以檢討與質疑。這些討論，對一般讀者可能太過專門，所以我在這裏不擬加以陳述。我所要做的，只是對海耶克關於假借「競爭的解決方法」推行社會主義的意義及其困難作一個總結。這個總結，實際上是對社會主義者試圖假借「競爭的解決方法」的死亡宣判。用海耶克自己的話說：「那些曾經慎重研究過社會主義所涉及的經濟問題的社會主義者，現在已經放棄對指令式的中央經濟計劃的信念，而寄望於雖然取消了私有財產還能維持競爭的可能性。」他接著說：「這的確是頭等重大的事：原來對計劃經濟的生產力高於混亂競爭制度所寄託

的希望，現在要被社會主義制度在生產力方面略與資本主義制度相等的希望所代替；原來對所得分配的決定完全與服務價格無關，而一本公正平均原則的希望，現在也要被可能用一部分有形生產要素所得以補助勞動所得的希望所代替；原來對工資制度即將取消、以及社會主義化的產業或企業的經理人員將遵循完全不同於唯利是圖的資本家所遵循的原則的預期，現在也證明是同樣錯誤。」然而，更不幸的是，雖然社會主義者準備付出這麼高的代價以換取資本主義的效率，但「至今尚無一人能夠證明，計劃與競爭如何合理的結合起來」，可以同時得到社會主義制度和資本主義制度的優點。實際上，這就是共產國家中央計劃當局不得不採取武斷而不相關聯的經濟計劃的理由，也就是共產國家經濟退化的理由。所以海耶克最後語重心長的說：現在「我們至少必須承認，過去五十年間的思想一直走錯了路，一直受一個仔細檢討後才知道不能實現的觀念的吸引。……不過如果我們關於代表現今主要思潮之一的信念的評價是反面的，我們也沒有感到高興的理由。在一個傾向於計劃的世界裏面，沒有一件事比證明堅持這個路線終將不可避免的導致經濟退化更為可悲。」

　　眼前最可悲的，莫過於長久以來實行非理性的集體計劃經濟以致付出不堪負荷的沈重代價之後、終於完全解體的蘇聯及東歐共產集團。現在蘇聯已經分裂為十餘個主權獨立的國家，而東歐共產國家亦已重新組合，一致以十分艱苦的步伐朝著馬克思主義者原來準備埋葬的資本主義制度「轉進」。在這個轉變過程中，這些國家不僅要以從前視為混亂無序的自由市場代替原來秩序并然的集體計劃經濟，而且還要放棄「無產階級專政」，以換取從前斥之為「資產階級的民主」。其所以必須如此，是因為經濟自由與政治民主是資本主義制度的孿生兒，二者密不可分。而這個理念之所以獲得大眾的接受與支持，完全是由於

數十年來他們親身體驗所謂「無產階級專政」不過是那些當權的馬克思主義者挾持其僵化的意識形態統治廣大無產階級的群眾，使之遵循集體經濟計劃的指令，機械的各自進行被分派的工作，同時也毫無選擇的各自接受被分派的口糧和基本生活用品。在這種情況之下，他們自然不能充分發揮體能、心智與潛力。坦白的說，除了冠冕堂皇的名詞以外，這些無產階級的勞動者在實質上與封建制度下采邑或莊園中的奴隸沒有太大的差別。由此可見，馬克思主義者能於1917年號召當時的農奴與礦工推翻沙皇政權，從而建立並鞏固共產政權，實非偶然。因為那時無產階級群眾雖然在實質上也是共產政權的奴隸，但是當權者卻把他捧作國家的主人，而且對他們提出天堂在望的承諾，因而原來就是奴隸的勞動大眾也就心甘情願的接受了。然而經過長達七十年的漫長歲月之後，他們引頸嚮往的「天堂」不但未曾出現，而且一直加在他們心身上的枷鎖卻一點也沒有鬆弛。這就是這些共產國家難以遏阻崩潰的最基本原因。

三、《到奴役之路》──對資本主義國家 和共產主義國家的共同警告

以上的討論，引導我們走向前面提到的海耶克另一本著作《到奴役之路》。海耶克寫這本書的主要目的，原是向資本主義國家提出警告，以免走上社會主義「奴役之路」。自1930年代經濟大恐慌時起，資本主義國家也明白顯示中央計劃的傾向；同時海耶克一直注意中歐地區在法西斯鐵腕統治之下奴隸化持續進展的實況，因而相信那樣無情的發展過程頗似內在的規律：一旦政府對市場機制的干涉超過了一定限度，除了進一步由上而下加強管制以外，別無其他選擇。他雖然並不

認爲每一項政府行動都會帶來必然自行擴散的種籽，同時他對政府著眼於福利考量、矯正顯著不公正的權力平衡或抑制經濟衰退等的某些干涉也表贊同，但是他對政府直接控制經濟活動的後果卻深感恐懼。因爲這種有計劃的干涉，具有不能遏止的傾向。一旦開始了行動，內在的必要就會迫著它不斷擴張。這種必然性，並非出於計劃者的個人動機——我們甚至可以說，沒有他們也是一樣。這是因爲計劃者並非一開始就要控制全面經濟活動；他們開始所要做的，只不過是就全國經濟的少數部門加以規劃。問題在於僅僅規劃全國經濟的一部分並非如此簡單。事實上，這種工作正如試圖依一條直線步行通過擁擠人群一樣的困難。無論計劃者如何小心，無論設計如何周詳，總不免有些意想不到的事發生。如果這一項計劃涉及全國經濟的主要部門，則在計劃當局爲防止意外事件發生時可能危及這些部門乃至全國經濟的考慮下，爲使其管制機能順利進行，他們只得將原定的局部計劃加以擴充，最後甚至可能包括全國經濟中所有鬆散部分在內。

例如英國一度爲著達成國營煤礦的計劃產量，必須引進勞工徵募計劃；而爲達到後一計劃的目的，就必須訂定一個配合的工資計劃；同時爲著使採煤礦的工資對其他工資保持適當的超距，全國薪資結構也都受到牽連。就這樣，開始不過是涉及一項生產的計劃，終於變成一個牽涉廣大範圍的計劃——結果正如通過擁擠人群最簡單的方法就是命令人群擺成一條直線一樣，要使一個計劃能夠實現，最簡便的方法就是指令其必須實現。

海耶克所擔心的後果是，這樣的計劃終將無可改變的導致列寧所謂的「誰管誰」（Who Whom）的問題：即誰替誰計劃？誰發號司令，決定分配甚麼給誰？果如此，其結果不但是宣佈資本主義的終結，也是同時宣佈個人自由的終結。

　　以上就是海耶克在其所著《到奴役之路》一書中所表明的主要論點。(關於海耶克在其所著《到奴役之路》中所表達的論點以及與之有關的思想家對資本主義前途的綜合觀察，可參閱 Robert　L.　Heilbroner, *The Worldly Philosophers*, Simon and Schuster: New York, 1953, Ch. X.) 由1950年代初年以來先進資本主義國家的實際經驗 (包括因應調整的影響) 印證，這些論點雖然顯得過分誇張，以致引起所謂自由主義者 (liberals) 的強烈批評：但對前蘇聯及東歐共產集團而言，這些論點又一次判決了它們終必崩潰的命運。在長期實行集體計劃經濟的體制下，這些共產國家的人民實際上早已成為海耶克心目中的奴隸，其生產力與生活水準的低落以及由此導致的共產政權的崩潰，也就不足為怪了。

四、人類社會發展前景的進一步探索

　　我個人認為，由現在看未來，上面簡介的海耶克的兩份著作，對蘇聯及東歐共產集團解體後的新國家，以及目前仍在力圖維持現制的亞洲及南美共產國家的命運，仍具有無比重要的啟示作用。這些國家現在都在摸索新的道路：它們雖然在經濟方面都傾向於改革開放，但是在不同的程度上仍然受到許多限制——例如財產權私有的禁忌、公營企業體制的僵化，以及刻意保留的或慣性的中央干涉，在在都使自由市場的機制受到窒礙。尤其重要的，是政治方面的保守勢力仍然非常強大。保守派一方面阻撓改革開放的步調，另一方面利用改革開放所顯露的缺點製造反制的機會。即令就比較開明的改革派而言，他們也顯示很大的差別。有些改革派雖然衷心嚮往自由民主，但是為著突破經濟改革所遭遇的阻力，卻不得不訴求過渡時期的擴權，以致反而

引起保守派的攻擊。在另一方面，有些改革派則明白宣示借助於資本主義的方法進行經濟改革，以維護社會主義制度於不墜；但是他們又不能保證放手做下去決不會掉進「和平演變」的漩渦，因而也不免受到保守派的掣肘。

　　看來蘇聯及東歐共產集團解體後的新國家，以及目前仍在力圖維持現制的亞洲及南美共產國家，現在都面臨不同程度的困難：要退回原狀或保持單一世界（共產制度）固不可能，要兼取兩個世界（共產制度與資本主義制度）的優點更不容易。我不是一個預言家，不過我隱約可以看出：在走過一段漫長的坎坷路之後，這些國家可能終於悟出鄧小平的「白貓黑貓論」同樣適用於政治體制的評判；不過它們將來在政治體制上被迫選取的，可能既不是白貓，也不是黑貓，而是大眾比較喜愛的黑白相間、深淺不一的灰貓——就像戈巴卓夫所欣賞的挪威那樣——資本主義兼含社會主義色彩的混合制度。雖然這個發展不是社會主義的執著反對者海耶克所願見的，但是像挪威所採取的那種混合制度，事實上正在先進資本主義國家以及邁向自由民主的新興發展國家分別以各種不同的形式紛陳雜現。由於這是各國人民各自根據利害得失的考量，通過定期公共投票所做的自由選擇，似乎也並不過於違背海耶克的意願——無論如何，各國人民肯定不會因此走向「奴役之路」。在海耶克於1992年3月逝世時，也許他對這個可能的發展方向感到些許無奈的安慰吧。

（香港《廿一世紀》，1992年6月號）

三民大專用書書目——經濟・財政

經濟政策	湯俊湘著	中興大學
平均地權	王全祿著	內 政 部
運銷合作	湯俊湘著	中興大學
合作經濟概論	尹樹生著	中興大學
農業經濟學	尹樹生著	中興大學
凱因斯經濟學	趙鳳培譯	政治大學
工程經濟	陳寬仁著	中正理工學院
銀行法	金桐林著	華南銀行
銀行法釋義	楊承厚編著	銘傳管理學院
銀行學概要	林葭蕃著	
商業銀行之經營及實務	文大熙著	
商業銀行實務	解宏賓編著	中興大學
貨幣銀行學	何偉成著	中正理工學院
貨幣銀行學	白俊男著	東吳大學
貨幣銀行學	楊樹森著	文化大學
貨幣銀行學	李穎吾著	臺灣大學
貨幣銀行學	趙鳳培著	政治大學
貨幣銀行學	謝德宗著	成功大學
現代貨幣銀行學（上）（下）（合）	柳復起著	澳洲新南威爾斯大學
貨幣學概要	楊承厚著	銘傳管理學院
貨幣銀行學概要	劉盛男著	臺北商專
金融市場概要	何顯重著	
現代國際金融	柳復起著	新南威爾斯大學
國際金融理論與制度（修訂版）	歐陽勛·黃仁德編著	政治大學
金融交換實務	李麗著	中央銀行
財政學	李厚高著	逢甲大學
財政學	顧書桂著	
財政學（修訂版）	林華德著	臺灣大學
財政學	吳家聲著	經建會
財政學原理	魏萼著	臺灣大學
財政學概要	張則堯著	前政治大學
財政學表解	顧書桂著	

— 2 —

— 3 —

三民大專用書書目──政治・外交

政治學	薩 孟 武	著	前臺灣大學
政治學	鄒 文 海	著	前政治大學
政治學	曹 伯 森	著	陸 軍 官 校
政治學	呂 亞 力	著	臺 灣 大 學
政治學概論	張 金 鑑	著	前政治大學
政治學概要	張 金 鑑	著	前政治大學
政治學概要	呂 亞 力	著	臺 灣 大 學
政治學方法論	呂 亞 力	著	臺 灣 大 學
政治理論與研究方法	易 君 博	著	政 治 大 學
公共政策（18K）	朱 志 宏	著	臺 灣 大 學
公共政策	曹 俊 漢	著	臺 灣 大 學
公共關係	王德馨・俞成業	著	交通大學等
兼顧經濟發展的環境保護政策	李 慶 中	著	環 保 署
中國社會政治史㈠～㈣	薩 孟 武	著	前臺灣大學
中國政治思想史	薩 孟 武	著	前臺灣大學
中國政治思想史（上）（中）（下）	張 金 鑑	著	前政治大學
西洋政治思想史	張 金 鑑	著	前政治大學
西洋政治思想史	薩 孟 武	著	前臺灣大學
佛洛姆(Erich Fromm)的政治思想	陳 秀 容	著	政 治 大 學
中國政治制度史	張 金 鑑	著	前政治大學
比較主義	張 亞 澐	著	政 治 大 學
比較監察制度	陶 百 川	著	國 策 顧 問
歐洲各國政府	張 金 鑑	著	前政治大學
美國政府	張 金 鑑	著	前政治大學
地方自治概要	管 歐	著	東 吳 大 學
中國吏治制度史概要	張 金 鑑	著	前政治大學
國際關係──理論與實踐	朱張碧珠	著	臺 灣 大 學
中國外交史	劉 彥	著	
中美早期外交史	李 定 一	著	前政治大學

| 現代西洋外交史 | 楊　逢　泰　著 | 政　治　大　學 |
| 中國大陸研究 | 段家鋒・張煥卿・周玉山主編 | 政治大學等 |

三民大專用書書目——行政·管理

行政學（增訂版）	張 潤 書 著	政 治 大 學
行政學	左 潞 生 著	前 中 興 大 學
行政學新論	張 金 鑑 著	前 政 治 大 學
行政學概要	左 潞 生 著	前 中 興 大 學
行政管理學	傅 肅 良 著	中 興 大 學
行政生態學	彭 文 賢 著	中 興 大 學
人事行政學	張 金 鑑 著	前 政 治 大 學
各國人事制度	傅 肅 良 著	中 興 大 學
人事行政的守與變	傅 肅 良 著	中 興 大 學
各國人事制度概要	張 金 鑑 著	前 政 治 大 學
現行考銓制度	陳 鑑 波 著	
考銓制度	傅 肅 良 著	中 興 大 學
員工考選學	傅 肅 良 著	中 興 大 學
員工訓練學	傅 肅 良 著	中 興 大 學
員工激勵學	傅 肅 良 著	中 興 大 學
交通行政	劉 承 漢 著	成 功 大 學
陸空運輸法概要	劉 承 漢 著	成 功 大 學
運輸學概要（增訂版）	程 振 粵 著	臺 灣 大 學
兵役理論與實務	顧 傳 型 著	
行為管理論	林 安 弘 著	德 明 商 專
組織行為管理	龔 平 邦 著	前 逢 甲 大 學
行為科學概論	龔 平 邦 著	前 逢 甲 大 學
行為科學概論	徐 道 鄰 著	
行為科學與管理	徐 木 蘭 著	交 通 大 學
組織行為學	高尚仁·伍錫康 著	香 港 大 學
組織原理	彭 文 賢 著	中 興 大 學
實用企業管理學（增訂版）	解 宏 賓 著	中 興 大 學
企業管理	蔣 靜 一 著	逢 甲 大 學
企業管理	陳 定 國 著	前 臺 灣 大 學
國際企業論	李 蘭 甫 著	香 港 中 文 大 學

— 7 —

企業政策	陳光華	著	交通大學
企業概論	陳定國	著	前臺灣大學
管理新論	謝長宏	著	交通大學
管理概論	郭崑謨	著	中興大學
管理個案分析（增訂新版）	郭崑謨	著	中興大學
企業組織與管理	郭崑謨	著	中興大學
企業組織與管理（工商管理）	盧宗漢	著	中興大學
企業管理概要	張振宇	著	中興大學
現代企業管理	龔平邦	著	前逢甲大學
現代管理學	龔平邦	著	前逢甲大學
管理學	龔平邦	著	前逢甲大學
文檔管理	張翊	著	郵政研究所
事務管理手冊	行政院新聞局	編	
現代生產管理學	劉一忠	著	舊金山州立大學
生產管理	劉漢容	著	成功大學
管理心理學	湯淑貞	著	成功大學
管理數學	謝志雄	著	東吳大學
品質管制（上）（下）（合）	柯阿銀	譯	中興大學
品質管理	戴久永	著	交通大學
可靠度導論	戴久永	著	交通大學
執行人員的管理技術	王龍興	譯	
人事管理（修訂版）	傅肅良	著	中興大學
人力資源策略管理	何永福・楊國安	著	
作業研究	林照雄	著	輔仁大學
作業研究	楊超然	著	臺灣大學
作業研究	劉一忠	著	舊金山州立大學
數量方法	葉桂珍	著	成功大學
系統分析	陳進	著	前聖瑪利大學
秘書實務	黃正興	編著	實踐家專

三民大專用書書目——社會

社會學	蔡 文 輝 著	印第安那州立大學
社會學	龍 冠 海 著	前臺灣大學
社會學	張 華 葆主編	東 海 大 學
社會學理論	蔡 文 輝 著	印第安那大學
社會學理論	陳 秉 璋 著	政 治 大 學
社會學概要	張 曉 春等著	
社會心理學	劉 安 彥 著	傑克遜州立大學
社會心理學	張 華 葆 著	東 海 大 學
社會心理學	趙 淑 賢 著	安柏拉校區
社會心理學理論	張 華 葆 著	東 海 大 學
政治社會學	陳 秉 璋 著	政 治 大 學
醫療社會學	藍采風・廖榮利著	臺 灣 大 學
組織社會學	張 笠 雲 著	臺 灣 大 學
人口遷移	廖 正 宏 著	臺 灣 大 學
社區原理	蔡 宏 進 著	臺 灣 大 學
鄉村社會學	蔡 宏 進 著	臺 灣 大 學
人口教育	孫 得 雄編著	研 考 會
社會階層化與社會流動	許 嘉 猷 著	臺 灣 大 學
社會階層	張 華 葆 著	東 海 大 學
西洋社會思想史	龍冠海・張承漢著	臺 灣 大 學
中國社會思想史（上）（下）	張 承 漢 著	臺 灣 大 學
社會變遷	蔡 文 輝 著	印第安那州立大學
社會政策與社會行政	陳 國 鈞 著	中 興 大 學
社會福利行政（修訂版）	白 秀 雄 著	臺北市政府
社會工作	白 秀 雄 著	臺北市政府
社會工作管理——人羣服務經營藝術	廖 榮 利 著	臺 灣 大 學
團體工作: 理論與技術	林 萬 億 著	臺 灣 大 學
都市社會學理論與應用	龍 冠 海 著	前臺灣大學
社會科學概論	薩 孟 武 著	前臺灣大學